왜 여성 인재인가

왜 여성 인재인가
위기의 한국경제 여성 인재에 길이 있다

Work with Women or Die

• 전영민 변영오 지음 •

오늘도 묵묵히 회사의 일과 가사를 병행하시는
슈퍼우먼 김미숙, 박남숙 님께 감사드린다.

추천사

인구의 절반이
이제야 기지개를 켭니다

저출산·고령화로 인해 우리 경제에 어두운 그림자가 드리워지고 있습니다. 현재 대한민국의 출산율은 1.19명. 이런 추세로 가다 보면 2017년에는 생산가능인구가 감소하는 위기를 맞게 됩니다. 하지만 다행스럽게도 우리에겐 아직 활용하지 못한 자원이 있습니다. 뜨거운 교육열 속에서 뛰어난 인재로 성장했지만, 그 능력과 재능을 미처 다 발휘하지 못해온 인구의 절반. 바로 여성 인재들입니다.

지난 해, 세계 각 국의 여성고용률과 경제성장률 간 상관관계를 분석·전망한 보고서를 발표한 IMF의 크리스틴 라가르드 총재도 저와 만난 자리에서 "한국은 아직 활용하지 않고 있는 여성인력이 있기에 그리 큰 문제가 되지 않을 것"이라고 말한 바 있습니다. 게다가 더욱 고무적인 사실은 여러 선진국 사례를 볼 때 여성고용률이 높을수록 출산율도 높아진다는 점입니다. 우리는 여성고용률 상승을 통해 출산율 제고와 경제성장이라는 두 마리 토끼를 모두 잡을 수 있습니다.

여성인재 활용을 위해서는 기업이 여성채용을 늘리고 여성들이 출산과 육아로 일터를 떠나지 않도록 지원하는 차원을 넘어 패러다임의 전환을 요구합니다. 그동안 우리 기업문화와 근무 관행은 어떻게든 생산성을 높이는 데 초점을 맞춰 짜인 '남성중심 조직'의 '장시간 근무'로 요약됩니다. 이 같은 방식이 과거에는 효과적이었을지 모르지만, 선진국 진입의 문턱에 선 지금은 생명력을 다했습니다.

이제는 어떻게 직원들의 창의역량을 최대한 끌어낼 수 있는가가 기업의 미래를 좌우합니다. 이를 위해선 인재풀을 인구 절반에서 전체로 넓히고, 남녀 직원 모두 일과 가정의 조화로운 양립을 통해 삶의 만족도를 높일 수 있도록 일하는 문화와 가치를 확 바꿔나가야 합니다.

작년에 우리 대한민국은 동아시아 최초로 국민 직선에 의해 선출된 여성대통령 시대를 맞아 변화를 위한 절호의 모멘텀을 맞이했습니다. '여성경제활동 확대'와 '양성평등한 사회기반 조성'은 현 정부의 핵심국정 과제이자, 전 부처 차원의 중요한 협업과제이기도 합니다.

여성 인재들을 가정 밖으로 인도해야 하는 것은 비단 경제성장의 불꽃을 되살리기 위해서만은 아닙니다. 그동안 우리 사회는 남편은 회사 일에, 아내는 가사와 육아에, 자녀는 입시준비에만 몰입하며 각자 평행선을 달리는 구조였습니다. 부부가 서로의 짐을 나눠서 지고 가족구성원 간 교집합을 만들어간다면, 활발한 소통과 깊은 이해를 통해 국민행복의 근간인 가족행복을 키울 수 있을 것입니다.

그렇다면 이러한 목표는 어떻게 달성해갈 수 있을까요? 바둑에는 착안대국 착수소국着眼大局 着手小局이라는 말이 있습니다. 전체를 바라보는 큰 그림을 그리되 한 수 한 수 꼼꼼하게 실행해 나가야 한다는 뜻입니다.

우리 모두의 미래와 지속 가능한 성장을 위한 길에 여성인재가 핵심적인 역할을 해 주리라는 것은 지금 우리 모두가 동의하는 비전입니다. 하지만 그 목표를 이루기 위해서는 제도나 인식 등 개선해야 할 과제들이 산적해 있습니다. 이 책이 반가운 것은 그래서입니다. 여성이 가져다줄 다양성과 개방성에 주목하면서 여성인재 활용의 사회경제적 의미와 가치를 인류사적 관점에서부터 시작해 오늘날의 구체적 사례에 이르기까지 풍부한 논리와 자료를 가지고 뒷받침하고 있습니다.

거대한 담론뿐 아니라 기업과 경영의 실제 현장에서 우리가 구체적으로 어떠한 점을 개선해야 하는지, 어떻게 차근차근 빈틈을 메꾸며 나아가야 하는지 생각할 거리를 제시해줍니다. 기업 인재 육성을 담당하는 저자들이 현장에서 느끼고 생각한 내용을 담았기에 더욱 설득력 있게 다가옵니다.

일전에 경력단절여성들을 위한 모 기업의 '리턴십프로그램' 지원자들을 만난 적이 있습니다. "그만둔 것을 얼마나 후회했는지 모른다." "다시 기회를 준 회사가 정말 고맙다."며 눈물까지 글썽이는 그녀들을 보며 앞으로 회사와 나라 전체에 미칠 긍정적 힘에 잔뜩 기대감을 품었습니다. 이제 인류에게, 우리에게, 남은 자원은 그동안 사장되었던 인구 절반의 힘 여성입니다. 우리가 새로운 창조적 도전을 하고, 새롭게 도약하기 위한 여력餘力은 바로 여성의 힘 '여력女力'에 있습니다. 이제 그녀들이 기지개를 켜기 시작했습니다. 기업들이 이 기회를 놓치지 않고 지속 가능한 발전을 위한 도약대를 마련하길, 그리고 남성과 여성 모두 오늘보다 행복한 내일을 맞이하게 되길 바랍니다. 이 책이 그 소중한 마중물이 될 것으로 확신합니다.

2014년 4월

여성가족부 장관 조윤선

추천사

여성 인재의 성장에 기업과 국가 경제의 살길이 있다

 국정을 이끄는 여성 리더-불과 10여 년 전만 해도 한국에서 이런 상황을 상상하기 쉽지 않았습니다. 그런데 어느덧 우리는 여성 대통령을 비롯하여 많은 여성 리더들이 활발하게 능력을 발휘하는 사회에 살고 있습니다.

 오랜 세월 동안 우리 사회는 전통이라는 이름 아래 '남존여비'와 '현모양처' 등의 가치로 여성의 역할을 제한해왔습니다. 그리고 오늘날까지도 사회의 일각에는 아직 이러한 선입견이 남아 있기도 합니다. 이제는 이 보이지 않는 벽을 깨야겠지요. 지극히 당연하고도 온당한 이야기입니다. 그럼에도 최근 증가하는 여성 인재들과 관련하여 많은 조직에서 우려와 걱정을 표하는 것 같습니다. 조직을 이끄는 여성 간부라는 개념이 익숙하지 않고 심지어 낯설기까지 하기 때문입니다.

그런데 우리의 최근세사를 돌아보면 경제 발전에서 여성 인재의 기여가 그리 낯선 일이 아님을 알 수 있습니다. 다들 아시다시피 우리 경제는 박정희 대통령 이후에 본격적으로 발전하기 시작했습니다. 제가 한창 청년이었던 시절의 이야기입니다. 그때는 정말 먹고 살기조차 어려웠던 시절이었습니다. 막상 경제 개발을 처음으로 시작하려던 당시에 우리에게는 경제 발전에 종잣돈이 될 외화가 없었습니다.

결국 정부는 꼭 필요한 외화를 획득하기 위해서 우리가 가진 유일한 자원인 '인재'를 활용하기로 했습니다. 선진국에서 기피하는 직업인 광부나 간호사를 외국으로 파견하는 방법을 선택한 것입니다. 당시 우리나라는 주로 독일에 광부와 간호사를 파견했습니다. 1966년에 시작된 간호사 파견은 10년간 지속하였고 무려 1만 226명의 간호사가 독일에 나가 일했습니다. 그녀들이 낯선 타국에서 힘들게 일해서 번 외화는 경제 발전을 위한 종잣돈으로 소중하게 사용되었습니다. 그럼에도 경제발전을 위한 외화는 늘 부족했습니다. 외국의 차관이 간절히 필요한데 미국은 원조를 받고 있는 국가에는 차관을 빌려주지 않는다는 원칙이 있었고 군인출신의 한국대통령을 못마땅하게 생각했습니다. 일본과는 국교가 수립되기 전이었습니다. 차관에 대해서 말도 꺼낼 처지가 아니었던 것입니다.

결국 독일로부터 차관을 받기로 했는데 당시에 우리나라는 차관에 대한 담보로 제공할 것이 없었습니다. 우리 정부가 선택한 마지막 방법은 독일에서 근무하는 간호사와 광부가 받을 예정인 월급을 담보로 제공하는 것이었습니다. 참으로 참담하고 슬픈 시절이었습니다. 먼 타지에 나가서 외로움을 참으면서 일하는 국민이 앞으로 받을 급여를 담보로 제공한다는 것은 국가의 측면에서 정말 눈물 나는 일이 아닐 수 없었겠지요.

우리는 그렇게 들여온 차관으로 경제 개발을 시작했습니다. 이 차관을 갚지 못하면 머나먼 이국에서 고생하는 우리 간호사들의 월급이 압류될 수도 있었습니다. 그건 무조건 갚아야 했습니다. 무엇이든 수출하고 팔아서 그 빚을 갚아야 했습니다. 당시에 우리나라는 기껏해야 텅스텐과 같은 광석이나 수출하던 세계 최후진국이었습니다. 정부는 수십 명의 판매원을 미국 땅으로 보내서 백화점을 샅샅이 뒤지면서 우리가 팔 수 있는 상품을 찾았습니다.

그곳에서 발견한 것이 바로 가발이었습니다. 1965년부터 간헐적으로 수출을 시작했던 가발은 1966년에 정부가 적극적으로 개입하면서 수출액이 무려 100배나 늘어서 155만 달러에 달했습니다. 그리고 그다음 해에는 1,062만 달러, 1,978만 달러, 3,055만 달러, 5,337만 달러를 거쳐 1970년에는 9,357만 달러에 도달했습니다. 결국 그 해에는 가발이 총 수출액의 9.3퍼센트를 차지하며 수출 품목 중 3위가 되었고 순수 외화 가득률은 당연히 1위를 기록했습니다.

그런데 그 가발의 원료가 되는 머리카락은 어디에서 나온 걸까요? 당연히 당시 우리 어머니와 누이의 삼단같이 아름다웠던 그 머릿결에서 나왔습니다. 그 머리카락을 팔아서 번 돈으로 우리는 경공업부터 개발하기 시작했습니다. 그리고 동대문에 있는 섬유업체나 구로공단, 마산의 자유공업단지에서 우리의 누이들은 하루에 열 몇 시간씩 일을 하며 수출을 위한 제품을 만들었습니다. 그 누이들이 꽃다운 청춘의 시간을 열악한 생산 현장에 바쳐서 번 돈으로 남동생은 공부했고 대학을 나왔고 외국으로 나가 우리의 상품과 제품을 팔았습니다.

갑자기 나라가 망하게 생겼다고 다들 걱정만 태산같이 하던 IMF 외환위기의 시절에도 그들이 나섰습니다. 행여 가족들에게 급한 일이 있으면 쓰기 위해서 고이 숨겨둔 아이들의 돌 반지와 결혼 때 받은 패물을 나라의 급한 불을 끄기 위해서 들고 나왔습니다.

그렇게 우리가 오늘날 여기까지 왔습니다. 독일 파견 간호사, 고이 길렀던 머리를 잘랐던 누이와 어머니, 청춘을 공장에서 바친 우리의 누이들, 숨겨두었던 금붙이를 들고 나온 그녀들…… 바로 그들의 힘으로 우리가 여기까지 온 것입니다.

강건한 여성 인재들의 힘! 우리의 역사를 돌아보면 이는 우리에게 새롭거나 새삼스런 현상이 결코 아닙니다. 여성 인재들은 늘 우리의 경제와 삶을 든든히 지탱해 오고 있었습니다.

인구가 줄어들고 고령화가 급격하게 진행되고 있는 마당에 매일같이 변덕스럽게 바뀌는 글로벌 소비자의 입맛을 만족시킬 수 있는 다양성을 확보하기란 정말 쉽지 않습니다. 그뿐만 아니라 세계적으로 여성의 파워는 나날이 강해지고 있습니다. 우리도 그렇지만 독일의 수상도 여성이고 미국에서 가장 유력시되고 있는 차기 대통령 후보도 여성입니다. 앞으로 통신기술이 발달하면서 세상이 좀 더 평평해지고 투명해지면 여성의 구매력과 의사 결정력은 더 커질 것입니다. 그들을 이해하고 그들을 만족시킬 수 있는 상품과 서비스를 만들어낼 수 있는 인재들이 필요합니다. 바로 우리의 여성 인재들 말입니다.

위기에 봉착한 지금, 다시 한번 그들의 힘이 필요합니다. 여성의 사회 참여와 자아실현이라는 당연하고도 분명한 명분의 차원이 아니라 우리나라가 지금까지 구가해온 활력과 성장성을 유지하기 위해서라도 그들의 힘이 간절히 필요합니다.

많은 사람이 변화가 힘들고 어렵다고 합니다. 하지만 한번 생각해 보십시오. 그게 결코 어려운 일이 아닙니다. 우리는 한때 나무를 때면서 난방과 취사를 했습니다. 덕분에 도시 주변의 산들은 다 헐벗어졌습니다. 그러던 어느 날 그나마 우리에게 풍부한 석탄을 채취하여 '연탄'이라는 것을 만들어서 사용했습니다.

전국의 모든 가구가 부뚜막을 고쳐 연탄아궁이를 만들었습니다. 나무들이 살아나기 시작했고 고질적인 홍수의 문제가 해결되기 시작했습니다. 그런데 그러고 나니 또 다른 문제가 생겼습니다. 연탄가스 중독과 대기오염의 문제였지요. 그때 석유풍로라는 것이 나와 간편하게 취사를 할 수 있게 되었습니다. 그리고 얼마 뒤 모든 가정에 가스레인지와 가스보일러가 일반화되었습니다.

이제는 전기를 이용한 기술들이 도입되고 있습니다. 더 안전하고 깨끗하며 더 편안한 취사와 난방의 시대가 열린 것입니다. 이처럼 취사와 난방도 선형적으로 발전한 것이 아니라 몇 번의 급격한 변화와 도약을 통해서 발전해왔다는 사실을 알 수 있습니다. 나무를 이용하던 시절에 살던 사람들이 고층 아파트마다 연결된 가스장치는 상상도 기대도 못 했겠지요.

여성 인재 고용에 대한 문제도 마찬가지인 것 같습니다. 이제 우리는 오래된 부엌의 아궁이를 없애고 한 단계-더 높은 인프라를 구축해야 합니다. 연탄아궁이를 놔둔 채로 가스보일러를 쓸 수는 없습니다. 바꿀 것은 바꾸고 버릴 것은 버려야 하겠습니다. 이제 여성 인재에 대한 잘못된 고정관념을 과감하게 깨어야 합니다. 그리고 그들을 기업으로 속속 받아들여야 합니다.

여성 인재들의 성장! 바로 여기에 우리 기업과 국가 경제의 살길이 있는 것 같습니다.

2014년 4월
롯데정책본부장 부회장
이인원

> 들어가는 글

지금 왜 여성 인재인가?

"여성 인재에 길이 있다!"

요즘 경제가 어려워서 회사생활하기 힘들어 죽겠는데 또 무슨 사회정의 실현이나 남녀평등 같은 도덕 시간에 들었던 훈수를 두려고 시작하냐는 생각이 드는가?

우리는 그런 지고한 차원에서 여성 인재에게도 사회적 자기실현의 기회를 주자는 것이 아니다. 그런 고상하고 지고한 이상을 논의할 만큼 우리는 여유롭지 못하다. 위기가 생각보다 빠르게 눈앞으로 시시각각 다가오고 있기 때문이다.

"지금 당장! 여성 인재를 뽑아 보유한 역량을 최대한 발휘하도록 환경을 만들어주지 않으면 우리 모두 망한다!"

다소 과격하게 들릴 수 있는 주장이다. 하지만 나는 세상의 모든 일을 다 지고 가는 척하며 잘난 척했던 남성을 대표해 말한다.

"한국의 여성 인재님들! 큰일 났어요. 빨리 좀 도와주세요."

얼마 전 재단법인 일본 재건 이니셔티브라는 단체에서 『일본 최악의 시나리오』[1]라는 책을 내놨다. 그들은 이 책에서 일본이 완전히 망하는 9가지 시나리오를 제시하고 있다. 그중 하나가 인구 감소와 고령화다. 그런 리스크에 제대로 대응하지 못해서 2050년에 망해버린 일본의 시점에서 과거의 실패한 대책을 회고하는 장면이 나온다.

일본 재계는 21세기 초반에 생각을 바꿔 여성 활용을 주장하기 시작했다. 여성이 가정에만 있지 말고 계속 일해야 한다. 그리고 동시에 아이도 더 낳아야 한다. 그렇게 하지 않으면 일본 경제는 곧바로 망한다는 것이다. 하지만 기업은 여전히 제대로 정신을 못 차리고 일과 육아를 병행하는 여성을 드러내놓고 차별하는 경우가 많았고 장시간 노동 문제도 해결하지 않았다. 여성에게 "계속 일해서 세금도 내고 아이도 많이 낳아달라"는 것이었다. 저자인 일본 재건 이니셔티브는 그런 정책에 대해서 다음과 같이 표현한다.

"아주 얌체 같은 말이다!"

일본은 여성의 사회 진출을 요구하면서도 육아, 가사, 병든 부모 모시기 등을 모두 여성에게 떠넘기는 관행을 바꾸지 않는다. 그러자 여성은 나름의 대항을 한다. 아예 결혼을 안 해버리는 것이다. 결국 일본 인구는 계속 줄어들고 노인 구성비는 점점 늘어난다. 그리고 2050년 일본은 완전히 망해버린다.

나는 그 책을 읽으면서 우리가 생각하는 여성 인재 활용이 "아주 얌체 같은 것"이 되지 않도록 해야 한다고 생각했다. 우리는 일본보다 출산율이 훨씬 낮고 고령화 속도도 훨씬 빠르다. 결국 일본이나 우리나 살 길을 여성 인재에게서 찾을 수밖에 없다. 한국은 속도가 더 빠르니 더 적극적으로 대응해야 한다. 그러기 위해서는 문화와 시스템 자체를 바꾸어야 한다. 바꾸어야 한다면 무엇을 어떻게 바꾸어야 할까?

나는 아내와 7년을 연애하고 결혼해 21년을 살았다. 이쯤 되면 눈빛만 봐도 뭘 잘못했는지 알 수 있는 경지에 도달해야 한다. 당연한 일이 아니겠는가? 따로 떨어져 산 세월보다 훨씬 긴 28년을 같이했는데……. 그럼에도 나는 아직 아내를 잘 모르겠다. 지금도 아내가 이해하기 어려운 사차원이라는 생각을 떨쳐버릴 수도 없다.

"당신은 뭘 잘못했는지 몰라!" "미안하다고? 그러면 당신이 뭘 잘못했는지 말해봐!"

아내가 눈을 동그랗게 뜨고 그렇게 따지고 들면 말 한마디 못하고 일단 어디 피할 구멍이 없는지를 찾는다. 다들 그렇지 않은가? 그런 걸 보면 남자란 동물이 참 한심하다는 생각이 든다.

그래도 오랜 세월 관록이 쌓이다 보니 어지간하면 부부싸움을 피한다. 그런데 아직도 부부싸움으로 가는 확실한 지름길이 하나 있다. 바로 쇼핑이다. 같이 백화점 쇼핑을 가면 싸울 확률이 50퍼센트이다. 그런데 그게 나만 그런 게 아닌 거 같다. 심리학을 전공하는 후배가 다음과 같이 하는 말을 들었다.

"오래 사귀어서 심드렁해진 남자친구를 떼어내는 가장 확실한 방법은 백화점에 끌고 가는 거예요. 그 친구가 뭘 하든 신경도 쓰지 말고 마음껏 쇼핑을 하면 1시간 이내에 헤어질 핑곗거리가 생겨요."

그의 말에 따르면 나만 바보가 아닌 것 같다. 사실 우리는 지난 달에도 롯데백화점에서 쇼핑하다가 한바탕 하고 며칠간 말도 안 했다. 무려 28년을 같이한 부부가 그 정도로 한 방향 정렬이 안 된 다면 남자와 여자 달라도 너무 다른 거 아닌가? 똑같은 사람이 오랜 세월을 같이 해왔는데 도대체 왜 이런 일이 벌어지는 걸까?

갑돌이와 갑순이는 동굴 밖 언덕 너머로 동쪽 하늘을 밝히는 아침 햇살을 보면서 잠에서 깨어난다. 인간의 시간이 시작된 것이다. 갑돌이와 남자 동료들은 곁에 놓인 돌도끼를 들고 동굴 밖으로 나간다. 일용할 멧돼지 사냥을 가는 것이다. 씩씩하게 큰소리치면서 나가지만 왠지 뒷모습이 미덥지 않다.

해가 중천에 떠오르자 갑순이와 여자 동료들도 바구니를 들고 채집활동을 나선다. 어디에 포식자가 숨어 있을지 모르는 상황이니 여럿이 함께 다니는 것은 당연한 일이다. 갑순이와 여자 동료들은 두런두런 신상에 대한 농담과 신랑 흉을 보면서 여기저기 열려 있는 과일이나 열매를 딴다.

"이 과일은 좀 덜 익었네. 다음 주쯤에 따면 되겠다. 저 열매는 한 2주쯤 후에 따면 되겠다."

한편 갑돌이와 친구들은 멧돼지가 자주 지나가는 골목길에 매복 준비를 한다. 한 명은 큰 나무 뒤에 숨어 있고 또 한 명은 돌아가는 길모퉁이 바위 위에 숨는다. 또 몇 명은 길목에 매복한다. 매복이 끝나면 나머지는 멧돼지 몰이를 간다. 각자에게 역할을 분담하고 작전에 따라 멧돼지를 몰아서 사냥한다. 그렇게 철저하게 작전을 짜고 역할분담을 하면 뭐 하나. 성공률은 일주일에 한 번 정도이고 나머지는 다 빈손이다.

인류학자들의 연구에 의하면 수렵채집생활을 하는 현존 부족들 가운데 가장 뛰어난 사냥꾼이라는 탄자니아 햇자 부족의 전사들조차 사냥 성공률이 3퍼센트에 불과하다고 한다.[2] 그래서 수놈들은 예나 지금이나 헛똑똑이인 거다. 그 사이에 갑순이와 동료는 열심히 과일과 열매를 채집해서 돌아온다. 그들이 그렇게 채집을 안 해오면 가족들은 일주일에 한 번 멧돼지 고기를 먹고 나머지 6일은 굶어야 한다.

그렇게 갑돌이가 사냥하고 갑순이는 채집하면서 살아온 세월이 49만 년이다. 그 49만 년 동안 삶의 주도권은 늘 갑순이들이 쥐고 있었다. 인류는 겨우 1만 년 전쯤에 농사짓는 방법을 배웠다. 농사를 짓기 시작하면서 그날 먹고도 남는 것이 조금씩 생겼고 그 여유 식량을 장기 저장하기 시작했다.

그렇게 '남는 생산물'이 생겨났고 힘센 놈들이 남이 저장해둔 남은 생산물을 빼앗기도 했다. 조금 더 시간이 흐른 후 '사유재산'이라는 개념을 만들어낸다. 그다음 단계는 육체적으로 힘이 있고 폭력적인 일부 갑돌이가 조직을 꾸려 세상을 휘어잡기 시작했다. 그렇게 겨우 1만 년 전에 남성 주도의 역사가 시작된 것이다.

우리의 무의식과 관행 속에는 49만 년 대 1만 년의 기억이 오롯이 녹아 있다. 사냥과 채집생활을 하던 49만 년 동안 축적된 경험이 우리 머릿속 본능과 무의식을 압도하는 것은 지극히 당연하다.

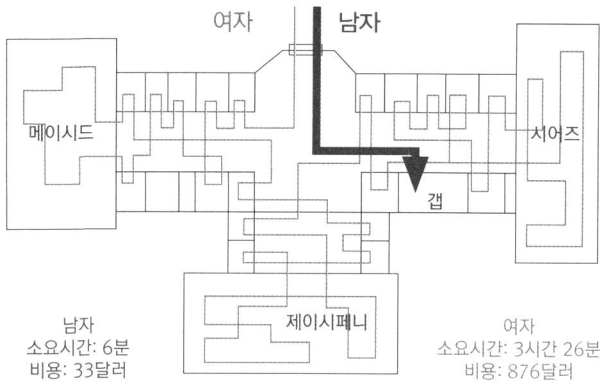

그래서 지금도 다음과 같은 농담이 통한다.

"여자가 우울하면 초콜릿을 먹고, 그래도 안 풀리면 백화점으로 쳐들어간다. 반면에 남자가 우울하면 술을 마시고, 그래도 안 풀리면 이웃 나라로 쳐들어간다."

여자의 본능상 쇼핑은 일용할 양식의 채집이고 남자의 본능상 직장은 멧돼지를 잡는 사냥터인 셈이다. 미국에서 많은 남녀를 대상으로 다음과 같은 실험을 했다. 연구 제목은 「남녀의 차이The differences between Man and Woman」이다. 남자와 여자에게 어느 쇼핑몰 내에 있는 갭Gap 코너에 가서 바지 한 벌을 사라는 임무를 주고 실제로 쇼핑몰 내에서 어떻게 행동하는가를 추적해보았다.

다음 그림은 미국땅에 흔하게 있는 쇼핑몰 단면도다. 단면도에 나오는 시어즈Searz, 메이시스Macy's, 제이시 페니JC Penny는 미국의 유명 백화점이다. 미국 쇼핑몰은 넓은 땅에 두세 개의 백화점을 입주시키고 그 사이를 연결하는 길을 전문점이나 독립가게를 채우는 형태로 구성된다. 갭은 여러분이 잘 알다시피 캐주얼 의류를 파는 체인점 이름이고 동시에 브랜드명이기도 하다.

실험결과를 보면 위의 그림에서 설명되었듯이 남자는 지시를 받자마자 바로 멧돼지가 숨어 있는 위치를 추적하듯 갭으로 쳐들어가서 한 벌을 때려잡는다. 굵고 진한 선이 남자의 이동 경로를 보여주는 것이다. 소요시간은 단 6분이고 비용은 바지값 33달러만 들었다.

반면 여자는 쇼핑몰의 여기저기를 구석구석 이 잡듯이 다니며 채집본능을 마음껏 발휘한다. 심지어 갭 제품이 있을 리가 없는 백화점도 구석구석 살펴본다. 그리고 잘 익은 체리와 사과를 한 바구니 따서 돌아온다. 물론 지시받은 갭 바지를 채집해오는 것은 잊지 않는다. 총 소요시간은 3시간 26분이고 비용은 바지값 포함 876달러를 사용했다.

남성은 쇼핑을 목표물을 추격하는 멧돼지 사냥으로 해석한다. 반면에 여성은 우리 가족이 일용할 양식을 채집하는 활동으로 해석하는 것이다. 여성은 내가 들고 있는 한정된 바구니(예산)에 담을 과일과 열매를 굉장한 공력을 들여서 비교 분석한다. 행여 잘 익은 체리나 사과를 내가 아닌 옆집 아줌마가 따갈까 봐 노심초사한다. 그렇게 채집활동 자체를 가족의 행복을 위한 소중한 노력으로 생각하는 것이다. 그래서 여성은 쇼핑하고 나면 아픈 다리를 주무르면서 오늘 뭔가를 했다는 뿌듯함을 느낀다.

심지어 여성은 필요도 없는 100만 원짜리 코트를 단지 40퍼센트 할인한다는 이유로 덜렁 사 와서는 남편에게 40만 원을 벌었다고 자랑스럽게 말하고 칭찬을 기대한다. 당장은 필요 없는데도 말이다. 당연히 남편은 정신 나간 아내가 60만 원을 허투루 쓴 것으로 생각한다. 그리고 여자가 기대하던 칭찬이 아니라 잔소리를 하니 말다툼이 안 생길 수가 없다.

오늘날에도 홈쇼핑 채널을 보면 "한정판, 한정 수량, 놓칠 수 없는 단 한 번의 기회, 마감 임박"이라는 말이 반복해서 나온다. 여자의 본성을 묘하게 자극하는 마케팅 기법이다. 나는 아직도 쉬는 날 홈쇼핑 채널을 한 시간씩 뚫어져라 쳐다보고 계시는 아내를 이해 못 하겠다. 그게 뭐가 재미있다고 얼이 빠져서 들여다보느냐고. 그런 소리를 하면 남자들이 골대에 넣어봤자 사과 한 조각 생기지 않는데도 공을 쫓아 죽자고 뛰어다니는 22명을 쳐다보며 광분하는 게 더 이해 안 된다고 응수한다. 맞는 말이다.

우리 인류가 살아온 그 긴 과거의 흔적이 그뿐인 줄 아는가? 내가 지난주에 10만 원을 주고 산 똑같은 물건을 옆집 아줌마가 8만 원에 샀다고 자랑질하면 속이 완전히 뒤집어지는 것은 물론이요, 심지어 자기가 산 그 물건까지 꼴 보기 싫어지는 심리도 똑같은 논리에서 출발하는 것이다.

대형 할인점마다 쇼핑카트를 조금씩 더 크게 만드는 것도 바구니를 가득 채워야 한다는 여성의 채집본능을 자극하기 위해서다. 지금도 한국의 아줌마들은 주말이면 피곤함에 절어 소파에 쓰러져 있는 남편을 발로 차서 깨우고 운전대를 잡게 한다. 그리고 마트로 쳐들어가서 '보람찬' 채집활동을 한다.

그리고 단지 싸다는 이유만으로 싱싱한 생고기를 잔뜩 사 와서 냉동실에 넣고 '냉동고기'로 만드는 신묘한 마술을 주말마다 되풀이한다. 그러다가 어느 날 남편은 냉동실 속을 보면 차곡차곡 쌓여 있는 냉동고기를 발견하고 울화통을 터뜨린다. 가련한 현대의 남편들이여……. 상황이 이런데 내가 아내랑 쇼핑센터에서 부부싸움을 안 하게 생겼나?

누구 말대로 남성은 화성에서 온 것이고 여성은 금성에서 온 걸까? 맞는 것 같다. 남성과 여성은 완전히 다른 것 같다. 절대 같지 않다. 그런데 안타깝게도 얼마 전까지 우리는 '같다'는 강박적 믿음을 서로에게 강요했다. 남녀가 평등해야 한다는 이념을 현실세계에 실현하기 위해서 '같다'는 사실을 강박적으로 주장한 것이다.

지금껏 일부 진보적 여성운동가들은 '남자와 여자가 다르다'는 주장에 질겁하고 '남자와 여자가 같다'는 사실을 입증하기 위해 최선의 노력을 다해왔다. 상당수의 여성 학자들이 '다르다'고 이야기하는 것을 '틀리다'라는 주장으로 해석하고 '같다'는 입장을 관철하기 위해서 투쟁적인 연구의욕을 불태워왔다. 그러나 그런다고 해서 남자와 여자가 다르다는 사실이 바뀌는 것은 아니다. 이제는 '다른' 것을 '같다'고 주장하여 생겨난 불편과 오류를 바로잡아야 한다. 남자와 여자가 '다르다'는 사실을 받아들여야 한다.

현실이 그러하니 세상의 모든 남자들이여, '남성과 다른 여성'을 설득하려 들지 마라. 절대 설득이 되지 않는 것은 물론이고 남성이 원하는 방향으로 바뀌지도 않는다.

또 다른 연구결과가 있다. 남녀 커플이 논쟁해서 이길 수 있는 확률을 시계열별로 정리한 결과다. 데이트할 때 남자가 논쟁에서 이길 확률은 50퍼센트이다. 약혼하고 나면 25퍼센트로 떨어지고 결혼하고 나면 0퍼센트로 떨어진다.

세상의 모든 영웅도 아내 앞에서는 어쩔 수 없는 것 같다. 청와대에 근무하던 친구들의 이야기로는 역대 대통령들도 내실로 들어가면 아무 소리 못 하고 영부인들에게 그날의 소소한 잘못에 대한 잔소리를 듣는 경우가 많다고 한다. 그러니 안도하시라. 여러분이나 나만 아내에게 혼나고 눈치 보는 것이 아니다.

집에서 아내 눈치 보면서 직장에 나와서는 근엄하게 무게 잡는 남자들을 보면 가끔은 우습기도 하다. 그런 고리타분한 상사들은 '여성들에게는 어쩌지 못하는 고유한 특성이 있고 기업과 같은 조직생활에 적합하지 않다'고 착각한다. 그러면서 신입사원 배치 시즌에 여자 말고 남자로 달라고 인사팀에 로비한다.

"동방예의지국에서 여자가 감히 어디……."

아직도 우리는 여성성이 경제활동이나 사회활동에 적합하지 않다고 비하하고 낮춰보며 막말을 하는 마초들을 주변에서 쉽게 찾아 볼 수 있다. 그런 남존여비의 가치관이 우리 민족의 오랜 전통으로 생각하는데 사실은 조선시대 후기에 시작된 '왜곡된 착각'에 불과하다. 여성도 고려시대는 물론이고 조선시대 전기까지는 여성이 재산권을 가질 수 있었고 부모의 유산도 물려받았다.

우리가 강릉으로 여행 가면 꼭 율곡 이이의 생가인 오죽헌에 들른다. 그런데 조선의 국가대표 선비인 율곡 이이가 본가인 서울이 아니라 외가인 강릉에서 태어나고 그곳에서 성장했다는 사실은 어떻게 된 걸까? 율곡 선생의 부친인 이원수는 강릉으로 장가가서 처가살이를 했다. 원래 우리는 신라, 고려, 조선시대 전기까지 전통적으로 남편이 아내의 집으로 들어가서 상당 기간 살다가 아이가 태어나면 친가로 돌아가는 '모처혼母處婚'을 일반적인 관행으로 지켜왔다.

우리는 이것을 '장가간다'고 표현했다. 그리고 당시에는 여성도 동등하게 유산을 상속받고 경제권을 행사할 수 있었다. 아내가 남편의 집으로 시집와서 사는 방식을 '친영례'라고 하는데 원래 중국 고유 전통이다. 조선시대 중기에 원리주의적 성리학을 신봉했던 사대부들이 중국 전통이라면 모든 것이 바른 것이라고 생각하며 받아들인 것이 오늘날까지 이른 것이다.

그리고 삼종지도三從之道라는 괴이한 관념이 생겨서 어릴 때는 아버지를 따르고 결혼하면 남편을 따르고 과부가 되면 아들을 따라야 한다는 말도 안 되는 주장까지 진도가 나간다. 상속권은 당연히 없고 경제활동도 못 했다. 바깥출입도 자유롭게 못 하고 잠깐 나갈 일이 있으면 얼굴을 가리고 나가야 했다. 그런 관념들은 극단적인 성리학의 원리주의를 기반으로 당쟁에 몰두하던 바로 그 시대에 생겨난 것이다. 그리고 그 관념은 식민지배와 분단을 거치면서 질기게도 아직 우리의 의식 속에 남아 있다.

2007년 한국은행은 새로 만드는 5만 원권 초상화의 주인공으로 신사임당을 선정했다. 『LA타임스』는 신사임당의 선정사유가 '현모양처 – 자녀 양육과 남편에 대한 헌신'을 기리기 위해서라고 보도했다. 당시에 한국은행의 관계자는 신사임당을 '한국 역사상 가장 훌륭한 모성의 사례'로 꼽았다. 이를 둘러싸고 열두 개가 넘는 한국의 여성단체들이 항의했다.[3)]

그런데 과연 그게 여성단체들이 항의할 내용일까? 나는 그 여성단체나 한국은행의 담당자가 신사임당을 몰라도 너무 모른다는 생각이 든다. 신사임당의 남편 이원수는 성격이 우유부단하고 별 볼일 없는 남자였다. 그녀는 남편의 그런 나약한 부분을 엄청나게 질타하고 꾸짖었으며 출세할 때까지 10년 동안 별거하자며 한양에 올려보냈다.

그러나 이원수는 아내가 보고 싶어서 대관령 근처까지 와서 어슬렁거리다 한양으로 돌아간 적이 세 번이나 됐다고 한다. 그에 화가 난 신사임당은 머리카락을 싹둑 잘라서 들이밀며 윽박질렀다. 이원수는 그런 신사임당에게 질려 전혀 반대 스타일인 주막집 여인 권씨와 바람이 난다.

신사임당은 남편의 외도를 눈치채고는 몸이 더 나빠져서 죽고 만다. 요즘 말로 하면 남편이 술집 마담과 바람피운 것에 열 받아서 화병으로 죽은 것이다. 신사임당은 죽기 전에 남편에게 재혼하지 말라고 당당하게 유언한다. 당시는 사대부(선비)들이 첩을 들이는 것이 다반사였던 시절이었고 정부도 그런 사실을 인정했다. 그런데 살아생전도 아니고 본처가 죽고 나서도 재혼하지 말고 혼자 살라고 강요한 것이다.

남편을 쫓아내고 재산권을 행사하고 처가살이를 시키고 공부하라고 윽박지르고 재혼하지 말라고 강요하고……. 어쩐지 현모양처라고 생각했던 지금까지의 신사임당 이미지와는 많이 다른가? 그는 현모양처가 아니라 어려운 시대에도 당당하게 자신의 인생을 살아간 여장부였다. 그래서 나는 5만 원권 지폐를 볼 때마다 흐뭇하다. 금액이 커서도 좋지만 신사임당의 당당한 그 얼굴을 보니 더 좋다.

여성 인재의 경제활동 참여? 이 시도는 여성성의 특성에 맞지 않는 새로운 것을 시도하는 게 아니다. 더구나 우리가 인류 역사상 처음으로 시도하는 것도 아니다. 50만 년 동안의 현생 인류 역사에서 49만 년이나 계속되었던 일이다. 또 조선시대 후기에 와서 도입된 잘못된 여성관을 지금 와서야 고치는 일이다. 현생 인류 50만 년을 돌아보라. 우리를 먹여 살린 것은 남성의 멧돼지 사냥이 아니라 여성의 채집활동이었다. 농경시대에 들어와서도 마찬가지였다. 힘겨운 농사일이 남성들만의 전유물이었던가? 여성들도 씨 뿌리고 김매고 추수하는 일에 참가했다. 그런데 오늘날 기업활동이 남성에게 최적화된 것이고 여성에게 맞지 않다는 주장이 올바른 것일까?

여성 인재를 부하로 혹은 동료로 받아들이는 것이 불편한가? 근무 중 호통을 치면서 나무라고 퇴근 후 술 한 잔 때려 마시고 훌훌 벗고 사우나도 하면서 형제와 같은 우애를 돈독하게 하는 직장 내 관계를 꿈꾸는가? 뭘 시키면 며칠 밤을 세워서라도 해내는 돌격대 정신을 그리워하는가? 그래서 회사라는 조직이 본성상 남성적인 특성이 꼭 필요한 그런 것이라고 굳게 믿고 계시는가?

그게 아니고 회사라는 조직의 바람직한 특성이 그렇지 않은데 남성들이 장악하고 나서 멧돼지 사냥터로 만든 것이 아닐까? 그러면서 아직도 수많은 남성들이 직장생활 방식과 문화를 멧돼지를 잡는 프로세스의 연장으로 착각하는 게 아닐까?

2,650년 전에 중국 서쪽 변방에 있던 후진국 진나라에 목공이 제후가 되었다. 당대의 진나라는 문명화된 중원과는 거리가 멀어서 오랑캐라는 소리를 들을 정도로 낙후된 지역이었다. 목공은 시대에 뒤떨어져 있는 자기 나라를 부흥시키기 위해 개혁적인 인재 정책을 도입한다. '사불문四不問정책'이다. 지금부터 인재를 기용하는 데 있어서 민족, 국적, 신분, 나이를 따지지 않겠다는 이야기다. 오늘날 여기에다 남녀불문이라는 걸 덧붙이면 완벽한 개방 인재 정책이 될 수 있다. 그래서 진나라는 어떻게 되었을까?

그런 조치 이후 진나라에 백리해와 건숙 같은 외국의 뛰어난 인재들이 들어와서 재상이 되어 기본부터 개혁해서 결국 진나라를 춘추오패로 만들었다. 그리고 바로 그 개방적인 정책은 뒤처진 변방인 진나라의 진시황이 천하를 통일하는 가장 큰 원동력이 된다. 당시의 역사책을 분석해보면 진나라의 역대 재상 스물다섯 명 가운데 열일곱 명이 외국 출신이고 일곱 명은 국적 불명이고 한 명만 진나라 출신이다.

그런데 우리는 어떻게 하고 있는가? 아시아 동쪽 가장 끝에 자리 잡았다고 극동極東이라고 불릴 정도로 서구의 관점에서 보면 궁벽한 외곽에 자리를 잡고 있다. 국토의 크기로 보면 전 세계 109위에 불과하고 전체 육지면적의 0.07퍼센트밖에 안 되는 소국이다. 이웃 나라에 주권을 빼앗겨서 오랫동안 식민지 생활을 하는 치욕을 겪었고 남들이 주입한 이념에 미쳐서 같은 민족끼리 죽고 죽이는 짓도 했다.

그러고 나서 겨우 50~60년 전부터 죽도록 노력해서 가난에서 벗어났다. 그런데 아직도 동서 갈등, 지역 갈등, 학연, 지연, 혈연을 따지고 집안을 따지는 풍토를 벗어나지 못하고 있다. 내가 실권을 잡으면 친구, 동료, 친척들이 만세를 부른다. 그런 풍토가 한국 사회의 발전과 선진국으로의 도약을 가로막고 있다.[4] 언제까지 그런 비루한 짓을 반복해야 하는가?

지금까지 우리는 동질성이 너무 강해서 손실을 자주 봐왔다. 우리 주식시장은 한번 오르면 지나치게 과열되고 한번 내리면 절벽에서 떨어지는 속도로 냉각되는 경험을 많이 했다. 동질성이 강하니 다들 생각도 비슷하기 때문이다. 주식시장의 냉·온탕은 외환위기 이후 외국인 투자자가 많이 들어옴으로써 어느 정도 해소되었다. 그런 게 다양성의 힘이다.

주식시장뿐 아니다. 일상적인 경제생활도 비슷하다. 통닭집이 잘된다고 소문 나면 너도나도 그쪽으로 뛰어들어 다 같이 망한다. 불닭집, 조개구이, 안동찜닭, 원두커피, 편의점…… 셀 수도 없다. 지금은 인터넷으로 교통정보를 제공해서 많이 완화되었지만 명절에 고향 가는 차가 몰리는 시간도 비슷했다.[5]

이제 제발 좀 이 지긋지긋한 획일성과 동질성의 덫에서 벗어날 때가 되었지 않은가? 궁벽한 후진국이었던 진나라가 다양성을 받아들여 강자가 되었듯이 우리도 이제 강자가 되어야 하지 않겠는가? 뉴욕대학 스턴비즈니스스쿨의 대니얼 앨트먼 교수는 『10년

후 미래』에서 다음과 같이 주장했다.

"사회적 관습, 경쟁 풍토, 정치수준 등 한 국가의 경제적 토대를 구성하는 딥 팩터Deep Factor가 향후 수십 년 또는 한 세기 동안 경제 성장의 잠재력을 결정한다."

일본은 한때 세계 2위의 경제 강국으로 부상했다가 미국과 같은 슈퍼파워에 이르는 마지막 고비를 넘기지 못했다. 결정적인 장애요인은 바로 '딥 팩터'를 변화시키지 못했기 때문이다. 후진적인 정치문화, 신속한 일 처리를 가로막는 관료제도, 이민자를 받아들이지 않을 정도로 폐쇄적인 민족문화, 창의성과 경제활력을 저해할 만큼 연공서열을 중시하는 위계질서, 여성 인력에 대한 사회적 편견 등을 깨뜨리지 못해서 결국은 20년 넘게 연평균 0.88퍼센트 성장이라는 긴 덫에서 벗어나지 못하고 있다[6]는 것이다.

오늘날 많은 경제학자가 급격한 고령화가 진행되기 시작한 한국의 현실을 보면서 일본이 갔던 그 지독한 저성장의 길을 그대로 따라간다고 우려하고 있다. 우리는 인구 감소 문제뿐만 아니라 부동산 버블로 인한 부채 문제와 중국을 비롯한 개발도상국의 맹추격의 문제로 1990년대 초반 일본이 겪었던 것과 똑같은 '넛크래킹'[7]에 봉착해 있다. 지금 우리는 일본이 갔던 그 길을 그대로 따라가느냐 아니면 딥 팩터의 개선을 통해 다른 길을 모색하느냐의 길목에 서 있다. 선진적 정치, 효율적인 관료제도, 이민자에 대한 개방, 연공서열의 타파, 여성 인재의 적극적 활용……. 바로 여기에 우리가 살 길이 있다.

물론 우리는 끊임없이 반복되는 위기를 모두 극복하고 여기까지 왔다. 우리는 제2차 세계대전 이후 해방된 식민지국가 중 경제개발과 민주화에 성공한 유일한 국가다. 여성 최초로 IMF 수석부총재를 역임한 스탠퍼드대학의 앤 크루거 교수는 20세기에 일어난 두 가지 기적으로 로마제국에 의해 망한 지 2,000년 만에 다시 국가를 세운 이스라엘과 한국의 선진국 진입을 꼽은 바 있다. 우리는 그만큼 대단한 사람들이다.

여러분은 알고 있는가? 자원 부국이 아니고 서구 혈통도 아니면서 개인당 소득이 2만 달러 넘는 국가는 싱가포르, 일본, 홍콩, 한국, 대만뿐이라는 걸. 그리고 그중에 인구 5,000만 명이 넘는 대국은 일본과 우리뿐이라는 걸! 작은 국가는 몰라도 인구가 많은 대국이 잘살게 되는 건 정말 쉽지 않다.

전 세계에서 인구가 5,000만이 넘어가면서 개인당 소득이 2만 달러가 넘어가는 소위 20-50클럽에 들어가는 국가는 7개국밖에 없다. 미국, 일본, 독일, 영국, 프랑스, 이탈리아 그리고 대한민국이다.[8] 그런데 좋아지는 속도도 엄청났다. 1800년 이후 현재까지 일반적인 미국인의 생활수준은 100배나 향상되었다고 한다. 그런데 우리는 1960년 이후 지금까지 260배나 향상되었다.[9]

대단하지 않은가? 그러나 우리의 만족은 딱 거기에서 멈추어야 한다. 특별한 천연자원도 선조로부터 물려받은 자본이나 기술력도 없고 더구나 좁은 땅에서 살면서 우리가 그렇게 성공할 수 있었던 유일한 이유는 '성공하겠다는 의지가 가득한 국민' 때문이다. 그런데 그 국민의 숫자가 줄어든다. 가장 결정적인 자원이 고갈되기 시작하는 것이다. 중동국가에 매장된 원유가 줄어드는 속도보다 더 빠르다. 매켄지 연구소 한국담당 리처드 돕스 소장이 쓴 「멈춰버린 기적Stalled Miracle」[10)]에 나온 다음 대목은 우리에게 시사하는 바가 매우 크다.

"한국사람들은 갑자기 들이닥친 위기 상황을 단결해서 극복하는 능력은 뛰어나다. 하지만 서서히 다가오는 위기에는 불감증이 있다. 그래서인지 최근의 위기 국면에서 한국 경제에는 기존의 성공 공식이 더이상 작동하지 않는다."

세계 경제의 장기 저성장? 지금까지 그런 적 많았다. 디플레이션? 그런 적도 많았다. 경제위기? 금융위기? 그런 적도 많았다. 우리는 그런 식으로 급격하게 몰려오는 파도는 슬기롭게 극복해왔다. 그러나 지금 우리는 한 번도 겪어보지 못한 초유의 위기를 눈앞에 두었다. 바로 우리의 결정적인 자산인 인구가 줄어든다는 것이다.

이번 위기의 진짜 무서운 점은 "앗, 뜨거워라." 하는 것이 아니라는 점이다. 인구 감소와 고령화는 벌써 10년 전부터 예견되던 '서서히 다가오는 위기'다. 리처드 돕스의 말대로 한국인은 서서히 다가오는 이 위기에 제대로 대응하지 못하고 있다. 심지어 일본보다 훨씬 빠르고 급속하게 진행되는데 대응능력이나 준비는 훨씬 더 떨어진다.

지금까지의 역사를 돌아보면 생산가능인구가 줄어든 나라는 모두가 하나같이 경제위기나 장기불황에 직면했다. 일본도 생산가능인구가 줄어들기 시작한 1991년 이후 20년이 넘게 장기불황을 겪고 있다. 미국도 2008년도에 생산가능인구의 비중이 감소하기 시작하면서 세계 금융위기의 진원지가 되었다. 스페인 역시 2005년부터 생산가능인구가 줄어들면서 곧바로 금융위기를 맞이했다. 영국 또한 2007년을 기점으로 성장세가 둔화하였다. 1980년대 후반부터 생산가능인구의 비중이 줄어들기 시작한 이탈리아도 지금까지 경제성장률이 제자리걸음을 하면서 유럽연합의 대표적 경제 강국에서 골칫덩어리로 전락했다.[11]

이제 대한민국 순서가 된 것이다. 천연자원 자체가 없는 우리에게 일하는 사람이 부족해진다는 것은 정말 심각한 문제이다. 눈앞에 시시각각 다가오는 파국에서 벗어나는 길이 세 가지 있다. 당연히 출산율을 높이는 것이 기본적인 해결책이다. 애를 더 낳아야 한다. 그러나 지금은 기본적으로 애를 더 낳을 수 있는 환경이 안 되어 있다. 설령 대한민국의 모든 여성이 갑자기 대오각성하고 애 하나 더 낳기 운동을 한다고 해도 20년은 더 있어야 그 아이들이 경제활동에 진입한다. 그전에 대한민국은 말라 죽을 것이다. 다른 대안이 필요하다.

첫 번째 가능한 대안은 우수한 외국인들의 이민을 적극 받아들이는 것이다. 그런데 그게 참 쉽지 않다. 우리가 '단군의 자손'이라는 뿌리 깊은 단일민족 의식을 가지고 있다는 점이 문제다. 사실 우리가 그 민족이라는 의식을 본격적으로 갖게 된 건 오래되지 않았다. 단재 신채호 선생께서 일본 제국주의에 대항하기 위해 역사운동을 시작한 때부터다. 독립운동의 이념적 근거가 바로 '민족'이라는 개념이었다.

그리고 군사정권을 거치면서 우리가 가진 자원을 한곳에 집중하고 대다수 국민의 인내를 요구할 필요가 생겼다. 바로 그때 '민족중흥의 역사'라는 개념을 적극 동원하면서 우리의 의식 속에 깊게 굳어진 것뿐이다. 사실 우리는 남방계와 북방계가 섞여 있는 혼혈 민족이다. 절대 단일민족이나 혈족이 아니고 이제는 그런 관념이 우리의 발전에 유효한 것도 아니다. 그러니 이제는 단일민족이라는 잘못된 환상을 깨고 외국인들의 이민을 받아들여야 한다.

두 번째 대안은 젊은 인구가 많은 인근 국가 하나를 인수합병하는 방법이다. 고령화가 된다는 것은 인구구조가 역삼각형이 된다는 것이다. 그러면 정삼각형의 인구구조를 가진 인근 국가를 하나 인수합병하면 문제는 자연스럽게 해결되면서 상황이 다소 완화될 수는 있다. 그런 국가가 어디에 있느냐고? 바로 우리 북쪽에 하나 있다. 통일하자는 것이다.

최근 통일연구원과 고려대 아세아문제연구소의 연구결과에 따르면 2025~2030년에 통일이 이뤄지면 2050년까지 통일비용이 최소 831조 원에서 최고 4,746조 원이 들어가고 통일에 따른 혜택은 4,909조 원에서 6,794조 원에 이른다고 한다.[12] 이런 로또 당첨에 맞먹는 투자수익률이 또 어디 있겠는가?

불과 얼마 전까지 몇몇 사람들이 통일을 하면 천문학적인 돈이 들어가 경제가 쪽박을 차니 통일세를 미리 걷자는 주장을 했다. 지금 와서 생각하면 그런 어마어마한 상상력이 정말 안타까울 따름이다. 통일은 '우리의 소원' 차원이 아니라 우리가 살아남기 위해서라도 해야 할 당위의 문제이다. 그런데 요즘 돌아가는 모양새를 보니 통일이라는 이 방법 또한 요원한 것 같다.

그렇다면 남아 있는 것은 세 번째 대안이다. OECD 국가 중에서 최저 수준에 머물러 있는 여성의 경제참여를 확대하는 것이다. 일단 여성이 아이를 많이 낳도록 유도하고 그 아이들이 성장할 때까지 사회에 나와서 경제활동을 하도록 해야 한다. 그 방법마저 안 되면 대안이 없다. 세계에서 가장 빠른 속도로 말라죽을 길만이 우리앞에 남아 있다.

그런 사례가 바로 옆에 있다. 우리의 바로 옆에서 우리가 봉착한 것과 같은 상황에 제대로 대응하지 못해서 20년째 말라 죽어가는 국가가 있다. 우리도 그들처럼 서서히 말라 죽어가며 존재감을 잃을 것인가? 아니면 다시 한번 도약하여 찬란하게 빛나는 면모를 보여줄 것인가? 우리는 지금 그 갈림길에 서 있다. 결국 우리 앞에 놓인 유일한 탈출로는 '여성 인재의 활용과 다양성의 수용'뿐이다.

안타깝게도 모든 변화에는 저항이 따른다. 여성 인재 활용의 문제도 마찬가지인 것 같다. 여성은 남성과 다르다. 그것도 태생적으로 아주 다르다. 남성의 본성에 최적화된 조직에서 여성과 같이 협력해서 일하는 것은 엄청나게 성가시고 힘든 일이 아닐 수 없다. 그런데 분명한 것은 그런 성가심이 싫어서 여성 인재를 충분히 활용하지 못하겠다면 말라죽는 수밖에 없다는 점이다.

국제 비즈니스를 하다 보면 원천적으로 다른 문화와 가치를 가진 친구들과도 맞춰가는 수밖에 없는 일이 왕왕 생긴다. 그들도 태생적으로 우리와 다른 사람들이다. 절대 가슴 속에 있는 속내를 드러내지 않는 일본사람, 꽌시를 통하지 않으면 되는 일이 절대 없는 중국사람 등과도 다 맞추어가며 지금까지 왔다.

그렇다고 해서 그들이 틀린 건가? 아니다. 그들과 우리가 다를 뿐이다. 그런 그들과 맞춰가고 협력하며 같이 일할 방법을 찾아내지 못하면 절대 글로벌 기업이 될 수 없다. 마찬가지로 우리가 태생적으로 다른 여성과 같이 일하는 방법을 모색하고 적응하지 않으면 더는 미래가 없다. 바로 여성 인재, 그들에게 우리의 해법이 있다.

2014년 4월
저자를 대표하여 전영민

차례

추천사 인구의 절반이 이제야 기지개를 켭니다 • 006
추천사 여성 인재의 성장에 기업과 국가 경제의 살길이 있다 • 010
들어가는 글 지금 왜 여성 인재인가? • 016

1장 우리 앞에 다가온 위기

위기1 엔저와 아베노믹스 • 044
위기2 글로벌 경제위기 • 057
위기3 인구감소와 고령화 • 078
사람이 최고의 자원이다 • 091
무엇이 미래를 만드는가 • 103

2장 여성 인재가 답이다

여성이 경쟁력이다 • 111
3D3C의 시대를 준비하라 • 134
여성의 경력 단절을 막아라 • 146
여성 소비자가 온다 • 162
기업은 무엇을 해야 하는가 • 167
세계는 우머노믹스로 간다 • 185
여자가 일하기 좋은 기업 • 191
다양성은 힘이 세다 • 201

3장 미래는 여성과 함께

고정관념을 깨라 · 213
남자와 여자는 다르다 · 221
왜 여성에게 기회를 주어야 하는가 · 227
왜 여성 우대가 필요한가 · 247
왜 여성이 성장하기 어려운가 · 255
여성 멘토가 필요하다 · 277
남자처럼 일할 필요는 없다 · 286
네트워크 능력도 실력이다 · 298
사라져가는 군대식 기업문화 · 305
술자리에서 도망가지 마라 · 317
과정 지향적인 여성 vs. 결과 지향적인 남성 · 323
절대 그만두지 마라 · 332

나오는 글 야근은 당근이 아니다 · 335
각주 · 340

위기의 한국경제 여성 인재에 길이 있다

Work with Women or Die

1장

우리 앞에 다가온 위기

> 세계 경제성장의 원동력은 중국이나 인도와 같은 신흥국이나
> 인터넷과 같은 신기술이 아니라 바로 '여성'이다!

GM, 포드, 코닥, 노키아, 모토로라, 소니…….

모두 한때는 세계를 주름 잡던 기업이다. 그러나 지금은 쇠락하거나 팔려가는 신세가 됐다. 그 지경이 된 사연이야 기업마다 조금씩 다르겠지만 크게 보면 변화하는 경영 여건에 적절하게 대처하지 못했던 게 결정적인 패착이었다. 그들은 잘 나갈 때 미래를 선점하려는 노력을 게을리했거나 그 시점을 잘못 판단해서 무너졌다.

기업이든 국가든 경영이라는 것은 결국 다가오는 미래를 대비하는 과정이다. 그래서 경영자에게 미래를 예측하고 대응하는 역량이 정말 중요하다. 지금까지 인류 역사를 되돌아봐도 미래 예측을 적극 활용하는 조직은 성공했고 그렇지 못한 조직은 망했다. 기업도 국가도 마찬가지였다. 그래서 세계의 주요 국가들은 미래를 예견하고 대처전략을 세우는 데 몰두하고 있다. 우리는 1998년 외환위기를 통해 정부의 현상파악 능력과 미래예측 능력이 국민의 삶에 어떠한 영향을 미치는지를 뼈저리게 경험한 적이 있다.[13] 또다시 그런 우를 범해서는 안 된다.

그렇다면 우리의 미래는 어디로 흘러가고 있을까? 최근에 경제 전문가들이 다들 떠들어대는 것처럼 위기인가? 결론부터 말하면 '완전 위기다!' 우리가 보기에는 3개의 엄청난 파도가 눈앞으로 몰려오고 있다. 그 파도를 하나씩 따져보며 그 정체를 명확히 알아보자. 먼저 큰 위기를 말하기 전에 눈앞에 다가온 작은 위기부터 이야기를 시작해보자.

● 위기 1

엔저와 아베노믹스

일본의 아베 총리가 구사하는 엔저전략은 상대적으로 작지만 가장 빠르게 바로 코앞에 닥쳐와 충격을 줄 수 있는 위기이다. 그 본질을 알기 위해서는 다소 먼 옛날이야기부터 하나씩 되돌아봐야 한다. 바로 우리와 일본 경제 간의 트레이트 오프 문제이다. 일본과 우리의 경제구조는 기본적으로 닮은꼴이고 그래서 어쩔 수 없이 최대의 경쟁자일 수밖에 없었다. 지금 따져봐도 양국의 수출 상위 품목 50개 중에 26개가 겹친다. 그야말로 누가 죽느냐의 경쟁 상태이다. 우리가 잘되면 그들이 못 되고 그들이 잘되면 우리가 못 되는 그야말로 정말 얄미운 이웃이 아닐 수 없다. 최근까지 있었던 그들과의 숙명적인 경쟁에 대해서 알아보자.

1985년 9월 22일 뉴욕에 있는 플라자호텔에 미국, 영국, 프랑스, 독일, 일본의 재무장관들이 모였다. 당시 미국의 제임스 베이커 국무장관은 피폐해져가는 미국 경제를 정상화하기 위해서 달러 환율을 조정해야 한다고 강력하게 요구한다. 그때까지만 하더라도 미국은 세계 최강국이었다. 소련의 위협에 공동으로 맞서던 G5의 재무장관은 그런 미국의 요청을 받아들일 수밖에 없었다. 여기에서 맺은 합의가 바로 그 유명한 '플라자합의'였다.

합의 후 당장 일주일 만에 독일의 마르크화는 7퍼센트, 일본의 엔화는 8.3퍼센트 올라간다. 그 정도만 해도 실물경제에는 엄청난 충격이 오게 마련인데 그 환율 조정은 엄청난 수준으로 계속 확대된다. 플라자합의를 하던 당시 달러-엔의 환율이 1달러당 240엔이었는데 2년이 지난 1987년 말에 무려 120엔대로 평가절상이 된다. 어떻게 느낌이 잘 안 오는가? 지금 1달러당 원화의 환율이 1,100원 수준인데 2년 뒤에 550원이 된다고 생각해보라. 우리 경제가 어떻게 되었겠는가? 한 마디로 박살이 난다. 당시에도 일본 경제는 난리가 났다.

그런데 진짜 난리는 인근 국가인 한국에서 났다. 지금도 그렇지만 당시에도 한국 기업과 일본 기업은 세계시장을 놓고 치열한 경쟁을 하는 상태였다. 환율 변동으로 일본제품들의 달러화 표시 가격이 두 배 비싸진 것이다. 전 세계의 수많은 국가가 일본과 비교해 달러 기반 가격이 절반에 불과한 한국제품을 대체 수입한 것은 불 보듯 뻔한 것 아니겠는가?

행운은 한꺼번에 몰려왔다. 국제 유가가 1985년 배럴당 28달러에서 1986년 14달러로 절반 수준으로 폭락했다. 기름값이 1년 만에 절반으로 떨어진 것이다. 그리고 게다가 국제 이자율도 엄청나게 떨어졌다. 그 당시 상황을 우리는 3저 호황(저환율, 저유가, 저금리)이라고 부른다.

그래서 결과가 어떠했을까? 한마디로 엄청났다. 1985년에 우리나라의 연간 수출 총액은 303억 달러였는데 1988년에 607억 달러로 두 배나 폭증했다. 매년 경제가 10퍼센트 이상 성장했다. 저유가와 저금리 덕분에 폭증하는 수출제품이 벌어다 주는 이익은 정말 엄청났다. 한국에 달러화가 쏟아지기 시작했다. 언론은 연일 '건국 이래 최대의 호황'이라고 떠들어댔다. 당연히 우리가 뭘 잘해서 그런 건 아니었다.

1985년 말 종합주가지수가 163포인트에 불과했는데 3년이 지난 1989년 초에 1,000포인트를 돌파한다. 주식을 해서 떼돈을 번 사람들이 생겨났고 곧 모든 사람이 증권사 영업장으로 몰려들었다. 당시에 떠돌던 우스갯소리가 있다. 시골에 살던 할아버지가 소 판 돈을 들고 증권사에 와서 영업사원에게 말했다.

"주식 100만 원어치만 주시오."

영업사원이 어떤 종목으로 살 것인지를 되묻자 그 할아버지가 벌컥 화를 내면서 말했다.

"아니, 주식을 달라니까!"

그 영업사원 "아니요. 할아버지 어떤 종목으로 살 거냐고 여쭙는 겁니다."라고 대답하자 그 할아버지 다시 말했다.

"아니, 주식에도 종목이 있소? 그냥 주식 주시오."

그렇게 경제상황이 급격히 좋아지자 각계각층이 자기 몫 찾기에 나섰다. 1987년 10월부터 전국은 노사분규로 몸살을 앓는다. 1987년은 대한민국 민주화의 원년이었다. 그 해 연초에 서울대학 학생인 박종철이 고문당하다 죽는 일이 벌어졌다. 그것에 항의하던 시위 도중 진압하던 경찰이 쏜 최루탄에 머리를 맞고 연세대학 학생인 이한열이 사망한다.

결국 정국은 계엄령 선포를 눈앞에 둔 상태까지 갔다. 그런 상황에서 여당의 차기 대통령 후보였던 노태우 씨가 6월 29일에 헌법을 바꾸도록 전두환 대통령에게 건의하겠다는 선언을 한다. 4·19 이후 국민이 최초로 대통령을 꺾은 것이다. 그것을 만들어낸 사람들이 소위 말하는 386세대이다.

그들의 머릿속에는 최루탄으로 강경하게 진압하고 고문으로 학생을 죽이고 안 되면 군대를 동원하여 계엄령을 선포하겠다는 그 무서운 군인들을 이겨낸 추억이 있다. 그러니 '세상엔 안 되는 것이 없다. 안 하는 것일 뿐이다.'라는 자신감이 넘치지 않겠는가? 그런 그들이 노동운동의 세계에도 깊이 관여했다.

정말 무섭던 정권의 권위가 허물어지고 직선제 대통령 선거를 눈앞에 둔 분위기에서 그동안 억눌려왔던 노동운동이 터져나왔다. 그 해 10월부터 날마다 노사분규가 벌어졌다. 그 해에만 노사분규가 3,749건 발생했다. 감이 잘 안 오는가? 2011년에 전국적으로 노사분규가 65건, 2012년에 105건이 있었다. 지금도 언론에 간간이 파업 소식이 들려오는데 지금보다 연간 기준으로 50배 수준의 파업이 있었다는 말이다. 그것도 그 해에는 하반기에만 그랬다는 말이다.

국민의 힘에 굴복한 정부는 힘을 발휘하지 못했고 일방적인 노동조합의 힘에 밀려 임금이 급상승하기 시작한다. 임금이 오른다는 것은 기업의 입장에선 인건비가 오르는 것이다. 당연히 인상분을 제품가격에 반영할 수밖에 없었다. 제품가격이 오르면서 자연히 물가가 오르게 되고 다시 노동조합은 또 그만큼 임금을 더 올려달라고 아우성이었다.

결국 1987년 이후 IMF 직전까지 10년 만에 임금이 4배나 오르게 된다. 그 10년의 세월은 우리 역사상 처음으로 노동세력이 노사관계를 주도했던 시절이다. 어찌 되었든 그렇게 돈이 풀리니 주식시장에 돈이 몰리고 또 부동산시장도 활황이 된다. 돈이 생긴 사람들이 경쟁적으로 아파트구매에 나서니 아파트가격이 천정부지로 올랐다. 그래서 당시 노태우 대통령은 주택 200만 호 공급계획을 발표한다.

정부는 아파트가격 안정을 위해서 분당, 일산, 평촌 등 5개의 신도시를 개발하기로 한다. 당시에 한국의 주택 총량이 700만 호였는데 5년 안에 200만 호를 추가로 공급하겠다는 선언을 한 것이다. 한 마디로 군사작전하듯이 아파트를 지어 공급하겠다는 논리였다. 문제는 모래, 시멘트, 철근과 같은 자재와 건설 인부였다.

시멘트나 철근은 수입으로 충당한다고 쳐도 모래가 문제였다. 바다에 있는 모래를 퍼다가 아파트를 지었다. 물론 물로 씻어내고 사용했다고 하지만 염분이 완전히 빠지지 않아서 내구성에 문제가 있을 수밖에 없었다. 한마디로 '바다의 싱싱함이 아파트까지' 오는 건 좋지만 모래, 자갈, 시멘트와 같이 엮이는 철근이 문제가 된다.

철근은 염분에는 너무나도 취약한 존재이기 때문이다.

더 큰 문제는 건설 인부였다. 부족한 건설 인부를 건설회사들이 서로 모셔가다 보니 일당이 천정부지로 올랐다. 그런 상황이 전개되는데 당신이라면 공장에서 적은 월급을 받으면서 생산직으로 일하겠는가? 아니면 더 많은 월급을 받으면서 건설현장으로 가겠는가? 논리는 뻔한 게 아니겠는가? 중국산 시멘트에 바닷모래 그리고 숙련되지 않은 건설 인부……. 그래서 신도시 아파트는 문제가 있다는 이야기가 많았다.

결국 문제는 인력 부족에서 불거졌다. 그런 상황이 계속되니 중소기업에서는 사람을 구할 수 없었다. 대규모 노사분규로 인건비는 천정부지로 올랐고 그나마도 다들 건설현장으로 가버리니 아무리 비싼 임금을 준다고 해도 생산직 사원을 구할 수 없었다. 결국 중소기업들의 아우성을 못 견딘 정부는 1991년에 후진국의 젊은 사람들이 국내에 들어와서 일할 수 있도록 하는 '산업연수생 제도'를 도입한다. 그 이후부터 저임금의 공장 일자리를 필리핀과 베트남과 같은 국가에서 온 젊은이들이 점령하게 된다.

정부는 경기가 매우 좋고 달러가 넘치니 그동안 억눌러놓았던 수입제한을 대폭 철폐하고 1989년 1월부터 외국여행도 자유화한다. 외국여행 자유화라고 하면 이해를 못 하는 젊은 세대를 위해 잠시 설명을 하자면 1988년까지는 일반 국민이 외국여행 자체를 할 수 없었다. 정부의 엄격한 심사과정을 통과해야 출국할 수 있었다.

그 당시에는 외화가 부족한 상황이었기 때문에 관광 목적의 외국여행은 엄격하게 금지되어 있었다. 외국으로 나가려면 학업, 출장, 취업 등의 명확한 이유가 있어야 했다. 그리고 6차 경제사회 발전 5개년 계획(1987~1991년)에서 '능률과 형평을 토대로 한 경제 선진화와 국민복지의 증진'이 정책 방향으로 제시된다. 성장 일변도에서 복지라는 단어가 처음으로 경제정책에 도입된 것이다. 참 좋은 시절이었다.

그러나 시작이 있었으면 반드시 끝이 있게 마련이다. 1989년부터 엔화가치가 거꾸로 떨어지기 시작했다. 국제유가는 다시 오르고 국제금리도 오르기 시작했다. 경제환경이 완전히 바뀌어서 3고 불황에 접어든 것이다. 갑자기 수출이 막히기 시작했다. 1988년에 120엔대였던 달러-엔 환율이 1990년대에 160엔대까지 올라간다. 그러자 바로 한국에 충격이 왔다. 1988년 148억 달러까지 갔던 경상수지 흑자는 환율 문제에다 극심한 노사분규로 공장들이 수시로 멈추자 1989년에는 반 토막이 났고 1990년과 1991년에는 13억 달러와 75억 달러의 경상수지 적자가 났다. 그리고 우리 경제는 나락으로 떨어졌다.

지옥 같은 고통이 계속되었다. 되는 일이 없었고 되는 사업도 없었다. 수출은 지지부진해지고 늘려놓은 소비와 건설만 과열된 완전히 '취약경제'가 되고 말았다. 약진하던 한국을 일컬어 '아시아의 네 마리 용' 중 한 마리라고 칭찬하던 외국 언론들은 그럴 줄 알았다는 식으로 "한국은 샴페인을 너무 일찍 터트렸다"고 논평하면서 비아냥거렸다.

긴 고통 끝에 두 번째 기회가 왔다. 계속되는 일본의 무역흑자

지속과 미국의 무역적자가 심화되자 미국정부는 또 한 번의 압력을 가한다. 1990년에 달러당 160엔이던 환율이 1995년에 80엔까지 떨어졌다. 일본은 다시 한번 고통의 나락으로 떨어졌다. 바로 이 시점이 일본의 초장기 불황이 시작되는 시점이었다. 그리고 난리가 난 나라가 또 있었다. 바로 우리였다. 또다시 수출이 폭증하기 시작했다. 1993년에 822억 달러이던 총 수출액이 1995년에 1,251억 달러로 늘면서 다시 한번 호시절을 맞이했다.

나는 1992년에 롯데에 입사했다. 당시 신입사원 교육과정에서 숙명여대 신세돈 교수가 경제특강을 했는데 환율의 흐름을 자세히 설명하면서 수출하는 대기업의 주식을 사라고 했다. 특히 '현대자동차'를 꼭 집어서 이야기했다. 나는 1989년에 주식이 최고점을 찍을 때 빚내서 주식에 투자하고 쫄딱 망한 사람을 주변에서 엄청나게 많이 봐온 터라 픽 웃고 말았다.

그런데 내 옆에 앉아 있던 입사 동기 짝꿍은 장교로 전역하면서 받은 퇴직금 전액을 현대자동차에 즉시 투자했다. 그 친구는 공수부대 장교 출신으로 좀 무식하게 밀어붙이는 성향이 있었다. 그리고 1년이 흐르고 그 친구는 수익금만으로 현대자동차를 한 대 샀다. 나는 짝꿍이 차를 사면 배가 어떻게 아픈 것인지 확실히 알게 되었다. 그리고 내가 가진 경험과 주관만으로 세상을 재단하면 절대 안 된다는 것도 배웠다.

결국 1994년에 다시 한번 한국의 종합주가지수가 1,000을 돌파한다. 얼마 전까지 죽을 것같이 힘들어하던 한국인들은 또다시 흥청망청하기 시작했다. 경기가 좋으니 기업들은 은행돈을 빌려서 될 것 같은 사업에 무조건 뛰어들었다. 흥청거리는 것은 정부도 마찬가지였다. OECD에 가입하고 금융시장을 개방했다. 당시에 한국 제조업체의 평균 부채비율은 400퍼센트까지 치솟았다.

당시 미국의 154퍼센트, 일본 193퍼센트, 대만 86퍼센트에 비하면 엄청난 부실이고 과잉투자 상태였다. 그런데도 경제가 활황세를 보이니 기업들은 '못 먹어도 고'를 계속한다. 당시에 진로그룹은 부채비율이 3,000퍼센트인데 맥주사업에 뛰어드는 만용을 부렸다. 그때 진로가 '쿠어스'와 합작해서 만들던 맥주가 바로 OB맥주로 팔려간 '카스'다. 그리고 당연히 진로그룹은 망하고 그룹이 해체된다.

그런 흥청망청은 1997년 12월 3일에 끝이 난다. 국가부도의 위기에 직면한 한국의 임창렬 재무부 장관과 미셸 캉디쉬 IMF 총재가 광화문의 정부종합청사에서 구제금융 지원양해각서에 서명한다. 우리의 경제주권이 IMF로 넘어가는 순간이었다. 당시 우리의 수준을 보여주는 안타까운 문제는 다른 쪽에 있었다. 당시 김영삼 대통령은 11월 10일에 홍재형 부총리와의 통화 직전에도 끝판까지 몰려 구제금융을 신청해야 하는 우리 경제의 심각성을 모르고 있었다고 한다.[14]

어떤가? 우리가 지금까지 우리 실력만으로 먹고 산 것 같은가? 지금까지의 내 이야기를 들어보면 우리 경제는 일본과의 정말 밀접한 제로섬 관계에 있다는 생각이 들지 않는가? 근래에 우리가 경제를 들어먹을 뻔했던 몇 번의 위기 뒷면에는 늘 원-엔 환율의 변화가 숨어 있었다.

그러면 지금부터라도 원-엔 환율의 추세가 어떻게 가는가를 늘 눈여겨보고 대응하는 게 맞지 않겠는가? 1985년에는 환율이 엔당 3원대였다. 그것이 14원까지 갔다가 지금은 10원 대에 머물고 있다. 이런 사실을 보면 우리는 원-엔 환율을 정말 잘 활용했다. 결국 우리 경제는 상당 수준 엔고 때문에 먹고 산 것일 뿐이다. 이제 옛날이야기 그만하고 지금 돌아가는 이야기를 해볼까?

일본의 아베 총리가 '아베노믹스'를 선언했다. 20년간 계속된 장기불황을 3개의 화살(금융완화, 재정확대, 성장전략)로 끝내겠다는 것이다. 그 전략의 요지는 엔-달러 환율을 조정하기 위해서 엔화를 계속 찍어서 뿌리겠다는 것이다. 우리는 아베 정권을 이상한 눈으로 보고 있지만 자세히 들여다보면 왜 그러는지 이해가 안 가는 것은 아니다.

2008년 글로벌 금융위기가 터지자 미국과 유럽의 금융기관들이 파산하고 체력이 약한 국가들이 망할 것 같다는 불안감이 퍼졌다. 결국 안전자산에 대한 수요가 커지면서 사람들은 금과 엔화를 사기 시작했다. 결국 2011년 엔화는 달러당 70엔 수준까지 치솟았고 또다시 찾아온 엔고의 반사 효과 덕분에 우리나라의 수출은 2007년 3,715억 달러에서 2011년 5,552억 달러로 대폭 늘었다.

우리는 세계적 금융위기 와중에도 '룰루랄라'를 즐겼다. 일부 경제학자들은 우리 경제가 실력이 있어서 글로벌 금융위기를 다른 국가보다 빨리 극복했다고 주장하는데 사실 그 이면에는 이런 호재가 작용했다. 반면에 일본은 그동안 죽을 지경이었다. 참다못한 아베와 일본 정부가 그 판을 뒤집겠다고 나오는 것이다.

글로벌 투자은행들이 2013년 말에 내놓은 자료를 보면 2014년 연말에는 달러 대비 환율이 110엔까지 갈 것으로 예상한다. 크레디트 스위스cs는 120엔까지 간다고 예상했다.[15] 달러당 70엔에서 120엔까지라면 거의 두 배이다. 지금도 아베 총리는 계속 엔화를 풀고 있다. 전문기관들이 예측한 대로 엔화는 앞으로 더 떨어질 것 같다. 이제 느낌이 어떤가? 오싹해지지 않는가?

일본 경제 전문가인 전영수 교수는 일본이 1990년대 초반 거품 붕괴와 대표적인 선진국병인 20년 장기불황을 '아베노믹스'로 사실상 탈출했다고 단언한다. 아직 완성은 아니지만 2013년의 성적표로는 합격점을 줄 수 있다는 것이다.[16] 이제 남은 것은 그 조치로 우리가 받아야 할 타격이다.

그런데 지금 한국의 정치권에서는 2008년에 벌어진 금융위기의 여파를 어느 정도 벗어났다고 생각하며 '복지' 방법론 논의가 치열하게 전개되고 있고 경제민주화를 통해서 대기업 쪽으로 치우친 불균형을 바로잡겠다고 한다. 경제위기 상황을 무사히 버텨낸 것에 미친 엔고의 영향력을 전혀 계산에 안 넣은 것이다. 이제 일본은 엔화 환율을 떨어뜨리겠다고 나서고 있는데…… 우리는 상당한 착각을 하고 있다. 우리는 엔화와 관련해서 늘 울고 웃었다. 그런데 얼마 전까지 엔고 덕분에 웃었으니 이제는 울 차례인가?

그리고 또 하나 고려해야 할 것이 세계 금리다. 세계 경제가 어려워서 금리는 사상 최저점까지 떨어져 있고 사실상 더 낮출 수 없는 지경까지 가 있으니 앞으로 금리는 오를 수밖에 없다. 엔화가치는 떨어지고 금리는 앞으로 오른다. 어떤가? 이제는 진짜 오싹하지 않는가?

그러나 너무 걱정하지는 마라. 서문에서 리처드 돕스 매킨지 소장이 말했듯이 한국인은 급격하게 다가오는 위기에는 정말 강하다. 그동안 한국 경제는 계속되는 위기를 화려하게 극복하면서 여기까지 왔고 아베노믹스로 인해 앞으로 닥쳐올 그런 위기는 결정적인 장애도 아니다.

위기와 어려움은 우리 경제에 늘 있었던 일이다. 1973년에 1차 석유파동이 있었다. 수출입국을 꿈꾸던 대한민국에는 나라가 망할 수 있다는 수준의 공포였다. 그리고 1979년에 터졌던 2차 석유파동은 국가경제를 부도 직전까지 몰고 갔다. 경제가 어려우니 사회 정치적으로도 어수선했고 결국 대통령이 서거하는 정치적 격변까지 이어졌다. 앞에서도 말했듯이 1980년대 후반에는 '고유가, 고금리, 고환율'이라는 경제적 악재가 한꺼번에 닥쳐와서 소위 '3고 불황'이라는 사태도 있었다. 그리고 그다음의 위기는 여러분도 잘 아시는 1998년의 IMF 구제금융 사태. 그리고 몇 년 후 카드 대란…….

당장 우리가 겪고 있는 위기가 가장 아프고 힘들게 느껴지겠지만 뒤돌아보면 우리는 수많은 위기에 봉착했고 그때마다 훌륭하게 극복해왔다. 계속 밀려오는 위기를 돌파하면서 세계에서 가장 빠른 속도로 빈곤에서 벗어나고 글로벌 강자의 반열에 들어섰다. 그런 우리 경제의 이면에는 악착같은 기업들이 있었다. 그리고 그 기업에서 최선을 다해 매일매일 맡은 바 업무를 수행한 대한민국의 지독한 직장인들이 있었다.

한국은 지나치지만 않다면 적당한 자신감을 가져도 괜찮다. 우리에게는 수없는 위기를 극복해온 과거 경험과 잠재된 저력이 있기 때문이다. 우리는 국민소득 1만 달러에서 맞닥뜨리는 '중진국의 함정'을 멋지게 넘어섰다. 저개발국가에서 개발도상국(중진국)으로 넘어선 사례는 많지만 다음 단계인 '개발도상국 → 선진국'의 궤도에 성공적으로 올라탄 경우는 일본과 함께 한국이 유일하다. 이제는 대부분의 국제기구들도 한국을 이미 선진국으로 간주하고 있다.

●● 위기 2
글로벌 경제위기

한일 간의 경제적 경쟁구도에서 발생하는 엔저의 위기보다 더 큰 위기는 세계 경제 시스템 전체의 풀리지 않는 위기이다. 전 세계가 지금 몸살을 앓고 있는 경제위기의 근본적인 원인이 무엇인지를 알아보자.

과거 30~40년간의 세계 경제의 성장은 거품(빚)에 상당 수준 의존했다. 1980년대 초반 레이건이나 대처가 주장한 신자유주의 경제운영은 통화론자, 더 정확히 이야기하면 공급론자들의 주장에 기반을 두고 있다. 그들의 주장을 살펴보기 전에 레이건이나 대처가 등장하기 전의 경제운영을 한번 살펴보자.

신자유주의 이전의 경제는 케인스 경제학이 지배하는 세상이었다. 케인스의 논리는 단순했다. 시장은 예측 불가능한 방향으로 치닫는 경향이 있기 때문에 정부가 경제에 적극적으로 개입해야 한다는 논리다. 1929년의 대공황이 정부가 적극 개입하지 않아서 생겼다는 반성에서 출발한 경제관이다. 그래서 당시의 정부들은 케인스의 세계관에 따라 경제에 깊이 개입했다. 그것도 매우 깊숙이.

다행히 케인스의 논리는 그런대로 먹혔고 제2차 세계대전 이후 미국을 포함한 서구의 경제는 최고의 전성기를 보냈다. 그 당시 정부가 얼마나 경제에 깊이 관여했는가를 잘 알려주는 숫자가 있다. 지미 카터 대통령 시절 미국의 개인 소득세 최고 세율은 얼마였을 것 같은가? 참고로 우리나라는 최근 법률의 변경으로 소득이 1억 5,000만 원이 넘어갈 때부터 38퍼센트의 소득세를 내야 한다. 주민세를 합하면 41.8퍼센트다. 거기다가 건강보험과 고용보험 등을 합하면 45퍼센트 수준을 넘어간다. 세금이 너무 많다는 생각이 드는가?

지미 카터 대통령 시절에는 개인 소득이 20만 달러(지금 환율로는 2억 1,000만 원)가 넘어갈 때부터 세금이 무려 75퍼센트였다. 놀랍지 않은가? 지금 우리가 그런 세율을 도입하려면 총체적인 저항에 직면하게 될 것이고 결국 성질 급한 사람들은 정권퇴진 운동까지 가겠지만. 그런데 카터 정부의 그 엄청난 세율이 전임 대통령들의 재임 동안 집행된 수준에서 대폭 낮춰진 것이라면 더 놀랍지 않은가?

린드 존슨 대통령 시절에는 소득이 40만 달러가 넘어가는 순간부터 세율이 95퍼센트였다고 한다. 이건 놀라운 수준이 아니라 무서운 수준이다. 정부가 그렇게 무지막지하게 세금을 걷어가서 직접 경제에 개입하며 돈을 쓴 것이다. 그것을 레이건이 69퍼센트까지 떨어뜨리고 아버지 부시 때 28퍼센트까지 낮춘다. 그것을 다시 클린턴이 39퍼센트로 올렸고 지금 오바마가 35퍼센트로 조정했다.

레이건이 등장하기 전에는 정부가 그런 식으로 경제에 직접 개입해왔다. 그런데 전임인 카터 정부 시절 문제가 하나 터진다. 바로 '스테그플레이션'이라는 현상이다. 경제학의 기본원리에 따르면 물가가 오르면 경기가 좋아지게 되어 있다. 가령 지금 볼펜 한 자루가 1,000원 하는데 내년에 1,500원으로 가격이 인상될 것 같으면 볼펜 공장에서는 추가로 설비를 도입하고 볼펜 생산량을 늘리게 되어 있다. 여윳돈이 있는 투자자들은 그 돈으로 볼펜공장을 차리게 된다. 결국 투자가 활성화되고 경기는 좋아지는 것이다.

그리고 반대로 물가가 정체되면 기업들이 추가적인 투자를 하지 않으니 경기가 나빠지게 되어 있다. 그런데 물가가 계속 오르는 데 경기가 나빠지는 경우는 기존의 경제학의 관점으로는 있을 수 없고 설명조차 할 수 없는 현상이다. 바로 그런 현상이 당시에 벌어진 것이다. 물론 그 원인은 이란에서 호메이니가 주축이 된 이슬람교 원리주의자들이 혁명을 일으켜 친미적이었던 기존의 팔레비 왕을 축출하고 대신 집권하면서 벌어진 2차 석유파동 때문이다.

석유가격이 폭등하니 석유를 원료로 하는 모든 공산품의 가격이 급등했다. 경기가 좋든 나쁘든 관계없이 말이다. 당시에 미국은 마이너스 성장을 계속한다. 그런데 물가는 올라간다. 경제가 나빠져서 실업자들이 늘어나고 회사는 실적이 나빠지니 성과급을 깎아대는데 일용할 양식의 가격은 천정부지로 뛴다. 얼마나 짜증 나고 힘든 상황이었겠는가.

엎친 데 덮친다고 그 와중에 뜻밖의 복병이 하나 등장한다. 바로 일본이었다. 일본은 제2차 세계대전 이후의 폐허 속에서 화려하게 부활한다. 혹자들은 공산주의 확대를 막기 위한 미국의 전폭적인 지원 때문에 일본의 부활이 가능했다고 말하지만 원래부터 일본은 기술 강국이었다. 1930년대에 이미 항공모함을 만드는 기술을 가지고 있었다. 그때 그들이 만든 '제로센'이라는 전투기는 당시 성능 면에서 미국 전투기를 압도했다.

그런 기술강국인 일본은 10년이 넘는 전후 복구시기를 거친 후에 낮은 인건비에 기반한 싼 가격, 높은 품질로 자동차와 전자제품을 만들어서 미국시장으로 밀어넣기 시작한 것이다. 가격은 물론이고 품질과 성능 어느 면에서도 미국 제품에 밀리지 않았다. 결국 강한 경쟁력을 보유한 일본 기업에 밀려서 미국의 제조업체들이 서서히 망가지고 무너져갔다. 실업자들이 양산되었다.

미국 국민은 제2차 세계대전 이후 오랜 세월 가파른 성장세를 유지했던 호시절을 보내다가 갑자기 경제가 나빠진 상황을 참지 못했다. 그때 공화당의 대통령 후보로 등장한 사람이 바로 '로널드 레이건'이었다. 그는 영화배우 출신답게 훤칠하고 잘생긴 외모로 TV 토론회를 주름 잡았다. 말도 청산유수였다. 그는 30퍼센트의 세금을 인하하겠다는 공약을 내세우고 경쟁자 카터를 누르고 정권을 잡았다. 예나 지금이나 세금 깎아주겠다는 공약만큼 약발이 센 건 없었던 것 같다.

레이건은 대통령이 된 후에 케인스주의 경제 시스템 전반에 메스를 들이댄다. 작은 정부가 효율적이라는 슬로건 아래 각종 사회복지 축소, 노동조합의 영향력 축소, 감세를 통한 기업투자 활성화를 촉진한다. 그리고 선언한다. 작은 정부는 경제에 직접 개입하지 않는다. 다만 자본주의의 특성상 정기적으로 찾아오는 호경기와 불경기를 통제하기 위해서 통화공급만 조절한다. 그래서 그의 정책을 통화론자 또는 공급론자의 주장이라고 말하는 것이다.

그리고 그것은 부분적으로 성과를 거둔다. 가장 성공적인 영역이 바로 기업투자 활성화이다. 대표적인 사례가 애플이다. 기업투자 활성화는 수많은 벤처기업의 육성으로 이어져 미국의 산업계는 점차 활력을 되찾게 된다. 창의성과 아이디어에 기반을 둔 스피디한 스타트업 기업들은 원천적으로 창의성이 부족한 거대 일본 제조업과 경쟁할 수 있었다. 그런데 레이건의 정책에는 기본적인 문제가 숨어 있었다.

세금을 대폭 줄이면서 동시에 투자 활성화에 돈을 투자해야 하는데 돈이 생길 구멍이 없다는 것이다. 결국 찾아낸 방법이 통화를 최대한 공급하고 정부가 빚을 내서 돈을 시장에 푸는 것이었다. 그러다 보니 미국 정부의 재정적자는 엄청나게 늘어난다. 게다가 레이건 정부는 군수산업에 정부 예산을 엄청나게 투입한다. 소련을 압도하기 위해 소위 '스타워즈' 전략과 같은 '전략적 미사일 방어 체계' 등에 천문학적인 돈을 투입한다.

결국 미국 정부는 더 많은 빚에 깔리게 된다. 미국 정부의 곳간 사정이야 그러든 말든 경제는 좋아졌다. 아니 좋아지는 것처럼 보였다. 레이건의 정책으로 경제가 좋아지는 것처럼 보이자 미국 정부는 세금을 더 줄인다. 더 나아가 그나마 경쟁력을 가진 금융산업을 집중 육성한다며 달러화 가치의 상승을 용인한 탓에 대규모 무역적자에 시달렸다. 정부의 재정적자와 국가의 무역적자는 천문학적으로 커졌다. 이것을 쌍둥이 적자라고 말한다.

정부의 재정적자와 국가의 무역적자가 사상 유례가 없을 정도로 극적으로 나빠지자 경기 하락에 대한 우려가 점점 커졌다. 이런 시장의 불안감은 1987년 10월 19일 주식시장에 폭탄으로 돌아온다. 소위 말하는 '블랙먼데이' 사태이다. 그날 하루에 미국의 다우지수가 23퍼센트 폭락한다. 우리 증권시장에서 하루에 그 정도로 주가가 내려가면 어떻게 될까? 아마 폭동이 났을 거다. 당시에 미국시장에도 엄청난 충격이 왔다.

바로 그 해 6월에 미국 연방준비제도이사회 의장으로 취임한 앨런 그린스펀은 대대적인 양적 완화로 주가를 떠받친다. 돈을 확 풀어버린 것이다. 다행히 주식시장은 안정을 찾았다. 그 사건을 해결한 이후에 자신감을 가진 그린스펀은 그 뒤에도 아시아 외환위기와 러시아 채무불이행 사태 등 금융위기가 올 때마다 돈을 푸는 것으로 해법을 삼았다.

결국 그런 재정적자는 두고두고 논란거리가 되었고 미국 정부에 천문학적인 빚을 남겼다. 그것이 레이건의 뒤를 이어서 집권한 아버지 부시 정권의 최대 약점이 되었다. 부시도 절대 새로운 세금은 없다고 공약하고 당선되었으나 재정적자 규모가 극심해지자 더는 감당하지 못하고 세금을 올린다. 거짓말을 한 대통령이 된 것이다.

결국 부시와 공화당은 민주당의 클린턴에게 정권을 내준다. 다행히 클린턴은 레이건의 노선을 일부만 계승해서 기업투자를 활성화하는 한편 사회 복지망을 복원하려는 일련의 시도를 한다. 때마침 터진 인터넷과 ICT 기술의 발달은 미국에 눈부신 호황을 가져오게 되었고 재정적자는 흑자로 전환될 수 있었다.

하지만 클린턴 이후에 집권한 아들 부시는 대통령이 된 후에 아버지와 똑같이 한다. 아들 부시는 1980년대의 레이건주의로 완전히 회귀하였다. 또 기업투자 활성화를 위한 제반 조치는 금융당국의 통제수준을 넘어가는 금융규제 철폐로 이어져 결국 금융위기까지 가는 실마리를 만들었다. 게다가 아들 부시 시절에 한 번도 아니고 그렇다고 하나도 아니고 이라크와 아프가니스탄 두 국가와 동시에 전쟁을 치른다.

그러다 보니 시장경제에 공급할 정부의 돈줄이 말라버린 것이다. 그래도 경기는 살려야 하겠기에 아들 부시 정부는 고심 끝에 시중 금리를 확 낮춰버린다. 물론 미국 연방준비제도이사회에서 금리를 낮춘 것은 2000년대 초반에 있었던 닷컴 버블의 붕괴로 미국 경제가 초토화된 것을 만회하기 위한 조치이기도 했다.

문제는 경제의 활황세가 보이면 금리를 도로 인상해야 하는데 무시하고 부시와 그린스펀은 저금리정책을 계속 유지한 것이다. 지나치게 낮추어진 금리는 항상 문제를 불러온다. 전통적으로 금리 인하는 물가 상승이라는 결과를 가져온다. 그래서 중앙은행들은 경기가 나빠지고 있어도 금리를 쉽게 못 낮추는 것이다. 그런데 신기하게도 당시에는 그렇게 낮은 금리가 지속되는데도 물가가 오르지 않았다.

물가도 오르지 않고 금리는 지나치게 낮은 최고의 상황, 그것을 미국인들을 골디락스(차갑지도 뜨겁지도 않은 수프라서 먹기 좋은 상태) 경제라고 말하면서 좋아서 깨춤을 춘다. 한 걸음씩 다가오는 파국을 전혀 내다보지 못하고……. 그런데 당시에 왜 물가가 오르지 않았을까? 그건 바로 중국의 등장 때문이었다.

오랜 잠에서 깬 중국은 엄청나게 싼 인건비를 바탕으로 저렴한 공산품을 만들어서 미국땅으로 밀어낸다. 그리고 세상에 한 번도 존재해본 적이 없었던 최강의 유통업체인 월마트가 그 제품들을 자신들의 유통망을 통해 미국 전역으로 뿌린다. 그 결과 금리가 그렇게 낮게 유지됨에도 불구하고 공산품 가격은 오히려 뒷걸음질을 쳤다.

2003년 미국에서 경기 회복의 조짐이 본격화되자 많은 경제학자가 금리를 인상해야 한다고 주장했다. 그러나 미국 정부는 오히려 금리를 연 1.25퍼센트에서 1퍼센트로 낮추고 2004년 6월까지 계속 버틴다. 물가상승률보다 낮은 금리는 당연히 투기열풍을 불러올 수밖에 없었다. 금리가 최하수준이니 길바닥에 돈이 굴러다닐 정도였다. 누구나 대출받아서 투자할 수 있는 환경이 되었다. 그런데 투자할 곳이 마땅히 없었다. 미국의 제조업체들이 중국에 밀려서 실적이 좋지 않으니 주식에 투자할 수도 없었다.

결국 유력한 투자처로 떠오른 곳이 주택이었다. 정부도 적극 밀어주었다. 양극화가 심해져서 서민들의 불만이 많으니 싼 은행빚으로 자기 집이라도 사라는 것이었다. 게다가 금리가 워낙 낮고 돈이 너무 많이 풀려 있으니 은행들도 대출 영업을 하기 위해서 혈안이 되었다. 이익을 찾아 헤매던 은행은 결국 신용도가 매우 낮은 서민들에게도 주택자금을 빌려주는 서브프라임 모기지 대출같이 위험한 영역까지 진출했다. 건설회사들은 신이 나서 미국 전역에 주택을 블록 찍듯이 지었다. 건설 경기가 좋으니 경제 성장이 계속되는 것처럼 보였다. 그러다가 정점에 이르자 분위기가 반전된다.

그러다가 이자를 못 갚는 경우가 생겨나기 시작하고 못 갚은 이자가 다시 대출 원금이 되면서 빚이 눈덩이처럼 커졌다. 마침내 빚으로 유지되던 성장이 멈추면서 위기감을 느낀 은행들은 갑자기 신규 대출을 멈추고 기존 대출을 회수하기 시작했다. 그러자 집을 내놓는 사람들이 갑자기 늘어가고 집값은 폭락한다. 그리고 파국에 도달하게 된다. 이제는 미국 정부에 이어 미국 가계까지도 빚쟁이가 된 것이다.

여러분은 신용카드를 언제부터 사용했는가? 나는 입사를 한 후에 그 신용카드를 사용하기 시작했다. 지금은 우리에게 없어서는 안 되는 신용카드란 게 무엇인지 한번 생각해보자. 과거에 신용카드가 없었을 때 어떻게 물건을 사고 밥값을 냈는가? 그냥 현금을 냈다. 그런데 현금이 없으면? 소비 자체를 안 했다.

그런데 지금은 수중에 현금이 없어도 신용카드로 계산한다. 그 행위의 의미가 무엇인가? 지금은 돈이 없지만 다음 달에 우리 사장님이 주실 월급을 미리 당겨서 소비하는 것 아니겠는가? 우리가 집을 살 때도 마찬가지의 행동을 한다. 우리가 집을 살 때 은행 대출을 끼지 않는 경우가 거의 없다. 그 은행 대출이란 게 뭔가? 앞으로 몇 년 동안 우리 사장님이 주실 월급을 미리 당겨서 지금 시점에 집을 소비하는 것이다. 그렇게 은행 대출을 끼고 집을 사고 나면 현관과 거실과 화장실 한쪽은 은행 소유이고 나머지는 내 것인 상태에서 출발하는 것이다.

이게 바로 거품(빚)에 의존한 성장의 본질이다. 미래에 벌 것으로 예상하고 지금 당겨서 소비하는 것이다. 신용카드가 없고 은행 대출이 어려운 시절에는 내가 과거에 번 것에 한정해서 소비했는데 어느 순간부터 미래의 벌 것을 당겨서 소비하기 시작한 것이다. 그렇게 우리 국민 모두가 신용카드를 신 나게 휘두르며 미래의 부를 당겨서 과거에 소비해왔다. 금리가 낮아서 수익률이 떨어진 금융기관들은 그런 소비를 조장했다. 경기는 좋아 보이게 마련이다.

그리고 우리는 지금까지 왔다. 가계의 빚이 1,000조를 넘었다고 한다. 언론은 가계빚이 파국의 뇌관이 된다고 겁을 준다. 노후자금으로 쓸 돈이 없을 거라고도 한다. 그래서 이제 우리에게 남은 것은 무엇인가? 빚을 얻어 산 집값은 내려가고 있고 경기가 나빠져서 언제 회사에서 잘릴지도 모른다. 노후에 먹고 살 일도 막막하게 느껴진다. 겁을 먹은 사람들은 소비를 줄이기 시작한다.

그러니 이제는 과거에 미래의 월급을 미리 당겨서 소비한 것부터 갚아야 할 일만 남은 것 아니겠는가? 그래서 지금 국민 모두가 과거에 쓴 빚을 갚고 소비를 줄이고 있으니 경제가 더 어려워질 수밖에 없는 것이다. 한 마디로 집값은 더 내려갈 것이다. 일자리는 줄어들 것이다. 고령화가 심해지면 국민연금도 믿을 수 없다. 은퇴

후 생활을 어떻게 할 것인가…… 등등 끝없는 공갈과 협박 때문에 어느 누구도 더는 미래의 소득을 당겨서 소비하기가 두려워진 것이다.

소비가 줄어드니 기업은 투자하지 않고 덩달아 고용은 당연히 늘어나지 않는다. 일자리가 늘지 않고 급여도 늘지 않으니 다시 소비가 줄어든다. 이런 방식으로 우리는 나선형으로 추락을 하고 저성장의 길로 가고 있다. 그렇다면 2008년에 미국을 포함한 선진국에 밀어닥친 금융위기는 끝나가는 것일까? 전혀 아니라고 봐야 한다. 각국의 정부가 막대한 공적자금을 퍼부어 급한 불을 끄고 위기를 덮어버린 것이다. 위기는 후대로 연기된 것뿐이다.

내가 앞에서 미국은 지금까지 흥청망청하며 빚을 내서 즐긴 것이라고 단언했다. 1929년의 대공황과 2008년 세계 금융위기의 가장 큰 공통점은 빚을 내서 즐긴 것이 파국의 원인이 되었다는 점이다. 대공황 직후인 1929년 미국에서 가계, 기업, 정부의 빚을 모두 합한 총부채는 미국 GDP의 3배였다. 2008년 금융위기 당시 미국의 총부채는 GDP의 3.5배였고 영국과 일본은 5배가 넘어서 신기록을 세웠다. 그런데 두 번의 위기 이후에 총부채 비율은 매우 다른 흐름을 보인다.

대공황 이후인 1930년대는 총부채가 급격하게 줄어들어서 GDP의 1.3배까지 낮아졌다. 미국 당국이 긴축정책을 쓰면서 부채가 줄어든 것이다. 그리고 당시 정부는 민간회사의 빚을 갚아주는 구제금융을 사용하지 않아서 다음 세대로 빚을 전가하지 않았다. 1929년 공황 당시에는 기성세대가 극심한 고통을 겪었지만 그 빚을 모두 당대에 털어버린 것이다. 그래서 미국의 젊은 세대들은 물려받은 빚이 없이 1950년대 이후 자본주의의 황금기를 보낼 수 있었다.

2008년 금융위기에 대한 대처는 달랐다. 각국 정부가 엄청난 국채를 발행하고 구제금융을 퍼부어서 조용하게 위기를 덮었다. 그 밑에는 엄청난 부실과 부채가 그대로 남아서 꿈틀대고 있다. 그렇게 덮어둔다고 문제가 해결되는 건 절대 아니다. 2008년 금융위기는 극복된 것이 아니다. 그냥 위기 와중에 평온을 유지하는 것뿐이다. 첨단 금융기법이나 정치경제적인 해법이 아니라 단지 현 세대가 떠안아야 할 고통스러운 빚더미를 잠시 다음 세대로 미루었기 때문에 가능했던 것이다.

이제 그 부채를 누가 갚아야 하나? 여러분과 후손들이다. 그리고 아직까지 저자는 인구 감소로 말미암아 생길 경제문제는 언급도 안 했다. 엎친 데 덮친다고 우리는 빚을 갚아야 할 후손들마저 줄어들고 있다. 여러분과 후손들의 인당부채의 규모는 앞으로 자연스럽게 증가할 것이다. 인구문제는 또 다른 마이너스 알파 요인이다. 그나마 1929년에는 위기 이후 인구라도 늘어났다. 그래서 경제도 성장할 수 있었다. 그런데 앞으로는 선진국의 인구가 줄어들어 경제도 주춤거리게 된다. 그런데다 빚더미를 깔고 앉아 있다. 그러니 우리의 미래가 암울하지 않겠는가?

지금도 금리는 역사상 최저점에서 안정세로 있지만 누구도 투자하지 않고 소비하지 않는다. 정부가 나서서 직접 투자하고 싶지만 부채가 지나치게 많다. 그러니 이제 금리를 더 낮출 수도 정부의 지출을 더 늘릴 수도 없는 상황이 되었다. 기존의 방법으로는 경제를 활성화할 방법이 없다. 지금까지 경제학자들의 주장을 따르면 경기를 살리는 유력한 방법은 두 가지였다. 금리를 낮추거나 정부가 직접 지출하는 것이다. 그런데 미국의 금리는 2008년 4.75퍼센트에서 2011년에 0.25퍼센트까지 떨어진 상태에 와 있다. 더는 낮출 수가 없다. 마이너스 금리로 가란 말인가?

"돈을 소비하지 않고 은행에 맡기면 이자를 주는 것이 아니라 보관료를 받겠다. 그러니 맡기지 말고 쓰라!"

그러면 환호성을 지를 사람들이 하나 있다. 금고 제작업자들이다. 미국 정부의 부채는 2008년 56퍼센트에서 2011년에 82퍼센트까지 급등했다. 미국은 국가부채는 물론이고 개인의 부채도 상상도 못할 수준이다. 과거 50~60년 대비 최고이다. 그리고 미국만 그런 게 아니고 OECD 국가의 대부분이 그렇다. 그들도 미국처럼 미래에 벌 것으로 예상하는 수익을 당겨서 경쟁적으로 경기를 부양했던 것이다. 그러니 부진을 해결할 방법은 없고 경기 침체는 장기적으로 갈 수밖에 없다.

결국은 경제학자 하이에크가 말했듯이 시간이 유일한 약인 것 같다. 우리가 지금까지 부채를 바탕으로 잔치를 벌여왔으니 그 빚을 다 갚을 때까지 절약하고 살아야 한다. 그래서 많은 경제학자가 미국과 유럽의 미래를 '잃어버린 10년'이라고 말하는 것이다. 일부 학자는 유로존이 붕괴하는 데까지 갈 것이라고 비관적으로 말한다.

그러면 우리도 시간이 약이라고 생각하고 버텨야 하는가? 나는 아니라고 생각한다. 특히 우리나라와 같이 인구가 줄어드는 국가에서는 국가 경쟁력을 유지하기 위해서라도 어떻게 해서든 유효수요를 확충해야 하고 생산력을 유지해야 한다. 지금처럼 모든 가계가 그동안 저질러놓은 빚을 갚기 위해서 아등바등하면서 소비를 안 하면 큰일이다. 어떤 수를 찾아서라도 소비를 늘이거나 최소한 유지해야 한다. 그러기 위해서는 가계소득을 늘려주어야 한다는 것이다. 그래서 우리는 여성 인재의 경제 참여가 필요하다고 주장하는 것이다.

여성의 구매력을 올려주어야 내수 소비가 증가할 수 있다. 그리고 여성 고객을 유인할 수 있는 상품을 기획하고 브랜드를 만들어야 한다. 지금은 언급한 바와 같이 다양성의 시대이다. 여성의 취향을 맞추기 위해서라도 그들을 이해할 수 있는 여성 인재를 기업 내에 적극 끌어들여야 한다.

또 하나 고려해야 할 문제는 디지털 유통의 시대가 다가오고 있다는 점이다. 그렇게 되면 산업구조가 획기적으로 변경될 가능성이 높다. 우리는 디지털과 모바일 기술이 하루가 다르게 변화하는 모습을 보고 있다. 스마트폰의 성능은 1년이 멀다 하고 폭발적으로 좋아진다. 그러면? 앞으로 스마트폰을 만드는 회사나 통신회사가 돈을 많이 벌 것 같은가? 결코 아니다. 그것은 인프라일 뿐이다.

진짜 변화와 성장은 그 ICT 인프라를 슬기롭게 이용하는 혁신가들에 의해서 발생할 것이다. ICT 인프라의 변화와 경제구조의 변화를 보기 위해서는 150년 전 미국의 사례를 볼 필요가 있다. 당시에 미국에 횡단열차가 완성되고 철도로 전국이 연결되기 시작했다. 그전에는? 마차로 이동하던 시절이었다. 철도로 인해 북미대륙 전체에 '연결과 소통'의 세상이 열린 것이다. 그래서? 열차를 만드는 회사나 철도를 운영하는 회사가 떼돈을 번 것 같은가? 물론 그들도 돈을 벌었다. 그러나 진짜로 돈을 번 건 다른 사람들이었다.

과거에 시어즈와 로벅은 애초에는 철도망을 이용해서 기본적인 생필품을 판매하는 소규모의 통신판매회사였을 뿐이었다. 그러나 미국 전역에 철도망이 깔리고 각주가 연결된 후에 빠른 시간 내 미국 전역을 아우르는 최대의 유통회사가 되고 각 주에서 큰소리치던 중소규모의 상인들을 몰락시켰다.

ICT 네트워크는 ICT 업체가 돈을 버는 정도에 머무는 게 아니라 산업구조 자체를 완전히 바꿔놓을 것이고, 그 변화에 대한 적응도에 따라 기업의 명운이 확연히 달라질 것이다. 그런데 디지털과 모바일이 세상을 바꿔놓을 미래에 대한 전문가가 절대 부족하다. 지금도 그렇지만 미래의 소비자는 커뮤니티와 소셜네트워크를 더 중요하게 생각할 것이다. 기업들은 앞으로 그런 부분을 모르면 사업을 할 수 없다. 미래의 소비자는 같이 여행하고 같이 먹고 같이 쇼핑할 것이다. 지금도 많은 사람이 사이버커뮤니티를 통해 지속적으로 소통하고 있다. 지하철에서 승객들을 보라. 남녀노소를 막론하고 손에서 스마트폰을 놓지 않고 끊임없이 누군가와 소통하는 것을 볼 수 있다.

그들은 연결되고 싶은 인간의 원초적 본성에 빠져 있는 것이다. 앞으로도 그들은 디지털이 만들어놓은 가상공간에서 같이 생활하고 커뮤니티에서 묻기도 하고 대답도 들을 것이다. 그런 세상을 관통하는 핵심적인 가치가 무엇일까? 바로 '소통과 관계'이다. 이런 부분이 바로 기업의 명운을 가르는 기준이 될 것이다. 그런데 이것은 멧돼지를 잡던 기존의 남성들이 잘 이해하지 못하는 영역이다.

앞으로 변화하는 고객들의 본성을 파악하고 맞추기 위해서는 그런 부분을 본능적으로 이해할 수 있는 여성 인재의 독특한 자질이 필요할 것이다. 지금 세상에 있는 많은 소비재는 남성의 관점에서 디자인되고 생산되고 있다. 특히 자동차나 금융상품의 경우가 그렇다. 여성 소비자들은 말을 안 하지만 그런 부분에 대해 불만이 많다. 앞으로 여성 소비자의 발언권이 세지면서 바로 그런 불만을 해결해줄 수 있는 기업이 경쟁력을 가질 수 있다.

우리에게 천우신조에 가까울 정도로 다행스러운 것은 2000년대를 전후하여 교육 부분에서 남녀평등이 구현되기 시작했다는 점이다. 과거처럼 남자는 대학을 가고 여성은 시집을 잘 가는 것이 아니라 여성도 대학을 똑같이 가는 쪽으로 가치관이 바뀌었다. 물론 옛날처럼 애를 많이 낳지 않았으니 부모들이 학비를 감당할 수 있어 가능한 일이었다.

그리고 최근에 와서는 인문이나 어문계열에만 치우치던 여성의 대학진학 성향도 확실히 바뀌었다. 금녀의 공간이라고 생각되던 공대에도 수많은 여학생이 공부하고 있다. 지금 우리 눈앞에 엄청난 위기가 왔다. 하지만 다행스럽게도 그 위기를 이겨낼 수 있는 가장 강력한 자원이 준비되어 있다. 정말 다행이고 감사한 일이다.

이제 두 가지만 바꾸면 된다. 첫째는 여성 인재에 대한 기업의 사고전환이다. 그리고 둘째는 정부 차원의 출산과 육아 지원이다. 준비된 여성 인재들을 조직 내에 충분히 영입하고 출산이나 육아의 문제로 경력 경로에서 이탈하지 않도록 정부와 기업이 배려하는 시스템을 적극 구축해야 한다. 다시 말하지만 바로 그것이 우리가 살 수 있는 유일한 길이다.

특히 한국 기업의 근본적인 사고와 행동의 변화가 요구된다. 그간에 강화된 양극화에 대한 반작용으로 정부의 개입이 많아지고 보호무역이 강화될 수 있다. 또 소비자들이 보수화되고 디지털 이노베이션이 큰 변화와 위기를 가져올 수도 있다. 그래서 앞으로 다양한 인재풀이 필요하다. 다양한 시장과 소비자에 맞설 수 있는 창의적인 전략은 다양한 인재에서 나올 수밖에 없다. 특히 여성은 막강한 소비자 그룹을 형성하게 될 것이다. 그들의 구매 욕구를 직감적으로 공략할 수 있는 여성 인재를 확보하는 것이 매우 중요하다.

그럼에도 우리 기업의 준비는 매우 미진하다. OECD 국가 중 최하의 수준이다. 2013년 8월 조윤선 여성가족부 장관은 여성 경제활동 참여율이 낮은 이유에 대해 '공정한 진입의 기회, 고용상태의 유지, 재진입의 기회'가 낮기 때문이라고 말했다.[17] 조 장관은 여성의 초기 사회 진입 정도는 많이 양호해졌다. 또 사회적 인프라도 어느 정도 만들어진 상태라고 설명한다.

다만 고용상태의 유지 측면에서 보면 여성들은 20대에 사회에 진입하여 30대에 경력단절을 많이 겪는다. 고졸 여성은 경력단절이 있어도 40대에 재진입할 기회가 있지만 대졸 여성은 한번 고용시장에서 탈락하고 나면 다시 원래 자리를 회복하기가 어렵다고 한다.

　한국사회에서 여성 인재의 경력단절이 많은 이유로 육아(장시간 근무가 어렵다), 가사문제(아직도 남녀의 가사분담은 여성에게 집중되어 있다), 유연근무 활용도 저조(선진국의 10분의 1 수준)를 지적했다. 조 장관은 이와 같은 경력단절로 말미암은 국가적인 손실이 연간 128조 원으로 GDP의 14.2퍼센트에 해당한다고 추산했다. 아울러 다음과 같이 말했다.

　"우리나라와 일본이 여성의 경력단절이 높은 국가인데 일본은 최근 여성 경제활동 참가율이 많이 높아졌다. 그래서 지금은 한국이 여성이 성공하기 가장 어려운 국가로 꼽힐 정도이다."

　한마디로 다가온 위기에 대응할 수 있는 충분한 무기와 실탄은 준비되어 있으나 기존 기업의 의식과 태도가 준비되어 있지 않다는 말이다.

독특한 산업화 과정을 거친 미국

미국은 후발 공업국이면서도 상당히 예외적인 국가다. 그들은 애초부터 파괴해야 할 봉건적 경제질서가 없었고 절대왕정이나 특권적인 귀족도 없었다. 토지를 겸병하는 귀족이 없으니 수많은 독립 자영농과 소상인들이 부를 축적하면서 서서히 자본주의 경제를 발전시켜나간 특이한 경우다.

미국을 움직이는 사람은 자기 땅, 가축, 자기 농장과 점포, 공장을 소유한 수천만 명의 농민, 목축업자, 상인과 소규모 제조업자들이었다. 그들이 독립전쟁을 이끈 것이다. 소총으로 무장하고 수분 안에 출동할 수 있는 독립시민을 미니트맨Minute Man이라고 부른다. 이들과 같은 독립적인 소소유자들이나 소자본가들이 바로 미국 헌법에 등장하는 피플People이다. 수천만 명의 소소유자들과 소자본가들이 그 넓은 미국 땅의 전국 각지에서 나름대로 부를 축적하면서 자수성가한 부자가 되었고 이들을 주축으로 미국에서 시장자본주의가 발전한다.

미국에서 하루가 멀다하고 총기사고가 나는데도 불구하고 국민의 총기 소유를 금지하는 않는 이유가 바로 여기 있다. 전미 총기협회와 같은 이익단체들이 주장하는 바가 바로 그것이다. 미국은 독재도 배제하고 외세도 배제한다. 언제든지 총기로 무장하고 자기와 자기 국가를 지킬 수 있는 수천만 명의 피플들의 자주성이 미국의 힘이라고 생각하는 것이다.

미국은 내수시장이 엄청나게 큰 회사다. 지금도 GNP 대비 무역의 비중이 15퍼센트 수준밖에 안 된다. 내수시장만으로도 모든 게 충당되는 거대국가다. 미국은 애초부터 영국처럼 원료조달이나 상품판매처로서 식민지가 필요가 없었다. 그들이 착해서 과거에 식민지를 정복 안 한 게 아니란 말이다. 그런데 전형적인 농업국가인 미국이 남북전쟁을 치르며 제조업을 중심으로 하는 북부가 승리한 후에 제조업이 크게 부흥한다. 그 시점부터 미국 경제가 소소유 농민, 소상공인에서 제조업과 금융업을 중심으로 하는 대자본으로 넘어가게 된 것이다.

특히 대륙횡단열차가 생겨나면서 그동안 각 주에 고립되고 분산되어 독립적으로 발전하던 경제구조가 달라지기 시작한다. 철도망을 이용하여 다른 주까지 판로를 개척하는 대기업과 대자본이 나타난 것이다. 대표적인 경우가 철강산업을 통합한 카네기, 석유산업을 통합한 록펠러, 철도산업을 통합한 밴더빌트, 금융업을 통합한 모건 등이다.

과거 미국은 제조업과 금융업에서는 후발이었지만 농업, 목축, 광산업에서는 이미 영국보다 생산성이 높은 국가였다. 그래서 미국은 경쟁력이 약한 제조업과 금융을 보호하기 위해 초대 재무장관 해밀턴 이래로 전통적으로 높은 관세장벽과 외국인 진입 금지 등의 조치로 자국 산업을 보호해왔다.

그러다 보니 내수시장은 보호장벽 아래서 불완전 경쟁이 진행되고 19세기 말에는 트러스트나 카르텔 같은 독과점 현상이 벌어진다. 그리고 지금 미국을 주름 잡는 시어즈로벅 같은 대형 유통업체가 생겨나면서 미국 전역을 대상으로 영업하기 시작했다. 그리고 주 단위로 존재하던 소형 유통업체들은 하나둘씩 경쟁력을 잃고 무너져간다. 이까지 들어보면 지금의 우리 이야기를 듣는 것 같지 않은가?

앞으로는 인터넷과 디지털이 미국 횡단철도와 같은 역할을 하게 될 것이다. 지리적으로 흩어져 있던 각 주를 철도가 연결해서 하나로 묶었듯이 시공간적으로 흩어져 있는 개인을 글로벌 단위로 묶어주는 것이 인터넷이다. 결국은 미국에 철도가 깔리면서 돈을 번 건은 철도회사가 아니었다. 그 네트워크를 충실하게 활용한 대기업들이었다. 그리고 인터넷과 모바일 기술의 발전으로 통신회사가 돈을 버는 것이 아닐 것이다. 결국 돈을 버는 것은 그 통합성을 충분히 활용하는 우리 시대의 시어즈로벅인 '아마존, 구글, 페이스북' 같은 회사가 될 것 같다.

● 위기 3

인구감소와 고령화

진짜 큰 문제는 리처드 돕스가 이야기한 한국인이 약한 것, 바로 멀리서 서서히 다가오는 위기이다. 지금 깊은 물밑에서 서서히 다가오는 거대한 위기는 무엇인지 아는가? 바로 인구문제다. 물론 인구 감소 문제는 선진국이 모두 목전에 둔 현실이다. 그러나 우리는 변화 속도가 지나치게 빠르고 국가적으로 전혀 준비가 안 되어 있다.

사실 우리 정부의 각 부처가 단기적인 현안에 매달려 다가올 미래를 생각하지 않는 것이 어제오늘의 일은 아니다. 물론 부처별로 직원들도 자주 교체가 되니 어쩔 수 없는 측면도 있다. 그렇다고 쳐도 용납이 안 되는 가장 어이없는 미래대응 사례가 바로 인구문제이다. 우리나라의 통계청은 5년마다 인구 센서스를 통해서 인구

구조의 변화를 발표한다.

그 데이터는 그야말로 과학적이다. 그런데 그런 기초적인 데이터도 무시한 어이없는 정책을 국민의 혈세를 뿌려가며 밀어붙여서 우리 스스로 목을 졸랐던 정책이 바로 인구정책이다. 합계출산율이라는 개념이 있다. 출산이 가능한 15세에서 49세까지를 기준으로 한 명의 여성이 평생 낳을 수 있는 자녀의 수를 말한다. 일반적으로 합계출산율이 2.1명이면 인구가 유지된다고 한다. 0.1은 성장해서 아이를 낳지 못하는 조기 사망을 고려한 것이다.

다음의 표에서 보이듯이 1970년대만 해도 우리나라의 합계출산율은 4.53명이나 되었다. 좀 많기는 했다. 그래도 당시에는 궁핍한 시기에다 유아사망률도 높았고 농사가 대부분의 생업인 환경에서 아들의 숫자가 노후대책이었던 건 사실이다. 당연히 피임기술이나 도구도 없었던 시절이다. 하늘에서 주시는 대로 낳아야 한다는 가치관도 있었다. 그런 상황에서 갑자기 경제가 발전하면서 유아사망률이 떨어지고 의료기술이 좋아지면서 평균수명이 올라갔다. 인구가 늘어나기 시작했다.

당시에 인구가 증가한 것은 아이를 더 많이 낳은 것이 아니라 노인들이 과거처럼 빨리 죽지 않는다는게 원인이었다. 인구는 점점 불어나고 이대로 가다가는 인구폭발이 일어나겠다는 걱정이 덜컥 생긴 정부는 과감하게 '가족계획'이라는 캠페인을 꺼내들었다. 과거처럼 빨리 안 죽는다고 빨리 죽으라는 정책은 말도 안 되니 덜 낳는 것이 유일한 해법이었다. 전체주의적인 성격을 가진 당시 정부가 주도한 군사작전과 같은 캠페인은 국민의 생각과 가치체계

자체를 급속히 바꾸어놨다. 그런 변화의 주축이 된 당시의 대표적인 표어들을 한번 보겠는가?

- **1963년** – 덮어놓고 낳다 보면 거지꼴을 못 면한다
- **1966년** – 3-3-3, 3명 자녀를 3년 터울로 낳고 35세 이전에 단산하자
- **1971년** – 딸아들 구별 말고 둘만 낳아 잘 기르자
- **1980년** – 잘 키운 딸 하나 열 아들 안 부럽다
- **1982년** – 둘도 많다 하나 낳고 알뜰살뜰
- **1986년** – 하나로 만족합니다. 우리는 외동딸
- **1990년** – 엄마 건강 아기 건강 적게 낳아 밝은 생활

지금 봐도 표어가 상당히 전투적이다. 나는 바로 그 시기에 주입된 가치관 때문에 애를 하나만 낳고 소위 말하는 '문화시민'이 된 사람이다. 그리고 지금 엄청나게 후회하고 있다. 내가 젊은 시절만 해도 둘셋씩 낳은 것은 아프리카 원주민이나 하는 짓이라는 인식이 일반적이었다.

주변 친구 중에 상당수가 나와 똑같은 생각을 했다. 애를 더 낳는 것이 야만인이나 하는 짓으로 반복 주입교육을 받았으니……. 그만큼 정부는 커가는 학생들은 물론이고 국민에게 철저하게 세뇌를 했다. 효과는 만점이었다. 그리고 한국인들은 태생적으로 화끈한 민족이다. 정부에서 강력하게 드라이브를 거니 일제히 출산을 줄였다. 출산율이 놀라운 속도로 감소한 것이다.

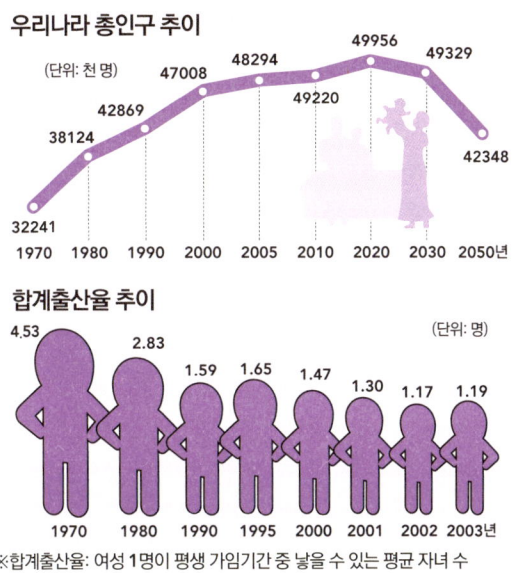

　우리나라는 1983년부터 합계출산율이 두 명 이하로 떨어지면서 저출산 시대에 들어갔다. 위 표에서 보시다시피 그 숫자는 계속 떨어졌고 인구 감소와 고령화가 심각한 미래의 문제로 예견되기 시작했다. 그러나 전체 인구는 꾸준히 불어났다.

　경제가 좋아지고 의료기술이 급격히 좋아지면서 사망자가 과거처럼 나오지 않았던 것이다. 그래서인지 장기적으로 인구 감소 문제가 생길 거라는 증거가 드러나는 상황에서도 정부는 "하나만 낳아 잘 기르자."라는 산아제한정책을 1990년대 후반까지 꾸준하게 밀어붙였다. 물론 담당부처는 가족계획과 관련된 예산이 있으니 그대로 집행한 것뿐이다.

　2005년 이후 문제가 심각해졌다. 합계출산율이 1.08명까지 떨

연도	출산율
1980	2.83
1985	1.67
1990	1.59
1995	1.65
2000	1.47
2004	1.05
2012	1.22

연도별 출산율 현황(통계청, 한국사회 지표)

어진 것이다. 그리고 그 해 6월에 드디어 '저출산 고령사회기본법'이 제정되고 9월에 대통령 직속 '저출산 고령사회위원회'가 발족되었다. 그리고 가족계획 관련 표어는 180도로 확 바뀐다.

> 2004년 – 아빠 하나는 싫어요. 엄마 나도 동생 갖고 싶어요
> 2006년 – 낳을수록 희망 가족 기를수록 행복 가득

그나마 2009년을 기준으로 한국의 출산율은 약간 올라와서 1.15명인데 미국, 영국, 프랑스, 덴마크와 같은 선진국들은 1.8~2.0명으로 상대적으로 건실하다. 선진국 중에서는 일본이 1.37명, 독일은 1.36명으로 최하수준에 머물러 있다. 대체로 후발공업국들이다. OECD는 2030년 이후 고령화로 경제활력이 떨어

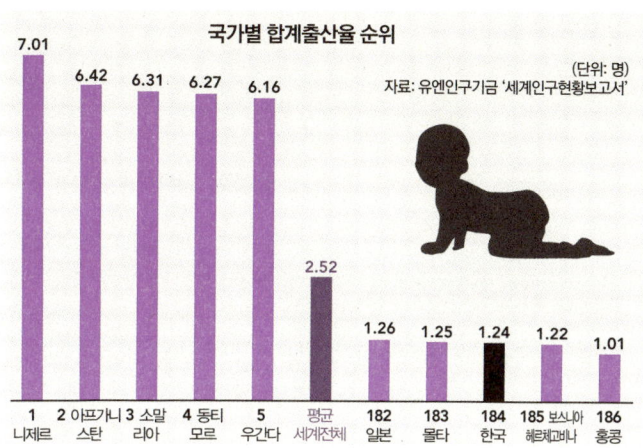

질 나라로 한국, 일본, 독일을 지목하고 있다.

물론 저출산과 고령화의 문제는 우리만의 문제는 아니다. 2012년 11월 OECD는 전 세계적으로 고령화가 급속하게 전개되고 있다고 발표했다. 어떻게 보면 지난 50년 동안 세계 경제성장은 제2차 세계대전 이후 태어난 베이비붐 세대들이 풍부한 노동력과 소비 수요를 제공하면서 기인한 바도 있다. 그 인구들이 나이가 들면서 각국의 생산가능인구(15~64세) 비중이 낮아지고 있다. 앞으로는 그 이유로 세계 경제는 상당 수준 침체할 수밖에 없을 것 같다. 고령화는 경제성장에서 가장 심각한 장애요인이기 때문이다.

지금은 일고여덟 명의 청장년이 노인 한 명을 먹여 살리는 구조이다. 우리나라도 그렇다. 그러나 앞으로 고령화가 진척되면 청장년 두 명이 노인 한 명을 먹여 살려야 하는 구조로 바뀌게 된다. 생산하는 사람은 줄고 쓰는 사람이 늘어나면 뻔한 것 아니겠는가. 그만큼 경제상황에 인구라는 요인이 가장 강력한 영향력을 미친다.

세계 최대의 투자회사인 '핌코'의 최고투자책임자이며 채권시장의 황제로 불리는 빌 그로스Bill Gross는 어떤 나라에 대해 단 하나의 정보만 보유할 수 있다면 자신은 인구통계를 택하겠다고 말했다. 그만큼 인구구조의 변화가 국가경제에 대단한 영향력을 행사한다는 것을 시사하는 말이다.

그러면 인구가 줄어들면 경제에 어떤 영향을 미치는지 역사적 사례를 통해 알아보자. 일본은 1990년부터 생산가능인구가 줄어들기 시작했다. 그리고 1991년에 초장기 불황이 시작되었고 지난 23년간 연평균 경제성장률이 0.88퍼센트에 불과했다. 다이토분카 대학大東文化大學의 다카야스 유이치高安雄— 교수는 1990년대부터 일본의 경제성장률이 많이 줄어든 것은 대부분 고령화 탓이라고 말한다.

그는 일본의 거품 붕괴현상은 단순히 일본 정부 경제정책의 실패 때문이 아니라 젊은 층의 인구비중이 많이 줄어들면서 수요 부족이 발생했기 때문이라는 것이다.[19] 일본은 고령화 속도가 역사상 빠른 국가였다. 물론 그 기록은 곧 우리나라에 의해서 깨지겠지만. 고령화 사회(65세 이상 인구가 7퍼센트 초과)에서 초고령 사회(65세 이상 인구가 20퍼센트 초과)로 가는 데 35년밖에 걸리지 않았다. 대부분의 선진국은 70년 이상이 걸렸다.

일본은 그래도 경제가 엄청나게 활황이었던 1970년대부터 다가오는 고령화를 심각한 화두로 받아들이고 출산장려정책을 도입했다. 이미 출산장려정책의 역사가 40년이 넘었다. 그리고 1989년에 합계출산율이 1.57명으로 떨어졌을 때 '1.57 쇼크'라고 부르며 사회 전체가 충격으로 받아들이고 전 국가적인 대응에 나섰다. 그렇게 일찌감치 준비한 일본도 대응의 타이밍을 놓친 것이다.

그런데 우리는 문제가 훨씬 더 크다. 우리는 초고령화 사회까지 26년 만에 도달할 것으로 예측되고 있다. 당연히 세계 신기록이고 이 기록은 앞으로 누구도 깨지 못할 것이다. 바로 이것이 앞으로 우리 경제가 일본보다 훨씬 더 어려워질 것이라는 점을 확실히 보여주는 예측 데이터다. OECD 발표 자료를 보면 우리나라의 잠재성장률은 2012~2017년까지 3.4퍼센트이고 2018년 이후에는 2퍼센트로 추락할 것이라고 한다.

한국은 2040년에 세계 2위의 고령국가에 올라서게 될 것이다. 평균 연령은 50세이고 기대수명은 86세로 증가한다. OECD의 예측에 의하면 우리의 잠재성장률은 1퍼센트로 떨어진다. 저성장이 굳어지는 것이다. 2050년이면 잠재성장률이 0.1퍼센트로 사실상 정지 국면에 들어갈 전망이라고 OECD가 발표했다. ICT 기술은 꾸준히 발전해서 모든 일들이 자동화되고 모바일화하는 상황에서 경제성장이 멈추면 매일 해고 대란이 일어날 것이다.

2040년에 환갑을 막 지나는 지금의 젊은 세대는 그때까지 현역일 수밖에 없다. 정부가 공적 연금 수급 나이를 늦추어서 70세나 되어야 연금을 받기 때문에 일하지 않을 수가 없을 것이다. 물론 평균 수명은 그때까지 대폭 늘어나서 더 오랜 세월 일해야 할지도 모르겠다.

경제성장이 멈춰버리는 황당한 상황에도 복지에 들어가는 재정

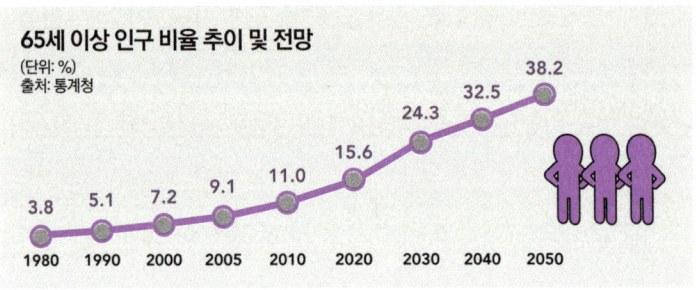

압박은 풍선처럼 부풀어 오를 것이다. 지금도 복지 지출의 구성비가 가뜩이나 노인 위주로 편성되어 있는데 2040년대쯤이면 국가가 빚으로 빚을 막는 채무 불이행 사태로까지 전락할 수 있다. 그 다음은 국가부도로 가는 것이다.

결국 지금의 30대는 은퇴 난민이 될 유력한 예비군이다. 그들은 젊은 시절에 제대로 된 직장을 얻지 못해서 곤궁하고 나이 들어서는 모아놓은 돈도 없고 정부의 지원도 대폭 줄어들어서 좁은 원룸에서 하루 세 끼를 걱정하면서 혼자서 쓸쓸히 생을 마감할 수 있다. 지금 일본사회에서 야단인 고독사의 유력한 후보군이 되는 것이다.

그러면 지금부터라도 화끈한 한국인답게 애를 더 낳으면 되지 않겠는가? 그런데 그게 만만치 않다는 것이다. 지금 아이를 더 낳는 것은 노후생활을 망가뜨리는 지름길이 되는 선택이다. 애를 키우는 비용 문제 때문이다. 요즘 젊은이들은 맞벌이해도 둘이 살아가기 빠듯하고 노년에 대한 전망도 어두운데 출산, 양육, 교육의 가시밭길을 걷는 악수는 피하겠다는 생각을 기본적으로 가지고 있다. 현재 상황을 살펴보면 저자도 그들에게 뭐라고 할 수 없을 것 같다.

지금의 환경에서 출산과 함께 삶의 무게는 현격하게 무거워지게 되어 있다. 놀이방과 유치원 비용은 상당히 비싸다. 괜찮은 어린이집은 부르는 것이 값이다. 우선 임신에서 출산까지만 해도 비용이 싸게 잡아서 200만 원이 들어간다. 산후 조리 비용도 2주에 200~300만 원을 호가한다. 그리고 그 이후에도 문제다. 최근 조사에 의하면 서울 중산층의 월평균 육아 지출비용은 월 118만 원에 달한다고 하니 월 소비 총액의 62퍼센트가 육아비용으로 들어간다는 말이다.

그 이후에는 그보다 더 큰 것이 남아 있다. 바로 교육비용이다. 지금 성인 세대의 노후대책을 가로막는 최대 장벽이 바로 자녀 교육비다. 한국은 스펙 공화국 아니겠는가? 그럴듯하게 아이를 키우는 데는 엄청난 돈이 들어간다. 한국보건사회연구원의 조사(2013)에 의하면 자녀 1인당 대학 졸업(22년)까지 총 3억 896만 원의 양육과 교육비가 들어간다고 한다. 여기에는 재수, 휴학, 어학연수비용은 빠져 있는 금액이다.

대책 없이 두세 명을 출산하고 헐떡이며 키워놓고 나면 노후대책은 전혀 준비할 수 없다. 젊은 층도 자신들이 살아야 한다는 생존본능이 있다. 그러니 결국 그들의 입장에서 보면 아이를 안 낳는 것이 아니라 못 낳는 것이다. 현재의 환경이 바뀌지 않는 이상 그들에게 사회를 위해서 또 미래를 위해서 출산을 더하라고 요구하는 것은 무리이다. 아무리 우리가 화끈한 사람들이라고 해도 말이다.

더 큰 문제는 젊은 친구들이 결혼 자체를 안 한다는 점이다. 내가 근무하는 사무실에는 남직원보다 여직원이 더 많다. 그런데 그 여직원 대부분이 미혼이다. 얼마 전에 어떤 여직원이 임신했다고 하길래 "네가 진짜 애국자다! 다들 이 친구를 본받아라!"라고 말했다가 수도 없이 꽂히는 눈총을 온몸으로 받은 적이 있다. 결혼하고 싶지만 여건이 안 되는 골드미스들이 연발로 쏜 눈총이었다. 전영수 교수는 35세 전후의 '35±세대'를 '이케아 세대'라고 명명하며 특성을 다음과 같이 말한다.[20]

"그들은 88만 원 세대와는 다르다. 서른이 넘어서도 일자리를 못 잡은 88만 원 세대와는 다르게 박봉이지만 그런대로 직장이나마 잡아서 작은 안정을 꿈꿔보는 일개미는 될 수 있었다. 하지만 지금도 고용불안이 계속 심화하고 있으니 살아남을 방법은 단 하나. 경쟁력을 올려서 몸값 상승을 꿈꾸는 것이다.

그런데 나만 그런 게 아니라 모두가 그런 생각을 하니 경쟁이 점점 심해져서 학력 인플레가 계속된다. 스펙 경쟁은 결국 모두가 똑같은 스펙을 만들어놨고 과잉 학력의 경쟁자가 넘쳐나게 된다. 늦은 나이까지 공부하고 어학연수 다녀온 후에 기업에 입사하게 되면 이미 나이가 많다. 그리고 기업에 들어와서 힘든 초기 적응 단계를 이겨내며 결혼에 필요한 자금을 모으다 보면 세월은 다 흘러간다.

그래서 요즘 대기업에 다니는 젊은이들은 기본적으로 30대 중반이 넘기 전에는 결혼을 잘 하지 않는다. 그들은 취업 때 이미 경험해본 눈높이 낮추기에 익숙해져 있다. 연애, 결혼, 출산을 포기한

연도	남자	여자
1991	28.0	24.9
1995	28.4	25.4
2000	29.3	26.5
현재	31.2	29.4

한국의 초혼 나이 현황(통계청, 한국사회 지표)

대가로 삶의 소소한 현실적 만족거리를 찾는다. 나를 위해 투자하고 문화생활을 즐기며 철저히 본인을 위한 싱글의 삶을 영위한다.

조촐한 재테크나 박봉을 쪼개 모은 목돈으로 잠깐씩 즐기는 해외여행이 미로에 갇힌 30대 중반에게는 오아시스와 같다. 결혼은 해야겠지만 비용 때문에 엄두조차 안 난다. 그래서 자기 방어 기제로 가족을 꾸리는 첫번째 과정인 연애부터 포기해버린다.

이런 현상은 일본에서 먼저 나타났다. 오래전부터 일본에서는 초식남草食男이라는 키워드가 떠올랐다. 소위 '풀 뜯어 먹는 총각'이 대량 양산된 것이다. 그들은 도시락과 물통을 들고 출근한다. 눈치를 보면서 식당을 찾아 구석에서 혼자 밥을 먹는다. 홀로 마시는 술조차 익숙하다.

그들은 외국 근무 자체를 거부한다. 도전정신으로 요약되는 외국 근무 대신 안전하고 익숙한 곳을 선호한다. 청춘 특유의 지르기보다는 알뜰 소비에 익숙하다. 전통적으로 20대가 즐기는 음주나 레저 등의 욕구는 아예 없다. 휴일에는 집에서 컴퓨터, DVD, 음악,

독서 등으로 소일한다.

　대칭점에 선 일본 여성은 건어물녀로 요약된다. 일본 여성에게 연애와 결혼에 관심이 없는 중성화의 경향이 심화된 것이다. 화려한 소비나 뜨거운 연애에 열중하기보다는 퇴근 직후 집에서 운동복 입고 맥주에 마른 안주(건어물)를 먹는 무미건조한 여성들이다. 내성, 감성, 온순, 의존적인 초식남과는 구분되지만 이성에 관심 자체가 없는 건 공통적이다. 심해지면 아저씨 계열 여자로 승격된다. 처녀가 아저씨처럼 행동하는 것이다.

　이제 한국에서도 남성의 초식화와 여성의 건어물화는 시작되었다. 적극적이고 도전적이며 활기찬 여학생과 대비하여 남학생은 조용하고 온순하며 수동적인 경우가 비일비재해졌다. 이런 추세를 분석한 한국보건사회연구원(2013)의 연구결과에 따르면 지금 20대 초반의 20퍼센트는 평생 미혼으로 남을 전망이라고 한다."

사람이 최고의 자원이다

최근까지 우리를 두려움에 떨게 하는 논리가 자원한계론이다. 이런 식으로 인구가 늘고 자원을 낭비하면 인류가 지구 상에서 생존할 수 없다는 주장이 난무한 것이다. 1972년에 자원고갈을 예견한 로마클럽Club of Roma의 보고서가 세상에 공표되고 연이어 1973년과 1979년에 세계적인 충격을 주었던 초유의 석유파동이 났다. 이러다가 큰일 나겠다는 공포를 불러오던 시절이 있었다. 바로 그 시절에 메릴랜드 대학의 교수였던 줄리언 사이먼이라는 분이 한마디 하셨다.

"창의적인 인간이야말로 우리 사회를 번영하게 하는 근본 자원이다. 인간의 풍부한 재능과 모험심은 영원히 지속할 것이다. 또 특정 자원 부족 문제가 생기면 다른 새로운 수단을 동원하여 대응할 수 있고, 일정한 조정 기간이 지나면 문제가 발생하기 전보다 더 살기 좋아진다."

당연히! 세상 물정 모르는 헛소리라는 비판을 들었다. 줄리언 교수는 주위의 비판과 비아냥에도 인간은 파괴적 존재가 아니라 창의적 존재이며, 인간의 창의성이 지구 자원의 희소성을 초월한다고 덧붙였다. 그리고 한 걸음 더 나아가서 1980년에『인구 폭탄 Population Bomb』이라는 책에서 "엄청난 인구폭발이 인류의 생존을 위협한다"고 주장한 스탠퍼드대학의 폴 엘릭 교수에게 한판 내기를 제시한다. 내기의 내용은 이랬다. 폴 엘릭이 먼저 다섯 가지 천연자원을 고르고 10년 뒤 가격이 오르면 폴 엘릭이 내기돈을 가져가고 가격이 내려가면 줄리언 사이먼이 가져가는 것이었다. 폴 엘릭 교수는 내기에 응했고 구리, 크롬, 니켈, 주석, 텅스텐을 골랐다. 그리고 10년이 흘렀다. 어떻게 되었을까?

그 자원의 실질가격(물가인상률을 제외한 가격)은 60퍼센트나 떨어졌다. 지구의 자원은 이론적으로는 유한하다. 하지만 가격이 오르면 새로운 대체자원을 찾아내고 채굴기술을 발전시켜서 장기적으로는 오히려 가격이 내려간다는 것이 입증된 것이다. 인류는 통신용 전선에 구리를 원료로 사용하다가 구리가격이 가파르게 오르니까 유리섬유를 활용한 광케이블로 대신하고 그걸 다시 무선통신으로 대체했다. 이것이 바로 인간이 가진 창의성이다.

재생 불가능하다던 자원은 이제까지 단 한 가지도 고갈되지 않았다. 석탄, 석유, 가스, 구리, 철, 우라늄, 실리콘 등이 다 그렇다. 석기시대는 돌이 부족해서 끝난 것이 아니다. 우리는 줄리언 사이먼이 던지는 충고에 귀를 기울여야 한다.

"인간의 문제를 해결하는 것은 사람이다. 물론 그 사람의 숫자가 많아지면 문제가 발생할 수 있다. 그러나 그런 문제를 해결할 수 있는 수단 역시 사람이다. 우리의 진보를 가속할 수 있는 기본 연료는 지식 축적량이며 제동을 거는 것은 우리의 상상력 결핍이다. 사람이야말로 근본자원이다."[21]

바로 우리나라가 그렇다. 그럴듯한 지하자원 하나 없었지만 세계가 주목하는 엄청난 경제 기적을 실현해왔다. 그 기적의 원동력은 가장 소중한 자원, 바로 사람이었다.

인구와 경제문제를 생각하면 맨 먼저 떠오르는 사람이 바로 영국 경제학자 토머스 맬서스이다. 그는 『인구론』이라는 책을 통해 식량 생산량은 산술급수로 증가하는데 인구는 기하급수로 늘어나서 나중에는 지구 상에 식량이 모자라게 되어 기아가 덮치고 굶주림이 만연할 거라고 주장했다. 그는 원천적으로 농업과 공업의 혁명적인 발전 가능성이나 피임법의 발전을 예상하지 못했다. 그는 출산율이 떨어져서 인구 감소를 두려워해야 하는 순간이 온다는 건 아마 상상도 못했을 것이다.

우리가 직면한 환경문제는 125년 전에 영국에서 직면했던 문제와는 근본적으로 다르다. 어떤 면에서는 그때보다 훨씬 좋아졌다. 우리는 에너지를 생산하고 쓰레기를 처리하는 데 더 나은 방법을 개발해왔다. 물론 당분간 개발도상국을 위주로 지구 전체의 인구는 계속 늘어날 것이다. 전체적인 에너지 소비는 늘어나고 힘겨워질 수도 있다.

그러나 우리는 기존 방식을 그대로 답습하지는 않을 것이다. 인간은 새로운 답을 찾아낼 것이며 절대 같은 방식을 되풀이하지 않을 것이다. 인구가 늘고 자원이 고갈되면 앞으로 후손들은 석기시대로 돌아가야 하는 것 아닌가 하는 걱정을 하던 시절이 있었다. 그런데 지금 선진국에는 사람이 줄어들게 생겼다. 인구가 증가하고 있는 신흥국도 장기적으로는 경제가 발전하면서 서서히 인구증가가 정체되면서 고령화가 진행될 것이다. 이제는 어떤 일이 벌어질까? 석유보다 훨씬 소중한 근본자원이 휘발되고 있는데……

몽골제국은 인류 역사상 최대의 영토를 지배하던 국가였다. 로마제국보다 무려 6.2배, 이슬람제국보다 4.0배에 달하는 영토였다. 그런데 200년 만에 망했다. 갑작스런 패망의 이유에 대해 여러 가지 주장들이 있지만 가장 유력한 주장이 바로 인구문제다. 몽골제국은 정복과 상업으로 번영을 구가했다.

그런데 1331년부터 20년간에 걸쳐서 몽골제국 인구의 3분의 1이 사망했다. 원인은 바로 페스트라고 불리는 흑사병이었다. 원래 흑사병은 중국 서남지역에 있는 운남 지방의 풍토병이었다. 그런데 몽골의 세계 정복과 그에 따른 상업적 교역 탓에 페스트가 전 세계로 퍼지면서 사망자가 속출하고 결국 인구가 엄청나게 줄어들고 몽골제국 번영의 원천인 상업이 몰락한 것이다. 그리고 제국은 조각조각 해체되었다.[22]

기록에 의하면 당시에 유럽의 인구 서너 명 중 한 명이 흑사병으로 사망했다고 한다. 특히 가난한 농민들의 사망률이 높았다고 한다. 흑사병이 유행하는 동안 생산가능인구가 줄어들고 평균 임금은 두 배 상승했고 땅값은 50퍼센트 하락했다. 어찌되었든 살아남은 농민들은 상대적으로 경제적 풍요를 누리게 되었고 지주계급의 소득은 급감했다. 농사지을 사람들이 부족해지자 영주들의 파산이 잇달았고 그렇게 중세는 끝나게 된다.

전영수 교수는 천 년을 버틴 로마가 쇠망한 이유도 출산 기피와 인구 감소로 판단한다. 사실 로마는 하루아침에 이뤄지지도 하루아침에 망하지도 않았다. 천 년을 버텨온 로마가 멸망한 유력한 원인은 '경기침체'였다. 로마의 전성기 때는 반복된 영토팽창으로 확보된 노예의 대량공급이 사실상 제로에 가까운 저비용으로 생산성을 유지해주었다. 어느 순간에 노예공급이 끊기면서 그런 선순환 구조가 막혀버려 불황에 직면한 것이 멸망의 원인이 되었다.

다른 한편으로 국가의 재정이 바닥난 것도 문제였다. 대형 제국 로마는 엄청난 복지수혜를 로마시민에게 제공해왔다. 로마시민은 일하지 않아도 먹고 살 수 있었고 별로 할 일도 없었기 때문에 오락거리가 필요했다. 우리가 알고 있는 퇴폐적인 로마문화는 그런 것들의 산물이다. 그런데 전성기의 '영토팽창→노예공급→경제성장→복지 강화'라는 경제 흐름에 균열이 생기면서 로마가 망한 것이다.

우리가 주목할 점은 그런 균열의 뒷면에 '인구 감소'가 있었다는 것이다. 인구가 줄어들면서 군대에 들어갈 젊은이가 없어졌다. 로마군의 힘이 약해지니 제국 확장이 중단되고 노예공급이 멈춘 것이다. 로마 패망의 가장 중요한 방아쇠가 된 인구 감소는 로마 전역에 광범위하게 퍼져나간 출산 기피 풍조에 근본 원인이 있었다는 게 학자들의 설명이다.

초기 로마는 인구 대국이었다. 전성기에는 인구가 1억 2,000만 명까지 되었다고 추정한다. 비결은 매우 간단했다. 정부의 적극적인 출산장려정책 때문이다. 로마의 1대 황제 아우구스투스는 미혼 여성에게 독신세까지 매겼다고 한다. 공직에 발탁할 때도 다자녀 가장을 우선 했다. 그런데 세월이 흐르면서 그런 정책이 하나 둘 없어지고 출산율이 서서히 떨어진다. 그리고 로마는 망해간다. 로마제국이 급격히 쇠락하는 시점과 인구 감소 시점이 정확하게 일치한다.

로마시대에도 문명이 고도화되면서 출산율이 낮아지는 지금의 선진국과 비슷한 현상이 일어났던 것이다. 역사가인 길필란의 연구[23]에 따르면 당시 로마령 트로이에서 19세 이상의 청년 100명 가운데 결혼한 사람은 35명에 불과했다고 한다. 그중에서 자녀가 있는 사람은 17명, 그나마 2명 이상인 사람은 7명에 불과했다고 한다. 결국 로마의 인구는 5,000만 명까지 줄어든다. 특히 귀족집단을 포함한 중산층 이상에서 출산 기피 트렌드가 심했던 것으로 알려졌다.

고령화와 출산율 저하가 낳은 또 다른 현상은 천문학적인 빚이었다. 로마제국은 원래 막대한 군사비용과 복지비용을 집행했지만 세금은 거의 걷지 않았고 새로운 영토 정복을 통해서 세수를 확보했다. 그런데 인구가 줄어들다 보니 군인의 수가 줄어들고 군인의 수가 줄어드니 새로운 영토 개척에도 계속 실패했다. 그런데 복지비용은 계속 집행되었다.

그런 상황에서도 시민의 지지가 필요했던 로마황제들은 복지 예산을 민간 대부업자들에게 빌린 돈으로 충당했다. 로마 정부는 국가채무가 급속도로 불어나며 빚을 갚지 못하게 되자 당시 자신들이 만들던 은화에서 은의 함량을 낮추기 시작했다. 요즘 말로 하면 양적 확대를 시도한 것이다. 그 결과 돈의 가치는 점점 떨어졌고 반대로 물가는 급등하게 되었다.

결국 서기 300년에 이르러 극심한 인플레이션을 견디지 못한 제국의 화폐가치는 붕괴하게 되고 천 년을 이어오던 서로마제국은 멸망하게 된다.[24] 인구가 줄어들고 있는데 과도한 복지정책을 유지하기 위해서 정부가 돈을 풀어 양적 확대를 시도하거나 국채를 발행해서 적자재정을 유지하는 방법은 어디서 많이 들어본 시나리오 아닌가? 지금 미국이 그렇고 일본이 그렇고 또 우리가 그러고 있다.

영화 「300」을 본 사람들이 많을 것이다. 거기에 나온 웃통 벗고 초콜릿 복근 보여주며 신 나게 싸우는 나라가 바로 스파르타이다. 전성기 때의 스파르타는 페르시아의 10만 대군을 격파하고 아테네도 꺾을 정도로 강성한 국가였다. 누구도 당할 수 없을 것 같은 그 강력했던 도시국가 스파르타도 결국 인구 감소로 멸망했다. 그리고 망한 이유와 모양새는 지금의 대한민국과 너무도 흡사하다.

스파르타의 강점은 '지독함'이었다. 스파르타인들은 시민들보다 20배나 많은 노예를 통제하기 위해서 어릴 적부터 군사학교에 들어가 혹독한 훈련을 받는다. 일당백의 전사가 될 때만 자유시민으로서 대우를 받을 수 있었다. 어떤 것을 하겠다고 결심하면 끝까지

해치우고야 마는 한국인의 근성. 초등학교 고학년만 되면 잠도 자지 않고 수능시험 준비를 하는 집요함과 지독함이 스파르타와 왠지 닮았다는 생각이 들지 않는가?

스파르타의 문제는 아이가 군사학교에 들어가는 비용이나 전쟁에 참전할 때 들어가는 비용을 부모나 개인에게 부담시켰다는 것이다. 스파르타인에게 그 금액을 감당하지 못한다는 것은 엄청난 치욕이었다. 그런데 그 군사학교 비용이 장난이 아닐 정도로 비쌌다고 한다. 그러니 가난한 스파르타의 전사들은 자식을 낳아도 양육 비용을 감당할 수 없으니 출산을 피하기 시작했다.

어쩐지 누군가와 너무 닮았다는 생각이 들지 않는가? 그리고 돈이 좀 있는 스파르타인들도 자식이 많으면 보유한 토지를 나눠줘야 해서 출산을 피했다. 결국 스파르타 말기에는 토지를 한 평이라도 보유한 가문이 100여 개로 급감한다. 자유시민의 인구는 점점 감소했고 강국 스파르타는 소리 소문도 없이 역사 속에서 사라져 갔다. 로마 연구자 시오노 나나미는 단언한다.

"과거에 출산 감소 문제를 내버려둔 나라 중 부흥한 예는 없다."

한편 우리나라에도 외국 인력의 유입은 이미 시작되었다. 2011년 말 국내에 체류 중인 외국인 수는 140만 명에 육박한다. 우리 인구 대비 2.8퍼센트 수준이다. 그 140만 명 중에 중소기업체 등의 일손 부족을 메우기 위해 들어온 미숙련 근로자가 70만 명, 결혼 이민자 14.5만 명, 유학생 8.8만 명, 고급 전문인력이 4.7만 명 수준이다.

지금까지 상당수 선진국은 부족한 인력을 충당하기 위해서 외국인 이민을 많이 활용해왔다. 그런 국가들은 출산율이 낮아도 고령화는 서서히 진행되었다. 젊은 이민자들이 들어와서 낮은 출산율을 완화해주었기 때문이다. 외국 이민자를 적극적으로 받아들여 성공한 국가 중 가장 대표적인 곳이 미국이다.

그동안 미국에서는 개발도상국에서 온 젊은 사람들이 3D 업종을 많이 맡아서 임금과 물가를 안정시키는 데 일조했다. 이민자 중에서 인재도 많이 나왔다. 스티브 잡스, 타이거 우즈, 오바마 대통령도 결국 다문화 가족 출신이다. 현재도 미국의 500대 기업의 40퍼센트인 204개 기업이 이민자가 설립한 것이다.

반면 일본은 '일본의 성공은 우수한 일본인 때문'이라는 잘못된 신화를 가지고 배타적인 민족주의로 질주해왔다. 그런 왜곡된 관점은 우리보다 일본이 훨씬 더한 것 같다. 그래도 우리는 단군의 자손이라는 생각을 믿음의 수준으로 가지고 있지는 않다. 사실 우리 중에 누가 자신이 마늘을 잘 먹는 곰의 자손이라는 생각을 하겠는가. 그런데 일본인들은 자신들이 태양신 아마테라스 오미카미의 자손이라는 관념을 신앙수준으로 가지고 있다. 그것이 바로 일본의 국가종교인 신토神道이다. 그래서 지금도 신토의 국가에 이민족이 들어온다는 것을 싫어하고 적극적으로 이민을 받아들이지 않아서 추락을 거듭하고 있다.

그렇지만 한국인처럼 단일민족이라는 의식이 강한 나라도 흔치 않다. 우리는 반드시 이것을 극복해야 한다. 아니면 일본이 간 길을 따라갈 수밖에 없다. 굳이 외국의 사례를 보지 않더라도 자연계에서조차 동질적인 요소보다 이질적인 요소가 모인 곳이 생명력이 왕성하다는 것을 알 수 있다. 강과 바다가 만나는 곳, 난류와 한류가 만나는 바다, 육지와 바다가 만나는 갯벌에 생명이 많다.25)

다시 여성문제로 돌아가서 생각해보자. 우리는 인구가 줄어들어서 생산가능인구가 줄어들 때에 살 수 있는 대안 중 하나가 여성인재의 충분한 활용이라고 이야기했다. 그러기 위해서는 역시 여성 인재가 직장생활 중 육아와 가사를 병립할 수 있도록 해주는 제도적인 인프라가 필요하다고 했다.

그래도 일본은 오래전부터 기업 내에서 '일과 삶의 조화'를 본격적인 정책 화두로 선정하면서 돌파구를 찾고 있다. 일벌레라고 평가받고 '서비스 잔업' 정신을 칭찬하던 일본에서 이제는 정시 칼퇴근이 일반적이다. 일본 정부는 2008년을 일과 삶의 조화 WLB 원년으로 선포하기도 했다. 이 정책의 핵심은 역시 가사를 책임지는 여성 인재에 두고 있다. 특히 한국처럼 기혼 남성보다 기혼 여성 인재의 가사노동 배분시간이 현격하게 길 때는 긴요한 정책이다.

가장 손쉬운 해결책은 탄력적인 업무형태를 만드는 것이다. 단시간 근무 및 재량근무가 그 방법이다. 선진국은 이런 부분이 비교적 잘 운영하고 있다. 양육 시기에 유연한 근무시간을 통해 가정을 지킨 뒤 나중에 다시 풀타이머로 노동시장에 복귀하는 방식을 채택하고 있다. 자녀가 생겨도 계속 일하거나 혹은 육아 이후 재취업하려는 여성 근로자의 눈높이를 맞춰서 제도를 바꾼 것이다.

유연한 근로형태가 마련된다면 여성 근로자의 계속 취업은 가능하다. 이런 방법을 통해서 거시환경 변화에 순발력 있게 대응할 수도 있다. 시장 수요의 불확실성 증대나 경기 유동성에 맞춰 투입 노동량의 원활한 조정이 가능해진다.

세상을 움직인다고 자부하는 백악관도 바뀌고 있다. 이제 한국도 바뀌어야 한다. 그런데 우리 생각에 가장 큰 문제는 직장 상사들의 마인드다. 미국은 육아휴직제도가 법에 명시되어 있지 않다. 하지만 기업이 자발적으로 제도를 만들어서 운영한다. 우리는 어떤가? 지금도 법에 정해져 있는 공식적인 육아휴직제도가 있음에도 상사의 눈치를 보면서 당사자들이 마음대로 쓰기 어렵다.

그런 무형의 직장환경이 직장 상사들의 마인드에서 나오는 것이다. 인사와 평가권을 쥔 직장 상사들의 마인드가 바뀌지 않는 한 좋은 제도가 있어도 활용률은 떨어질 수밖에 없다. 법에 정해져 있는 부분도 현실에서 실행이 어려운 마당에 새로운 제도의 도입은 한마디로 기대난망일 뿐더러 실행성을 담보하기 어렵다.

오바마의 여성 참모들 칼같이 쉬자 "엄마, 백악관 그만둬."라는 불만도 줄어

"엄마 백악관 그만두면 안 돼?"

낸시앤 드팔 미 백악관 전 비서실장이 출근하려고 하자 아들 니키가 물었다. 2011~2103년 드팔은 오바마 행정부의 최대 과제 중 하나였던 '오바마케어(건강보험개혁법)'를 진두지휘했던 실무 총책임자였다. 드팔은 "백악관은 아침 7시 30분부터 저녁 8시 30분까지 회의가 이어지는 곳"이라고 했다.

당시 드팔은 버락 오바마 대통령에게 이 이야기를 들려주었다. 오바마는 드팔의 아들을 백악관 집무실로 초대해 '왜 자신이 엄마를 조금 더 붙잡아둘 수밖에 없는지'를 설명했다. 오바마 대통령의 주요 화두 가운데 하나가 백악관 직원들의 '육아환경 개선'이라고 『워싱턴 포스트』지가 전했다.

두 딸의 아버지인 오바마는 취임 이후 유급 육아 휴가를 늘리고 어린이집 운영을 확대하는 등 백악관 직원들의 '육아 스트레스'를 덜어주기 위해서 애썼다. 그래서 백악관 분위기도 달라지고 있다고 『워싱턴포스트』는 전했다. 백악관의 입인 제이 카니 대변인은 여덟 살 난 딸의 학교 연극에 참관하기 위해서 14일 오전에 잡혀 있던 회의 5개에 빠졌다. 2년 전에도 그는 열두 살 아들의 학교 연극을 보기 위해 오바마 대통령의 외국 순방에도 따라나서지 않았다.

두 아이의 엄마인 베시 스티븐슨 경제 자문위원은 13일 오전에 집에서 아픈 아이를 돌보고 오후에 출근했다. 그는 백악관에 들어올 때에도 "임의로 육아휴가를 쓸 수 있다"는 조건을 못박았다. 그는 "휴일도 없이 24시간씩 일할 수 있는 사람만 뽑으면, 백악관은 '균형 잡힌 관점Perspective'을 잃는다"고 했다.

김성현, 『조선일보』, 2014년 3월 17일자 A18면

무엇이 미래를
만드는가

유럽의 금융위기로 PIGS, 즉 포르투갈, 이탈리아, 그리스, 스페인이 문제라는 이야기가 계속 나왔다. 그중에 규모가 상대적으로 큰 국가는 이탈리아와 스페인이다. 그 나라들의 공통적인 특징은 생산가능인구가 줄어 들고 있다는 점이다. 유럽연합이 위험하다고 하는데도 굳건하게 잘 버티는 나라는 역시 독일과 프랑스다.

독일은 원래 엄청난 기술강국이었다고 하지만 프랑스는? 와인이나 명품을 잘 만들어 수출해서 버티는 건가? 사실 프랑스도 공업기술에 관해서는 상당한 경지에 있는 국가다. 그런데 프랑스는 또 다른 장점이 있다. 적극적인 다양성을 수용하는 문화와 출산율을 적극적으로 관리하는 노력이다.

프랑스는 출산과 육아의 천국이다. 아이를 키우려면 온 마을이 필요하다는 말처럼 프랑스인들은 "낳으면 그다음은 국가가 도맡을 것"이라는 믿음을 강하게 가지고 있다. 그런데 프랑스가 옛날부터 그랬을까? 과거 프랑스는 세계에서 가장 대표적인 출산 취약 국가였다. 옛날부터 자유로운 영혼의 소유자인 프랑스인들에게 동거문화까지 널리 퍼져 결혼을 통한 책임 있는 가족 구성은 한참 후순위로 밀렸다.

그러다가 프랑스라는 국가가 멸종 위기에 처할 거라는 강박감을 느낀 프랑스 정부는 1970년대 이래 40년간 과감한 출산과 육아정책을 시행해오고 있다. 2004년부터는 여러 부처로 분산되어 있던 관련 정책과 제도를 '유아환영정책PAJE'으로 통합해서 운영했다. 통합된 제도 덕분에 그렇게 지지부진했던 합계출산율은 2006년부터 2.0명을 돌파했다. 그리고 현재도 유럽 최고의 출산율을 가지고 있다.

그들은 출산이 일하는 엄마에게 장벽이 되지 않도록 세심한 배려를 한다. 덕분에 출산과 육아가 집중되는 25~49세 여성의 80퍼센트가 직장생활을 하고 있다. 프랑스의 출산정책은 직접 혜택과 간접 지원을 통틀어 무려 40여 가지에 달한다고 한다. 자녀 인원별로 보조금과 세금 면제 혜택을 준다. 출산정책에 GDP의 0.27퍼센트만 투자하는 한국과 달리 프랑스는 GDP의 3.79퍼센트를 투자한다(OECD, 2009).

결국 해결의 실마리는 역시 일하는 엄마의 고민해소에 있었다. 놀라운 점은 프랑스 기업들도 출산장려에 적극적이라는 점이다.

어지간한 중소기업도 사내에 탁아소와 유치원을 설치하여 여직원의 동기부여를 자극한다. 제도들을 구체적으로 살펴보자. 우선 '임신 → 출산'까지 대부분의 의료비가 전액 무료다. 불임치료도 국가 부담이다.

지금은 중국 지사에 근무하는 저자의 후배 중 하나가 지독한 불임으로 고생하다가 10년 만에 시험관 시술을 통해 튼실한 아들을 낳았다. 돌잔치를 할 때 그 후배가 "저 녀석 만드는 데만 에쿠스 두 대가 들어갔습니다."라는 이야기를 했다. 그런 비용이 프랑스에서는 전액 무료다. 한 마디로 부럽다.

프랑스는 아이를 낳으면 일단 격려금으로 120만 원을 준다. 전업주부가 출산하고 육아를 할 때는 매달 75만 원의 격려금이 나온다. 자녀가 두 명 이상이면 별도의 자녀수당이 나온다. 세 명 이상이면 그 혜택은 대폭 늘어난다. 쇼핑은 물론 대중교통 요금까지 할인해준다. 세 명을 낳은 후 출산휴가를 쓰면 1년간 매달 110만 원의 자녀수당을 지급해준다.

양육환경도 좋다. 3세부터 대학까지 공교육은 무상이다. 시청이나 공공기관은 탁아소, 유치원, 초등학교 등의 방과 후 학습까지 맡는다. 전담 공무원과 체계적인 교육을 받은 교사가 따로 배치되어 있다. 기업도 출산장려에 적극적으로 나선다. 출산휴가는 총 16주이고 세 번째 자녀일 경우에는 26주에 달한다. 출산정책의 완성은 사회적 인식에서 이뤄진다. 모든 곳에서 산모(엄마)는 우선 배려된다. 대중교통은 물론이고 할인점에서도 산모용 전용 계산대가 따로 있다. 이렇게 하는데도 애를 안 낳으면 그게 이상한 것이 아닐까?

일본의 대표적인 비영리 정책연구소인 지방정부연구원Japan Institute for Local Government이 과거 일본의 예산 집행결과를 분석해서 발표한 적이 있다. 그 발표에 의하면 과거 일본 정부가 1조 엔(10조 원)을 건설경기부양에 투자하면 경제성장에서 1.37조 엔의 효과를 볼 수 있다. 하지만 출산이나 육아 등 가족복지에 투자했다면 1.64조 엔의 효과를 볼 수 있고 또 교육에 투자했다면 1.74조 엔의 효과를 볼 수 있다고 한다.[26]

출산과 관련하여 한국은 어떤가? 여러 가지 제도가 도입되고 있지만 정밀한 설계 없이 정치적인 고려와 인기영합에 맞춰 실행됨으로 많은 빈틈을 일으키고 있다. 그리고 노인에게는 상대적으로 많은 예산을 배분하고 있다. 출산장려정책에는 어느 정치인들도 관심을 두고 있지 않지만 노인에게 수당을 주는 문제는 많은 정치인들이 갑론을박하고 있다. 좀 각박한 얘기처럼 들리겠지만 출산, 육아, 교육에 투자하는 예산은 투자수익률이 확실한데 노인에게 투자하는 예산은 투자수익률이 상대적으로 아주 낮다.

그런데 정치인들은 왜 노인복지에만 목소리를 높일까? 그들에게는 '표'가 있기 때문이다. 사실 우리나라의 노인복지문제에도 많은 약점이 있다. 당연히 그 부분에 대한 투자도 필요하겠지만 냉정하게 따져보면 투자회수율은 한없이 낮은 부분이다. 진짜 미래를 생각한다면 한정된 자원의 투자를 출산과 육아로 조금씩 옮겨야 할 때이다.

이제 출산문제는 진짜 개인의 책임을 넘어선 상태이다. 회사에서는 눈치를 봐야 하고 육아문제로 남편과 싸우며 어린이집엔 약자일 수밖에 없는 일하는 엄마들의 딜레마를 부술 때가 되었다. 그래야 우리가 모두가 살 수 있다. 어찌 되었든 우리 경제의 미래는 '여성 인재를 더 많이 활용할 수 있는가?' 그리고 '출산과 육아문제를 슬기롭게 극복할 수 있도록 배려하고 여성 인재들을 제대로 활용할 수 있는가'에 달려 있다.

짐 콜린스는 『좋은 기업을 넘어 위대한 기업으로』에서 위대한 기업으로 도약한 회사들의 공통된 특징을 찾아내어 '스톡데일[27] 패러독스'라는 이름을 붙였다. 역경에 처했을 때 외면하지 않고 정면 대응한 회사는 살아남았다. 반면 조만간 일이 잘 풀릴 것이라고 낙관한 회사들은 무너지고 말았다는 것이다. 그의 이야기는 우리가 당면하고 있는 위기와 그 대응책인 여성 인재에 대해서 많은 부분을 시사해준다. 첫 번째는 절대 현실을 외면하지 말아야 한다는 점이다. 아직 코앞에 다가오지 않았고 서서히 다가오는 위기라고 해서 잘 풀리겠지, 누군가 해결해 주겠지라는 생각을 해서는 안 된다는 점이다.

지금부터 바로 정면 대응해야 한다. 그리고 또 한 가지는 지금까지 극복해온 위기들처럼 이번에도 화끈하게 혁신하고 변하며 잘 극복할 것이라는 믿음이다. 그런데 이 위기는 화끈하게 혁신하고 변한다고 해도 그 변화의 결과가 20년이 지나야 나타난다는 점을 생각해야 한다. 이런 지난한 문제를 극복하기 위해 우리 여성 인재들이 출산과 육아 그리고 경제참여라는 세 가지 역할에 충실할 수 있도록 배려해야 한다. 우리의 경제, 우리의 운명, 그 해법은 여성 인재에 달려 있다.

Work with
Women or Die

2장

여성 인재가 답이다

> 세계 경제성장의 원동력은 중국이나 인도와 같은 신흥국이나
> 인터넷과 같은 신기술이 아니라 바로 '여성'이다!

여성이 경쟁력이다

한때 위대하다고 존경받던 기업들은 어떤 경로를 통해서 망해 갔을까? 짐 콜린스는 『위대한 기업은 다 어디로 갔을까』에서 위대한 기업들이 '몰락의 5단계'를 거치면서 침몰해간다고 이야기한다.

그의 그 통찰력은 한국 기업뿐만 아니라 대한민국 그 자체에도 상당한 시사점을 주고 있다. 기업이 망해가는 첫 번째 단계는 자신이 이룬 놀라운 성과에 도취해 자만심이 생기는 단계이다. 개인이든 기업이든 또 국가든 한동안의 성공에 자만하거나 만족감을 느끼는 바로 그 순간이 성과의 피크 지점이 될 수 있다. 그다음부터는 내려가는 길만 남았다.

우리나라도 그렇다. 피터 드러커나 기 소르망의 찬사를 들을 정도로 산업화와 민주화에 동시에 성공한 대단한 민족이라는 자만심을 가지는 순간부터 앞으로 무엇을 해도 잘할 수 있을 것이라는 착각을 하게 되고 시시각각 다가오는 위기 국면을 우습게 생각하게 된다. 일본이 딱 그랬다. 1980년대에는 경제학자들 대부분이 다음과 같이 떠들어댔다.

"급격히 성장하는 일본이 곧 미국을 추월할 것이다. 독일을 추월하여 경제대국 2위에 오른 일본에게 미국을 추월하는 것은 그 시기가 언제인가가 문제일 뿐이다."

일본은 자신감이 충만했고 "노."라고 말할 수 있는 일본을 열창했다. 그리고 한번 더 변화하고 혁신할 시점을 놓쳐버렸다. 그리고 바로 거기가 일본의 피크 지점이었다.

두 번째 단계는 원칙 없이 더 큰 욕심을 내는 것이다. 무엇이든 할 수 있다는 자신감과 자만심은 가득하다. 하지만 어떻게 해서 지금까지의 성공을 이루었는지에 대한 근본적인 이유는 까맣게 잊어버린다. 기업은 열정도 없이 외형만 키우고 핵심적인 보직에 부적합한 사람들로 채우고 관료적 절차를 강화하고 뛰어난 인재가 흘러나가고 있음에도 무감각하다. 국가 차원에는 다양한 이권집단이 생겨나고 전체의 생존과 성공에는 관심이 없고 자신의 이익에만 묻혀 목소리를 높인다.

세 번째 단계에 도달하면 눈앞에 다가온 위험과 위기의 가능성을 부정한다. 이미 위험신호가 시시각각으로 눈앞에 드러나고 있는데도 일시적인 것으로 치부하거나 과소평가한다. 부정적인 데이터와 정보는 무시하고 긍정적인 데이터와 정보에만 고개를 돌린다. 벌써 만족스럽지 못한 성과가 나오고 있지만 무엇을 잘못하고 있는지에 대한 통찰 없이 무조건 외부 환경 탓만 한다. 내 탓이 아니라 남탓만 하는 것이다.

네 번째 단계는 위기가 완전히 표면화되어 어느 누구도 무시하거나 부정할 수 없는 상태이다. 즉시 위기의 근원을 파헤치고 제거해야 함에도 회사는 대증요법으로만 일관한다. 근본원인이 제거되지 않았기 때문에 잠시 통증이 완화되기만 한다. 그 완화기를 지나면 사태는 점점 나빠지고 과거에 성공으로 얻었던 역량들은 하나둘씩 모두 사라져간다. 그리고 조직은 점점 헤어날 수 없는 깊은 수렁으로 빠져들어간다.

다섯 번째 단계는 완전히 망해서 사라지거나 겨우 명맥만 유지하는 상태로 전락한다. 이게 끝이다. 기업이든 국가든 망하는 프로세스는 그렇게 흘러간다.

우리나라는 고령화, 저출산, 그리고 예정된 저성장이라는 미래에 대한 대비상태를 놓고 보면 짐 콜린스의 '망하는 5단계' 중 어디쯤 와 있을까? 이미 생산가능인구는 줄어들기 시작했고 합계출산율은 세계 최하위이고 소비도 이미 줄어들고 경기는 계속 바닥을 기고 있다.

그렇다면 이미 누구도 부정할 수 없는 수준으로 위기가 드러났다고 봐야 한다. 이미 4단계까지 와 있다. 남은 건 5단계의 완전한 몰락이다. 더는 대증요법이 통하지 않는다. 완전히 환부를 드러내야 한다. 이제는 근본적인 치유책이 없이는 근본적인 전환Turn around이 안 된다.

우리는 이미 우리 옆집 사람들이 어떻게 망가져갔는지를 20년이나 두 눈으로 지켜봤다. 그리고 최근 우리의 모든 지표가 그들이 갔던 것과 같은 궤적을 보여주고 있는데도 위기가 아니라고 할 수 있을까? 그런데도 아직 멀리 떨어져 있는 미래의 이야기일까? 다행히도 우리는 어떤 것이든 해야겠다고 생각하면 '화끈하게 바꾸는 민족'이다. 이제 그 화끈한 변화가 필요하다.

그렇다면 화끈하게 살아날 길이 어디에 있을까? 앞에서도 반복해서 이야기한 것처럼 근본 해법은 '출산율을 올리는 것'이다. 정부가 적극 나서야 하고 기업도 나서서 여성들이 애를 낳지 않는 '파업'의 근본 이유를 철저하게 제거해 나가야 한다. 그리고 이민을 적극 받아들여야 한다. 지금처럼 우리가 하기 싫어하는 3D 위주의 일이 아니라 고부가가치의 전문성을 갖춘 사람들을 많이 모셔와야 한다. 마지막 남은 카드가 '통일'인데 이것은 대외적인 변수가 많은 부분이기 때문에 여기서는 논의하지 않겠다.

결국 애를 더 낳는 것과 이민인데 지금 애를 더 낳는다고 해도 즉시 우리 경제에 긍정적인 영향력을 미칠 수 없다. 이 상태라면 한동안 저성장의 길로 갈 수밖에 없다. 그리고 경제상황이 계속 저성장으로 가면 키우는 데 돈이 많이 들어가는 출산을 시도할 사람이 점점 더 없어진다. 결국 그 당분간을 버텨낼 방법이 필요하다. 그것이 바로 여성 인재가 경제활동에 참여하도록 하는 것이다. 그리고 경제활동과 출산과 육아를 병행할 수 있도록 정부, 기업, 사회가 공동의 노력을 기울여야 한다.

내가 제시하는 해법인 여성 인재, 이민, 통일…… 이 세 가지를 관통하는 중요한 개념이 바로 '다양성'이다. 본격적으로 여성문제에 들어가기 전에 좀 더 큰 개념인 '다양성'과 관련된 이야기부터 해야 할 것 같다. 한국인은 다양성과 관련해서는 오래전부터 매우 취약한 속성을 보유하고 있다.

네덜란드 학자 헤르트 홉스테드는 전 세계를 대상으로 기업문화를 연구하는 틀을 개발했다. 그 연구의 틀은 지금도 유효성이 높아서 매년 그가 개발한 프레임을 기반으로 조사해서 결과를 발표하고 있다. 그는 문화를 다섯 가지 영역으로 구분해서 조사했는데 그중 하나가 개인주의 대 집단주의의 비교이다.

가장 최근에 66개국을 대상으로 한 조사결과를 보면 개인주의 성향의 전체 평균이 41점인데 한국은 17점이다. 이 점수는 높을수록 개인의 성취나 능력을 중시하는 것이고 낮으면 '우리끼리'의 집단주의를 중시하는 것이다. 우리보다 낮은 점수를 가진 국가는 어디일까? 과테말라(6), 파나마(11), 에콰도르(8), 콜롬비아(13), 인도네시아(14), 파키스탄(14), 타이완(17) 등이다. 어떻게 다소 감이 오는가? 중남미 지역의 어려운 국가와 이슬람교 국가들이다.

반대로 높은 성적을 거둔 국가를 한번 보자. 프랑스(71), 폴란드(60), 벨기에(75), 이탈리아(76), 미국(91), 네덜란드(80), 호주(90), 영국(89), 독일(67)…… 어떻게 다소 감이 오는가? 선진국들이다. 물론 집단주의 성향과 반다양화 지향이 꼭 같은 개념은 아니다. 하지만 나와 다른 그룹에 속한 사람들을 수용하거나 그들이 나와 다르다는 점을 수용하지 못하는 부분에서는 같다고 볼 수 있다. 대략 봐도 우리나라 국민이 가지고 있는 가치와 문화가 다양성과는 상당히 거리가 멀다는 사실을 알 수 있다.

우리는 어렸을 때부터 '단군의 자손'이고 하나의 민족이라는 신념을 주입받아왔다. 그런데 그 민족이라는 단어나 개념은 삼국시대나 고려시대나 조선시대에는 없었던 개념이다. 사실 '민족Nation'이라는 개념은 최근대사의 유산이다. 역사학자들은 '민족'은 프랑스 혁명 이후에 발명된 개념으로 생각하고 있다. 그리고 민족이라는 개념만큼 세계사를 뒤흔든 사상도 없을 것이다. 민족은 민주주의나 공산주의보다 더 많은 사람을 죽음으로 몰고 간 무서운 개념이다. 그런데 지금도 우리는 그런 것을 잊어버리고 국가 간 대항 스포츠를 보면서 민족에 열광한다.

사실 나폴레옹 이전에는 국민군(국민개병제)이라는 개념이 없었다. 그전에는 군인이라곤 직업군인들뿐이었다. 전투에 나서는 사람들은 대부분 용병이었다. 나폴레옹 군대가 그렇게 막강했던 이유는 여러 가지가 있다. 그중 가장 강력한 이유는 특정 왕조나 특정 귀족을 위해서 싸우는 것이 아니라 프랑스라는 국가와 민족을 위해 싸운다는 대의다.

나폴레옹 이후에 민족 개념은 전 세계로 퍼져 나갔고 결국 엄청난 피바람을 불러온다. 제1차 세계대전을 촉발시킨 사라예보의 총성이나 제2차 세계대전을 촉발시킨 히틀러 선동도 모두 민족주의에서 잉태된 것이다. 유대인 학살, 코소보 사태, 르완다 사태, 중동사태 등 현대 분쟁지역의 근원에는 모두 민족주의가 웅크리고 있다. 히틀러, 일본 제국주의, 무솔리니, 밀로셰비치, 김일성 부자[28] 등은 민족주의를 가장 악랄하게 사용한 주인공들이다.

민족이라는 개념이 주는 파국을 제1차와 제2차 세계대전을 통해서 온몸으로 경험했던 선진국들은 민족이나 그것에서 파생되는 집단주의를 배격하고 멀리하려고 애를 쓰고 있다. 그런데 아직 우리는 옛날 수준에 그대로 남아 있으니 안타까울 따름이다. 물론 선진국 반열에 들어가 있지만 아직도 정신 못 차리는 국가가 옆 동네에 있어서 눈살을 찌푸리게 하지만 말이다.

우리도 스스로를 하나의 '민족'이라고 생각하던 개념은 조선시대 말까지는 그렇게 강하지 않았다. 그 당시에는 조선이라는 왕조국가의 개념만 존재했다. 민족 개념은 아니었다. 그런데 본격적으로 민족이라는 개념을 이데올로기 속에 불러온 것은 단재 신채호 선생이다. 일본의 침탈에 맞서서 우리 민족의 자부심과 자존심을 가지고 독립의 꿈을 키우자는 것이 그분의 논리였다.

사실 독립운동가들이 기댈 수 있는 논리나 명분은 '민족'밖에 없었다. 우리가 일본의 침탈로부터 반드시 독립해야 하는 이유가 뭐냐고 물었을 때 가장 설득력 있는 대답이 "우리는 하나의 '민족'이기" 때문에 독립국가를 세워야 한다는 것이다. 그것 이상의 명분이나 이유가 없었다. 그리고 해방이 된 후 이승만과 박정희 정부를 거치면서 '민족'이라는 개념이 확대 재생산된 것이다.

우리는 어렸을 때 학교에서 우리가 전 세계에서 드문 '단일민족'이라고 배웠다. 그래서 국민이 단합이 잘 되고 애국심이 그 어떤 나라보다 강하다는 장점을 가지고 있다고 배웠다. 경제발전과 민족중흥을 위해서 초개와같이 나 개인의 이익을 버려야 한다고도 배웠다.

우리가 단일민족인지 아닌지를 놔두고라도 우리가 살고 있는 현대는 탈민족주의 시대이다. 이제는 그 단일민족 국가라는 것이 장점만 있는 것인지 다시 한번 생각해보아야 한다. 지금은 국제화 시대이다. 우리나라 기업이 세계시장으로 나가서 세계 일류기업들과 치열한 경쟁을 하고 있다. 또 외국 기업들이 계속 국내 시장으로 들어오고 있다. 게다가 국내의 부족한 노동인력을 채우기 위해서 외국인 근로자들이 계속 들어오고 있고 그 숫자도 계속 증가할 것으로 보인다.

국내 체류 외국인의 수는 꾸준히 증가하여 2013년엔 150만 명을 돌파하였다고 한다. 한국에 사는 사람 100명당 세 명은 외국인이라는 얘기다. 다음 표에서 보듯이 외국인들의 숫자와 다문화 가정의 숫자는 지속해서 증가할 것으로 예상하고 있다.

요즘 농촌의 초등학교에서는 그런다고 한다. 여름방학이 끝나고 나서 선생이 "어린이 여러분 방학 동안 뭐 했어요?"라고 물었을 때 "외가에 다녀왔어요!"라고 하는 학생이 있었다. 그래서 선생이 "외가가 어디지요?"라고 물었더니 그 학생은 "네, 베트남요!"라고 대답했다고 한다. 지금 이 순간에도 그런 아이들이 기하급수적으로 늘어나고 있다. 그런데 그런 아이를 앞에 두고 교사가 철없이 우리는 '단군의 자손'이나 '단일민족'이라는 말을 운운해도 될까?

그리고 진짜 우리가 단일민족일까? 우리는 굴속에서 마늘과 쑥을 먹고 100일을 버틴 곰의 유전자를 정말 가지고 있을까? 그 신화가 말이 안 되는 것이 곰할머니가 드셨다는 마늘이 중앙아시아 남부지역이 원산지이고 중국에 들어온 것이 기원전 200년 경이다.

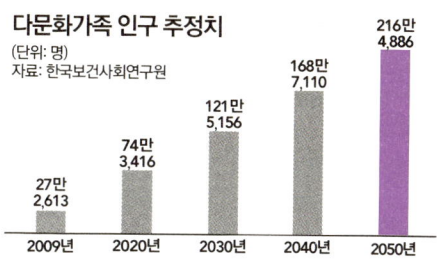

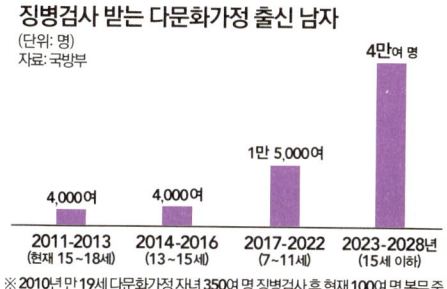

그러면 5,000년 전의 그 곰 할머니가 드신 마늘은 어디서 뚝 떨어진 수입산이란 말인가?

단국대학교 김욱 교수가 Y염색체를 이용하여 연구한 결과로는 한민족은 크게 두 갈래로 나눌 수 있다고 한다. 우리 인구의 70~80퍼센트는 북방계이고 20~30퍼센트는 남방계이며 나머지는 유럽인 등 다른 그룹의 피가 섞여 있다고 발표했다. 다른 학자들도 한국인의 유전학적 기원이 북방계와 남방계로 구성된다는 것이 정설이라고 보고 있다.

학문적 연구결과만 봐도 우리는 분명히 단일민족은 아니다. 물론 최근의 역사에서 우리가 하나라는 생각으로 똘똘 뭉쳐서 경제를 발전시켜온 것은 사실이다. 그러나 이제는 아니다. 지금과 같은 상황에서 개방과 다양성을 무시하고 예전처럼 우리만의 단일성을 고집하다가는 장래가 결코 밝지 못할 것이다.

"우리는 하나의 민족이다. 다른 잡것을 배척하고 우리끼리 똘똘 뭉쳐서 위기를 탈출하자. 외세를 단호히 배격하고 우리 민족끼리 주체적으로 전진하자."

환경이 급격하게 변화하고 있음에도 초지일관 그런 논리를 펴는 사람들이 있다. 그래서 어찌 되었는가? 그게 궁금하면 고개를 들어 북쪽을 보라. 어찌 되었는지.

인류 역사를 돌아봐도 다양성과 개방성은 엄청난 힘을 발휘했다. 최근 유럽연합에서는 그리스 때문에 골치가 아프다. 정말 앞뒤가 꽉꽉 막힌 국가인 것 같다. 그러나 한때 그리스는 현대 서양문명 발상지였고 탁월한 천재들을 연거푸 낳은 나라였다. 민주주의, 자연과학, 서양철학의 토대를 만들었다. 그리고 당시에는 경제적으로도 매우 발전해서 당시 세계 최대의 제국이었던 페르시아와의 전쟁도 이겨내고 지중해 전체를 지배하던 사람들이다. 그런 사람들이 왜 요즘을 저러고 있을까?

안타깝게도 그들은 다른 것은 다 좋은데 다양성이 없고 지나치게 폐쇄적이라는 게 문제다. 고대 철학의 3대 거두이자 르네상스 이후 유럽에서 만개한 모든 학문의 근원을 창시한 아리스토텔레스는 그리스의 또 다른 도시국가인 마케도니아 사람이었다. 그는 당시에 가장 문명이 발달한 도시인 아테네에서 학문활동을 했다.

그런데 아테네 시민은 그가 그리스 최북방의 마케도니아 출신이라는 이유만으로 시민권을 주지 않았다. 사실 당시에 마케도니아는 우리로 따지면 함경도의 삼수갑산이나 만주쯤 되는 시골이었다. 당시에 아테네는 부모 중 한 사람이라도 아테네인이 아니면 시민권을 주지 않았다. 아리스토텔레스는 그런 차별 대우에 단단히 열을 받고 고향으로 돌아가 버린다. 그리고 고향에서 탁월한 제자를 한 명 키운다. 그가 바로 우리가 잘 알고 있는 '알렉산더'다. 아리스토텔레스는 알렉산더에게 다양성과 개방성의 중요성을 철저히 교육시킨다.

알렉산더는 스무 살의 젊은 나이에 겨우 3만 명의 병력만으로 세계 정복에 나선다. 그리고 스승의 가르침대로 전쟁을 치르고 점령지를 통치한다. 그는 그렇게 적은 병력만으로 그리스 전역을 제패하고 북아프리카의 이집트, 지금의 이란과 이라크가 있는 소아시아, 중앙아시아, 그리고 인도 북부까지 정복한다. 10년에 걸친 기나긴 정복전쟁의 와중에 병력은 줄어들기는커녕 오히려 8만 명으로 불어난다. 놀라운 사실은 그 8만 명의 병사 중 고향 마케도니아 출신은 8분의 1 수준이었다. 나머지는 자신이 정복한 국가의 지원병들이었다.

영화 「300」에 '크세르크세스' 황제의 병사들이 등장한다. 그들이 바로 당시 세계 최대 제국이었던 페르시아의 군대이다. 그들은 알렉산더 대왕 시절에도 여전히 세계 최강의 국가였다. 그런 페르시아의 다리우스 3세가 이끄는 군대를 알렉산더가 박살 낸다. 병력의 숫자도 거의 10배에 달하는 상대였다.

절대 망할 것 같지 않았던 강국 페르시아는 결국 알렉산더에게 망한 것이다. 그런데 알렉산더가 서른세 살의 나이로 요절할 당시 주변을 지키고 있었던 호위병들은 대부분이 페르시아인이었다. 자신의 국가를 멸망시킨 적국의 군주인 알렉산더의 신변 호위를 하는 병사들! 잘 이해되는가? 알렉산더는 정복민들을 절대 차별하지 않았으며 능력이 있을 때 적극 중용했고 성과를 내면 장군으로 등용도 했다. 그래서 그는 마케도니아라는 변방 작은 국가의 역량을 가지고 세계를 제패할 수 있었던 것이다.

그건 그렇고 한심하고 속 좁았던 아테네인들과 그리스인들은 어떻게 되었을까? 기원전 2세기에 결국 로마에 정복당해서 식민지가 된다. 그리고 계속 로마의 식민지로 남는다. 언제까지? 동로마제국이 멸망하는 1453년까지이다. 그다음엔? 바로 그 해에 오스만투르크의 술탄 마오메드 2세에게 정복당해서 또다시 식민지가 된다. 그리고 1822년에 가서야 겨우 독립한다. 무려 2,000년간 국가도 없이 식민지로만 지낸 셈이다.

요즘 그리스가 국가부도를 낼까 싶어서 유럽연합국가들이 전전긍긍하는 것 같은데 정작 그리스 사람들은 전혀 두려워하지 않는 것 같다. 연금을 내린다고 데모하고 긴축재정을 한다고 데모하고……. 나라가 위기에 처하면 장롱 속에 숨겨두었던 금붙이를 들고 나오는 우리가 보면 도저히 이해가 안 된다. 왜 그럴까?

이유는 간단하다. 1822년에 독립한 그리스는 채 200년도 안 되는 짧은 역사 속에서 벌써 다섯 번이나 국가부도를 선언한 전력이 있다. 국가가 빌린 돈을 못 갚게 되면 걱정부터 하는 것이 아니라 "나라가 돈 갚을 처지가 못 되는데 어쩔 거냐?"라는 태도로 일관해서 부채를 탕감받은 역사가 200년 사이에 다섯 번이라는 것이다.

그러니 그들로서는 다섯 번이나 여섯 번이나 그게 그거다라는 생각이 기본적으로 깔려 있다. 한때 유럽을 포함한 우리 인류 전체에 지혜의 불을 밝혔던 그 사람들이 지금은 그 정도로 처참한 지경에 빠졌다. 무엇 때문에? 내가 보기에는 다양성과 개방성 부족 때문인 것 같다.

반면에 바로 옆 동네에 살면서 천 년이나 세계를 제패했던 도시국가가 있었다. 우리가 잘 알고 있는 로마다. 로마는 건국 초기에는 이탈리아 반도에 자리한 조그만 도시 규모의 왕조국가였다. 그들은 왕정을 폐지하고 민주정을 도입하면서 크게 성장한다.

로마인들은 선천적으로 개방성과 다양성을 받아들였다. 그들과 지중해의 패권을 둔 전쟁을 연거푸 치른 카르타고라는 국가는 원래 페니키아 민족에 의해서 세워졌다. 여러분도 잘 아시다시피 그들은 알파벳의 원조인 페니키아 문자를 만들었고 무역에 관해서는 최고의 귀재였다. 로마는 장사와 무역에서는 그들을 당할 수가 없었다. 그리고 로마인들의 주식은 밀이었다. 지금도 그 후손인 이탈리아 사람들이 만든 대표적인 밀가루 음식인 파스타나 피자는 세계적인 인기를 끌고 있다. 그래서인지 북방에서 멧돼지를 잡아먹고 살던 켈트족이나 게르만족과 비교하면 키가 머리 하나는 작았다. 그러니 1 대 1로 붙으면 싸움이 될 수조차 없었다. 당연히 학문이나 문학에서는 그리스 출신을 당할 수 없었다.

로마인들은 잘하는 것이 하나도 없었다. 그러나 로마인들에게는 관용과 개방성이 있었다. 신분을 차별하지 않고 자기들보다 우수한 사람들을 조직 내에 영입하고 군대로 영입해서 자유롭게 경쟁하고 고위직으로 올라갈 길을 열어주었다. 앞에서도 언급한 바와 같이 로마는 노예의 노동력을 기반으로 생산성을 유지했다.

그러나 로마는 노예를 쓰고 버리는 물건으로 취급하지 않았다. 신분 해방의 기회를 제공하고 사유재산을 허용했다. 유명한 로마의 영웅 카이사르는 해방노예들도 관직에 나갈 수 있도록 허용했다. 해방노예가 출세해서 식민지의 총독으로 나간 사례가 있고 193년에 황제로 등극한 페르티낙스는 아버지가 해방노예였다.[29]

로마는 식민지 출신의 타민족도 보조병으로 자원할 수 있었고 정해진 복무기간을 마치면 상당한 금액의 퇴직금과 함께 시민권도 주었다. 군생활을 하면서 공을 세우면 장군이 될 수 있었고 고위직으로 승진할 수도 있었다. 그런 기회를 제공하면 똑똑하고 자신감이 넘치는 식민지의 청년들이 독립운동보다는 로마군에 들어가 승진할 방법을 찾게 마련이다. 그리고 그들은 그 다양성의 기반 위에서 천 년간의 번영을 이어간다. 로마의 이 영특한 방법을 현대의 미국이 이어받아서 번영을 구가하고 있다. 그런 역사적 사실을 보면서도 우리가 다양성을 받아들이지 말아야 할까?

우리나라의 다양성 수준을 보여주는 서글픈 자료가 또 하나 있다. 최근 우리 기업들은 국내 성장성의 한계를 돌파하기 위해서 신흥국으로의 진출 속도를 높이고 있다. 우리가 잘 모르는 국가로 진출할 때 해당 지역과 국가를 잘 이해하는 잠재력이 뛰어난 현지인력을 충분히 확보해야 다른 기업과의 경쟁에서 우위를 점할 수 있다. 그런데 한국기업들은 진출국에서 우수 인재를 잘 영입하지 못하고 있다. 현지인들에게 한국기업의 인기가 한마디로 바닥이기 때문이다. 그 이유가 뭘까?

2008년과 2010년 2회에 걸쳐 말레이시아에 본사를 둔 서치펌인 잡스트리트Job Street가 7개의 대표적인 아세안 국가인 인도, 인도네시아, 베트남, 태국, 필리핀, 말레이시아, 싱가포르를 대상으로 취업 선호도 조사를 했다. 조사 대상은 21세에서 40세까지의 화이트칼라였다. 조사 대상 그룹은 우리 기업이 우선 채용하고자 하는 계층의 사람들이다. 잡스트리트는 그들에게 취업하고 싶은 기업의 국적을 물었다. 그런데 그 결과가 정말 참담하다. 그들이 선호하는 기업은 미국계, 유럽계, 일본계, 자국 기업, 한국계순이었다.

정말 자존심이 상하는 결과일 수밖에 없다. 경쟁자인 일본계 기업에 밀리는 것도 속상하지만 아직 개발도상국인 자기 나라의 기업들보다 순위가 밀렸다. 이 조사는 우리나라 기업이 다양성과 관련된 문제에 엄청난 한계를 가지고 있다는 점을 확실하게 보여준다. 그 조사에서 한국계 기업이 선호도가 낮은 이유를 물었는데 꼴찌 한 이유는 다음과 같았다.

"한국계 기업에 들어갔을 때 장기적인 경력개발에 한계가 뚜렷하다. 의사소통이 잘 안 된다. 다른 기업들에 비해서 교육훈련의 기회가 없다."

외국으로 진출한 기업이 그 정도로 참담한 수준에서 허우적거리고 있다면 국내로 우수자원을 영입하는 이민문제는 생각해볼 필요도 없는 것 아니겠는가? 그러면 우리의 다양성 지수는 시간이 흐르면서 좋아지는 걸까? 어떤 지수를 볼 때 지금 상태가 어떻다는 것도 중요하지만 더 깊이 들여다봐야 하는 점은 변화의 추세이다. 비록 지금 수준은 낮지만 호전되는 상태라면 그나마 긍정적이고 지금 상태에서 나쁜 방향으로 변화하고 있다면 진짜 최악이다.

최근 박명호 교수가 발표한 연구 자료[30]에 의하면 1995년에 OECD 국가 중에 21위였던 한국의 '사회통합지수'가 15년이 지난 2009년에 24위로 3계단이나 미끄러졌다고 한다. 특히 지수의 세부 항목인 관용사회 부문(장애인노동자 관련 법률 수, 타인에 대한 관용, 외국인 비율) 순위에서 25위에서 31위로 떨어져 조사 대상 OECD 국가 중 꼴찌로 추락했다는 것이다. 이 연구결과를 보면 안 그래도 나쁜 우리의 다양성 수용지표가 더 나빠지고 있다는 사실을 알 수 있다. 정말 가슴 아픈 이야기가 아닐 수 없다.

왜 그럴까? 원인이 도대체 뭘까? 먼저 기업 내부 차원에서 다양성의 문제로 들어가면 역시 '익숙함'과 '편안함'이라고 생각된다. 워낙 독특한 성향을 가지고 있는 한국인들인데다 '빨리빨리'에 중독돼 척하면 알아듣는 사람, 굳이 가슴속에 담고 있는 불편한 이야기를 입 밖에 내지 않아도 알아주는 사람과 일하고 싶어하는 것이다. 그래서 말이 잘 안 통하는 사람과 가치가 다른 사람과는 거리를 두고 싶어하는 것이다. 사실 누구인들 '말귀 알아듣는' 사람들과 일하고 싶지 않겠는가. 하지만 그런 본성에 '총론찬성 각론반대'라는 성향까지 개입하면 문제는 복잡해진다.

"오케이, 다양성을 받아들여야 우리나라가 살 수 있다는 말이지? 좋아 그렇게 하자. 하지만 우리 부서는 특수성이 있기 때문에 안 된다!"

그런 생각을 세상의 모든 부서장이 가지고 있기 때문에 한걸음도 못 나가는 것이다. 여성 인력 문제도 역시 같은 관점에서 봐야 한다. 우리나라 인구의 절반이 여성 인력이다. 그런데 그들에게 기업과 경제에 진입하는 장벽은 대단히 높다. 우리나라 여성의 대학진학률은 80.5퍼센트로 압도적인 세계 1위이다. 그런데 여성고용률은 53.5퍼센트로 OECD 평균 57.2퍼센트에 크게 못 미친다.

최근의 조사에 의하면 석박사 학위를 가지고 있으면서 일하지 않는 기혼 여성이 9만 559명이나 된다고 한다. 석박사 학위를 가진 기혼여성 10명 중 3명(31.4퍼센트)이 일하지 않고 전업주부로 산다는 것이다. 반면 석박사 학위를 가진 미혼 여성이 일하지 않는 비율은 14.5퍼센트에 불과하다. 많은 투자를 해서 양성한 전문인력이 결혼하면서 사장된다는 말이다.

국내 대학원의 연평균 등록금은 2013년 기준으로 827만 원(대학 알리미 기준)이다. 대학부터 시작해서 박사 학위를 따는 데까지 평균 10년이 걸린다고 치면 학비만 8,000만 원이다. 거기다 생활비까지 포함하면 정말 엄청난 비용이 투자되었을 것이다. 그렇게 많은 투자를 하고도 한참 일해야 할 시기에 그 지식을 썩히고 있는 여성이 9만 명이나 된다는 것은 사회적으로 엄청난 낭비가 아닐 수 없다.[31]

우리나라 대학의 학비는 미국에 이어 두 번째로 비싸다. 더구나 미국의 1인당 소득이 우리의 두 배가 넘는다는 점을 계산에 넣으면 대학 학비로 가장 많은 돈을 쓰는 셈이다. 그렇게 교육에 엄청난 돈을 투자해서 아이들 학교 졸업시키고 나면 노후대책도 못 세우는 빈곤층이 된다는 '에듀 푸어'라는 말이 나오는 판에 이게 무슨 한심하고도 어이없는 '낭비'란 말인가!

우리나라는 여성들이 일하는 환경과 여성 인력을 활용하는 수준에서 OECD 국가 중 최하위이다. 최근 조선일보, 여성가족부, 베인앤컴퍼니 등이 공동으로 조사한[32] 여성 잠재력 활용지수(FFPI, Female Full Potential Index)에서 우리는 25개 국가 중에서 23위를 했다. 중국보다 순위가 낮았다. 우리보다 순위가 낮은 곳은 이탈리아(24위)와 일본(25위)뿐이었다. 이탈리아와 일본, 어째 느낌이 안 좋은 국가 아닌가?

이 지수는 공정한 진입 기회, 지속 가능한 근무환경, 재진입 기회, 리더 양성 4가지 영역에서 12개의 지표로 구성된 항목으로 조사되었다. 그런데 이 지표의 세부항목에서 우리나라의 성적은 상당 수준 널뛰기를 한다. 우리나라는 '공정한 진입 기회' 부문에서는 조사 대상국 25개 중에서 당당히 1위를 했다. 그런데 나머지 3개 영역에서 최하위를 기록함으로써 종합순위가 23위로 내려간 것이다. 한 마디로 급격한 온탕 냉탕이다.

일단 진입 기회의 측면에서 1등을 했다는 사실은 대학 진학률 세계 1위인 젊은 여성들이 남성 못지않게 활발히 취업해서 능력을 발휘하고 있다는 뜻이다. 한국은 매년 35만 명 정도의 여성 인력이 신규로 노동시장에 진입하고 있다. 그들의 85퍼센트 이상이 전문대 졸 이상의 고학력자들이며 '대한민국 아줌마의 힘'으로 상징화된 헌신성과 적극성으로 무장하고 있다.

그렇지만 35세 이상이 되면서 그 고학력 여성들의 고용률은 급

OECD 회원국 여성 잠재력 활용 순위	
1 아이슬란드	12 헝가리
2 노르웨이	14 오스트리아
3 스웨덴	15 폴란드
4 네덜란드	16 아일랜드
5 핀란드	16 영국
6 포르투갈	18 미국
6 덴마크	19 그리스
8 벨기에	20 체코
9 프랑스	20 슬로바키아
9 독일	22 중국
11 스페인	23 한국
12 스위스	24 이탈리아
	25 일본

격하게 추락한다.[33] 이런 부분이 반영된 결과 '지속 가능한 근무 환경' 지표에서 한국은 꼴찌의 성적을 거두었다. 특히 남성의 근속 연수 대비 여성의 근속 연수 비율이 58퍼센트로 당연히 꼴찌이며 전체의 평균인 90퍼센트에 턱도 없이 못 미치는 점수이다.

30~40세 여성의 경제활동 참여율도 56퍼센트로 꼴찌, 유급출산휴가 17위, 육아휴직일수는 14위에 머물러 있다. 물론 이 자료에는 여성들 대부분이 법적으로 보장된 휴가를 제대로 쓰지 못하고 있는 부분이 반영되지 않은 데이터다. 그것까지 조사해서 반영하면 지수는 더 밑으로 떨어질 것이다.

육아를 마친 후에 재진입 기회도 마찬가지이다. 40대 여성의 경제활동 참가율 역시 64퍼센트로 꼴찌이다. 리더 양성 부문에서는 정말 다행히 꼴찌를 면한 24위였다. 우리 아래에 일본이 있다. 참으로 안타까운 수준이 아닐 수 없다.

"인구의 절반을 차지하는 여성들의 재능과 실력을 제대로 발휘하지 못하는 것은 큰 문제이다. 이들을 활용하는 것은 인권문제를 넘어 '얼마나 현명한 정책을 쓰느냐'의 문제이다."

핀란드의 첫 여성 대통령이자 12년간을 재임했던 타르야 할로넨이 한 말이다. 지금까지 이야기한 것처럼 우리나라와 경제가 살아날 방법은 여성 인재에 있다. 그런데 지금 여성 인재 관련 제도, 시스템, 현황은 세계 최하위 수준에 머물러 있다. 빨리 선진국 수준으로 개선되지 않으면 우리의 미래는 정말 암울해질 수밖에 없다.

하지만 뒤집어 생각해보면 꼴찌 수준인 여성 인재 활용을 어느 수준까지만 개선하면 상당한 성장 기회가 잠재되어 있다고 볼 수 있다. 여성이 사회에서 경제활동을 하며 경제에 기여도 하고 가정 경제에도 어느 정도 여유가 생기고 또 마음 편하게 출산과 육아를 할 수 있는 여건이 만들어진다면 우리 경제는 빠른 속도로 정상화될 수 있다.

한국에서 여성 인재와 관련한 가장 큰 문제는 역시 '지속 가능한 근무환경'이다. 지금 대학을 졸업한 신규 여직원들의 채용을 확대하는 문제는 만족할 만한 수준은 아니지만 그래도 개선의 가닥이 어느 정도 잡힌 것 같다. 많은 기업이 경쟁적으로 우수한 여성 인재를 채용한다고 말하고 있고 실제로도 그렇게 되고 있다. 그런데 우리가 딱 거기서 멈추어 서 있다는 게 문제다. 이제는 다음 단계로 빠르게 진입해서 남아 있는 문제를 해결해야 한다.

오늘날 한국 여성이 사회에 나와서 꿈을 펼치기 위해서는 두 가지의 장애물을 돌파해야 한다. 하나는 여성이라는 장애이고 두 번째는 아이를 키우는 엄마라는 장애이다. 하나의 장애도 극복하기 어려운 마당에 두 개를 동시에 극복해야 하는 상황이 정말 안타깝고 미안하다.

그럼에도 과거와 대비하면 최근에는 사회적 인식도 많이 바뀌었고 덕분에 우리 여성들도 사회에 많이 진출하고 있다. 정말 감사한 일이 아닐 수 없다. 여성 인력의 사회 진출 욕구도 계속 커지면서 실제 기업 근무 비율이 점차 늘어가고 있다. 잠깐 주위를 살펴보면 예전보다 사무실 내에 여성들이 많아졌다는 것을 볼 수 있다.

당장 저자가 근무하는 사무실에도 남자보다 여성 인력이 더 많다. 여성이 점점 많아지면서 우리의 조직문화도 의도했든 의도하지 않았든 많이 달라지고 있다는 것을 느낄 수 있다. 그럼에도 겉모양만 조금씩 바뀌고 있지 속까지 바뀌지는 못하고 있다는 비판을 면하기 어려운 것 같다. 아직도 대부분은 멧돼지를 잡는 그 방식대로 회사가 돌아가고 있기 때문이다. 그리고 어렵게 입사한 여성 인재도 남성 선배들로부터 전수받은 그 방식대로 어설픈 자세로 멧돼지를 잡으려고 달음박질하고 있다.

세상은 바뀌고 있는데 남성끼리 남성 중심의 조직문화 속에서 일하던 추억에 젖어 있어서는 곤란하다. 물론 '끼리끼리' 문화를 좋아하는 우리나라 사람들에게 나와 다른 사람들이 '우리' 속으로 들어오는 것이 불편하고 또 꼭 그래야만 하는지 생각이 들 수도 있다. 지금까지 편안하게 해오던 익숙한 방식에서 벗어나야 하니 한마디로 귀찮기도 할 것이다.

일사불란한 움직임이 필요했던 과거의 관점에서 보면 다양성이라는 것이 일견 불편할 수도 있다. 그러나 다양성은 다양한 시각에서 사안을 보고 획일적인 조직에서 나올 수 없는 아이디어를 만들어낼 수 있다는 결정적 장점이 있다. 그동안 수행된 많은 연구결과를 통해서 봐도 다양성은 창의성과 직결된다.

그런 관점에서 롯데의 신동빈 회장이 2014년 1월 5일에 앞으로 상품 개발과 마케팅 관련 주요 회의에는 여성 인력을 반드시 참석시키라고 전 계열사에 지시한 것은 시사하는 바가 크다.

"여성 고객이 많은 롯데는 변화하는 소비자의 니즈를 여성의 섬세한 감각으로 자세히 살피는 것이 중요하다. 여성 인재의 잠재력을 활용하고 여성 중간 관리자들이 조직 내 핵심인재로 성장할 수 있도록 주요 회의에 여성을 반드시 배석시키도록 하라."[34)]

바로 이런 관점이 다른 CEO들에게 널리 퍼져야 작게는 여성이 가진 고유한 창의성이 조직의 성과 향상으로 연결될 수 있고 크게는 우리나라의 경쟁력이 괄목할 만큼 커지는 것이다. 그런데 '조직 내 다양성'이란 게 말처럼 쉽지만은 않다. 기업이 여성 인력을 영입한다고 해서 성과로 바로 연결되는 것은 결코 아니다. 이미 오래 전부터 여성 인력 영입정책을 적극적으로 펼쳤던 롯데그룹도 한동안 겪어왔던 문제이지만 초기에는 많은 갈등과 불협화음이 생겨날 수밖에 없다. 더구나 준비되지 않은 상태에서 받아들인 다양성은 조직에 독이 될 수도 있다.

다양성은 확실히 '양날이 날카롭게 서 있는 검'과 같다. 조직 내 인력구성의 다양성이 창의와 혁신의 원천이라는 긍정적 영향을 가

조선경제　　　　　2014년 1월 6일 월요일 **B5 기업과 비즈니스**

"女性이 경쟁력… 주요 회의에 반드시 참석시켜라"

신동빈 롯데 회장 지시
여성 임원 승진 인사 나올 듯

신동빈(사진) 롯데그룹 회장은 "앞으로 상품 개발, 마케팅 관련 주요 회의에는 여성 인력을 반드시 참석시키라"고 지시했다고 롯데그룹이 5일 밝혔다.

신 회장은 최근 주요 계열사 사장단 회의에서 "여성 고객이 많은 롯데는 여성의 섬세한 감각으로 변화하는 소비자의 니즈(needs·요구 조건)를 면밀히 살피는 게 중요하다"며 "여성 인재의 잠재력을 활용

하고 여성 중간 관리자들이 조직 내 핵심 인재로 성장할 수 있도록 주요 회의에 여성을 반드시 배석시키도록 하라"고 지시했다. 신 회장은 또 "미래 경쟁력 확보를 위해서는 여성 인재 육성이 반드시 필요하다"며 "여성 인재들이 걱정 없이 일할 수 있도록 꾸준히 제도를 보완하고 이를 실천할 수 있도록 노력해달라"고 말했다고 그룹 측은 밝혔다.

롯데그룹은 지난 2006년부터 여성 채용을 꾸준히 늘려오고 있다. 신입사원 중 여성 입사자 비율은 지난해 35%까지 늘었고, 2009년 95명에 불과하던 과장급 이상 여성 간부 사원도 지난해 말에는 689명(4명의 임원 포함)으로 증가했다.

2012년부터 자동 육아 휴직제를 도입하고 사이버 재택 교육 프로그램을 운용하는 등 근무 여건도 계속 보완하고 있다. 그룹 관계자는 "조만간 단행될 정기 임원 인사에서도 여성 임원 승진 인사가 포함될 것"이라고 말했다.

이혜운 기자

져울 수 있지만 역으로 불필요한 갈등 유발 같은 부정적 영향을 미칠 수 있다. 현명하게 '관리되지 않은 다양성'은 조직 내의 분란과 갈등을 조장할 수도 있다. 따라서 기업 차원에서는 부정적 영향력을 최소화하고 긍정적 영향력을 확대하기 위한 전략적 '다양성 관리'가 반드시 필요하다.

남들도 다 하니까 단순히 남들에게 보여주기 위한 이미지 관리 차원에서 여성 인재를 영입하는 것이 아니라 여성 인재 확보를 기업의 생존을 위해 반드시 필요한 전략으로 받아들이고 적극적인 관리 대상으로 삼아야 한다. 그냥 다양성이 필요하다고 하니 여성 인재들을 많이 채용해서 투입하면 문제가 해결될 거라고 생각하면 상당 수준 기대 이하의 성과를 거두거나 예상하지 못한 부작용을 불러올 수 있다.

3D3C의 시대를 준비하라

우리의 주장을 읽으면서 그런 생각이 드셨는가? 인구가 줄어들고 있고 경제가 쪼그라들게 생겼다. 그러니 여성 인재들을 집에 두지 말고 사회로 모셔와서 경제활동을 시켜야 살 수 있다? 맞는 말이다. 그러나 다른 차원도 한번 생각해봐야 한다.

여성들이 급여가 낮고 커피 심부름도 잘한다는 단순한 이유로 회사에 채용되던 시절이 있었다. 한 마디로 사무보조 내지는 사무실의 꽃. 그러나 이젠 그게 모두 옛날이야기이다. 환경이 엄청나게 바뀌었기 때문이다. 이제 기업에서 여성 인력은 강력한 경쟁력이 되고 있으며 가장 중요한 자원이 되고 있다.

정말 그런지 사례를 하나 들어보자. 미국 캘리포니아에 있는 페퍼다인대학에서 여성들이 고위직에 많이 포진한 회사와 그렇지 않은 회사 사이에 수익성 차이가 있는지를 조사했다. 그들의 연구 주제는 '임원실의 여성 숫자와 기업 수익의 상관관계'라는 제목이었고 『포천』이 선정한 500대 기업 중 상위 215개 회사를 대상으로 연구를 했다.

이 연구는 회사에 여성이 얼마나 많이 있는지, 얼마나 고위직인지, 그리고 그 회사가 내는 수익과의 사이에 어떤 상관관계가 있는지를 19년에 걸쳐서 면밀하게 따져보는 방대한 작업이었다. 기업이 내는 수익성은 자본, 매출, 자산의 3가지로 나누어서 살펴보았다.

연구결과는 충격적이었다. 여성 승진이 활발한 기업이 모든 측면에서 경쟁사들을 압도했다. 실제로 여성 승진율이 가장 높은 기업은 비교 기업과 대비해서 평균자본이 116퍼센트, 수입 46퍼센트, 자산 41퍼센트 이상 성과가 좋았다고 한다. 물론 이런 결론에 도달한 연구결과 보고서는 한 트럭으로 다 싣지 못할 만큼 많다. 여성이 많은 회사일수록 수익률이 높아진다. 그리고 '선진사회'일수록 능력 있는 여성들이 자신의 능력에 맞는 대우를 받는다 등등.

미국은 포천 500대 기업 중 여성이 CEO인 회사가 1996년 10퍼센트에서 2002년에 16퍼센트로 늘었다. 6년 사이에 50퍼센트 이상 증가한 것이다. 그리고 최근에는 증가세가 더 빨라지고 있다. 우리가 가장 바람직한 선진국이라고 생각하는 노르웨이는 정부 차원에서 임원의 40퍼센트를 여성에게 할당하도록 의무화하고 있다. 노르웨이 정부의 극단적인 조치에 대해 역차별이라는 식으로 접근하는 등 찬반 논쟁이 있다. 하지만 어찌 되었든 노르웨이의 대기업들이 국제적으로 강력한 경쟁력을 갖추고 있다는 것은 분명한 사실이다.

더구나 세계 금융위기 이후 세계 각국의 기업들은 지나친 신자유주의 경제관에 의해서 생겨난 과거의 오류를 바로잡고 좀 더 강하고 탄력적인 경제를 만드는 데 모든 노력을 기울이고 있다. 그들은 기업조직 내에서 전투적이고 경쟁적인 남성적인 화성 인자를 줄이고 금성에서 온 감성적이고 잘 화합하는 여성적인 인자를 좀 더 많이 투입해야 한다는 것이 공통적인 견해이다.[35]

주변 여건을 생각하지 않고 무조건 빠르게 질주하는 멧돼지에만 초점을 맞추는 화성 인자의 본성이 자칫 기업의 끝장을 불러올 수 있다는 우려가 크다. 차분하게 전체를 살펴봐야 한다는 고민 없이 수익성이라는 멧돼지를 보며 질주한 세계 금융회사들이 가지고 있던 오류가 어떤 결과를 가져왔는가. 상당수 학자가 지난 금융위기는 지나친 남성성이 불러온 파국이었다고 생각하고 있다.

금융위기 이후 극단적인 주주 자본주의와 이윤추구에만 몰입하는 행태에 대해 의문을 제기하는 목소리가 곳곳에 울려 퍼지고 있다. 패러다임은 확실히 바뀐 것 같다. 금융자본주의의 상징이라 할 수 있는 골드만삭스조차 믿을 수 없을 만큼 잘하는 차원을 넘어 회사가 '선Good'을 행하고 있다는 것을 증명해야 한다는 압박감을 느끼고 있다.[36] 이런 관점에서도 최근에는 여성이 가진 장점의 필요성이 엄청나게 증가하는 것이다.

과거 멧돼지를 잡던 시절, 위험한 바다에 돛단배를 띄워 무역하던 시절, 공장에서 힘든 생산과정은 인내해야 하던 시절에는 아무래도 용감하고 육체적으로 강한 남성이 조직에 적합했을 것이다. 그런데 지금의 환경은 전혀 그렇지 않다. 디지털, 모바일, 세계화의 변화는 기업에 요구되는 역량의 변화를 몰고 왔다. 그런 변화가 주도하는 21세기 기업에 요구되는 특성은 3D3C로 요약할 수 있다.

- 3D: 디지털Digital, 디자인Design, DNA
- 3C: 창의성Creativity, 케어링Caring, 클린Clean

디지털: 디지털 시대에는 정보의 가격이 제로에 가까울 정도로 떨어지고 정보 유통의 속도가 엄청나게 빨라진다. 디지털과 모바일화는 공간과 시간의 거리를 확연히 줄여주었다. 그래서 작고 빠르게 움직일 수 있는 기업의 힘이 상대적으로 강해지고 있다.

디자인: 디지털 시대에는 경쟁이 글로벌 측면에서 완전시장에 가까워지기 때문에 품질이나 가격은 경쟁력이 아니라 기본사항이 된다. 품질이 좋거나 가격이 싸다는 것은 기업의 장점이라기보다는 글로벌 시장이라는 경기에 출전할 수 있는 기본 자격요건일 뿐이다. 출전한 경기장에서 승리하기 위해서는 그 이상의 것이 필요하다. 그 이상의 것 중에 가장 중요하게 떠오른 것이 바로 디자인이다.

DNA: 물리학의 시대가 가고 생물학의 시대가 열렸다고 한다. 오랜 시간의 노력 끝에 DNA 코드의 비밀을 풀고 난 다음 생물학은 생명공학이라는 신세계를 열었다. 기존에 축적되어 있던 물리학 기반의 기술들이 새롭게 열린 생명공학의 세계에 적용되면서 DNA 기반의 새로운 기술과 변화의 문이 활짝 열리고 있다. 많은 선진기업이 바로 생명공학의 영역에서 신성장 동력을 찾고 있다.

창의성: 모바일 시스템으로 모든 것이 엄청나게 빨라지고 세계화로 시장 장벽이 사라진 무한경쟁의 시대에는 남들과 다른 그 무엇이 있어야 생존할 수 있다. 기존의 것을 뒤집어서 생각하고 서로 다른 부분을 연결해서 새로운 것을 만들어낼 수 있어야 한다. 그것이 바로 창의성이다. 이제는 새로운 관점에서 새로운 가치를 찾아내는 창의성 자체가 가장 중요한 승리의 동력이 될 것이다.

케어링: 공간과 시간의 압축으로 벌어진 무한경쟁이라는 동전의 뒷면에는 모든 사람이 지나친 경쟁에 지치고 힘들어하는 삶이 존재한다. 한마디로 눈이 팍팍 돌아가는 속도로 세상이 바뀌고 있으니 사람이 힘 안 들면 정상이 아니라는 말이다. 나날이 각박해지고 조금씩 빨라지는 환경으로 고객과 이해관계자들은 이미 힘들고 지쳐 있다. 그래서 세상의 많은 사람은 가슴의 상처를 치유할 수 있는 힐링과 느림을 희망한다. 이런 상황에서 타인을 배려하는 케어링의 중요성이 높아진다.

클린: 마지막으로 모바일과 SNS의 발달은 숨겨진 비밀로 들어가는 장벽을 급격하게 낮추었다. 그리고 SNS로 연결된 이해관계자

들은 독립된 개인이 아니라 무서운 힘을 가진 집단으로 손쉽게 돌변할 수도 있다. 촘스키가 말하던 언론을 통제함으로써 가능했던 사회적 '필터'는 이제는 기능하지 못한다. 무명의 개인이라도 거대자본을 지닌 대기업과 똑같이 정보를 발신하고 프로파간다를 실행할 수 있는 시대가 온 것이다.

이제는 정보의 발신량이 천문학적인 수준에 이르기 때문에 영화나 TV와 같이 당국이 규제할 수도 없다. SNS가 보급된 세계는 이제 미국과 같이 강력한 군사국가조차 정보를 완전하게 통제할 수 없는 단계로 들어갔다. 철옹성 같다던 미국 CIA의 내부 정보도 세상에 유출되는 시대이다. 이런 환경에서 기업이나 일반 공공기관의 비밀은 완벽히 지켜질 수 없다. 하물며 개인이나 기업이 가진 비리는 절대 숨길 수 없다.

그야말로 세상은 투명해진 것이다. 더구나 '아랍의 봄'을 보면 알 수 있듯이 SNS는 강력한 정부도 전복시키는 힘을 가지고 있다는 걸 알 수 있다.[37] 정부가 그러할진대 기업이 그 앞에서 무슨 힘을 쓸 수 있겠는가. 모든 조직은 정직하고 깨끗해져야 한다. 그래야 사회적 신뢰를 얻을 수 있고 사회적 신뢰를 얻어야만 조직이 존속할 수 있다.

그래 우리 앞에 펼쳐지고 있는 3D3C의 이야기를 읽으면서 무슨 생각이 들었는가? 우리 시대를 관통하는 그 모든 변화가 바로 여성적 특성과 직접 연결된다는 생각이 들지 않았는가? 그래서 조직 내에 여성 인력의 필요성이 증가하는 것이다.

이제 변화하는 시대에 대응하여 다양성의 힘으로 성공한 사례를 몇 가지 알아보자. IBM은 한때 모든 사람이 인정하는 세계에서 가장 좋은 직장이었다. 원래 인터내셔널 비즈니스 머신International Business Machine이라는 이름에 걸맞게 전 세계 컴퓨터 업계를 완전히 장악했던 회사다. 혹자는 IBM이 없었으면 오늘날의 미국이 존재할 수 없을 거라고 평가한다. 그 정도로 대단한 회사였다. 그들은 실력도 탁월했지만 대적할 수 있는 경쟁자가 없어서 최고의 성과를 오랜 세월 거두며 승승장구해왔다. 그런데 스티브 잡스가 차고에서 가정용 PC를 만들어내고 연이어 경쟁사들이 고성능 서버를 출시하면서 IBM의 위상은 급격하게 추락하기 시작했다.

결국 1990년대 초에 IBM은 천문학적인 적자를 내면서 망하기 직전까지 몰렸다. 그때 루 거스너가 CEO로 스카우트되어왔다. 그는 경영 컨설턴트 출신으로 제과업체인 나비스코와 카드회사인 아메리칸 익스프레스 같은 서비스 산업에서 CEO를 하던 사람이다. IT와는 전혀 무관한 사람이다. 한때 세계 최고의 기업이었다는 자부심을 느끼고 있던 IBM의 임원들은 루 거스너를 깔보았다.

당시 외부의 시각도 마찬가지였다. 썬마이크로시스템즈의 창업자인 스콧 맥닐리는 루 거스너가 과자나 만들던 사람이라면서 무시했다. 심지어 빌 게이츠조차 IBM의 결정이 이상하다면서 고개를 갸우뚱했다. 당연히 언론에서도 좋은 평가를 하지 않았다. IBM은 이미 망한 회사이기 때문에 아무도 CEO로 오려고 하지 않아서 어쩔 수 없이 루 거스너가 뽑혔을 뿐이라고 비아냥거렸다. 사실 거절하는 루 거스너에게 IBM이 세 번이나 찾아가서 부탁한 끝에 겨우 영입했다.

한편 취임한 후 루 거스너가 들여다본 IBM은 한 마디로 어이가 없는 회사였다. 원래 IBM은 푸른색을 회사의 고유 색깔로 사용했기 때문에 빅블루Big Blue라는 애칭으로 불렸다. IBM은 그때까지 전 세계에서 가장 좋은 대학을 나온 최고의 남성 엔지니어들만 채용했고 최고의 대우를 해주었다. 그들은 똑같은 정장에 똑같은 넥타이를 매고 일했으며 자부심은 하늘을 찔렀다. 그들은 스스로 자신들의 혈관에 '푸른 피'가 흐른다고 자부했다. 남들과는 격이 다른 사람들이라는 자부심이었다.

그런 그들을 보고 있는 루 거스너는 한심한 마음을 거둘 수가 없었다. 경쟁사들은 새로운 아이디어와 창의적인 제품을 쏟아내고 있는데 IBM 직원은 똑같은 생각과 가치를 가지고 과거의 관행에서 한치도 벗어나지 않고 일사불란하게 망하는 길로 뚜벅뚜벅 걸어가고 있었던 것이다.

루 거스너는 먼저 획일적이고 관료주의적인 사고부터 부수기 시작했다. 전사적으로 다양성과 관련된 기준과 원칙을 도입했다. 그는 죽어가는 거인을 치료하는 첫 번째 조치로 바로 조직 내로 '다양성'을 도입한 것이다. 무려 20년 전에 있었던 일이다. 그 조치가 도입된 후 20년이 지난 지금도 IBM은 다양성 관리 프로그램을 통해 많은 사업적 성과를 거두고 있다.

IBM은 전 세계 170개국 이상에서 사업하면서 자국 및 현지의 우수 인재들이 피부색, 국적, 나이, 성별, 성 소수자, 장애 여부에 관계 없이 업무에 몰입할 수 있는 업무환경과 정책을 도입하여 실행하고 있다. 특히 1995년부터 8개, 즉 아시아계, 아프리카계, 히스패

닉계, 아메리카 원주민계, 성 소수자, 장애인, 남성, 여성 등의 다양성 범주별로 임원급의 TF팀을 조직하여 다양성 관리 프로그램과 사업 성과 향상을 연계시키는 노력을 기울여왔다고 한다.

그 노력의 결과 IBM은 그러한 8개 범주 집단에 해당하는 고객 기반 개척에 성공하였다. 그리고 그처럼 확대된 고객 기반으로 구성된 중소규모 시장Small & Medium Business에서 수익을 1998년 1,000만 달러에서 2003년 2~3억 달러 규모로 성장시킬 수 있었다.

IBM이 그런 조치를 시작한 1993년 이후 10년 만에 여성 임원은 3.7배, 소수인종 임원은 2.3배, 성적 소수자 그룹의 임원은 7.3배 증가하여 선순환의 상승 효과를 거두고 있다. 그 이후에 IBM은 확연하게 부활의 길을 가게 된다. 그리고 가장 창의적이고 유연한 조직으로 되살아났다. 지금도 IBM은 ICT와 관련하여 세계에서 가장 선도적인 회사 중 하나로 당당히 자리매김하고 있다.

2013년 4월 롯데그룹은 국내 기업 최초로 '다양성 헌장'을 선포하였다. 롯데 다양성 헌장은 그룹 경영에서 남녀, 문화, 장애, 세대 등 4가지 항목의 다양성을 존중한다는 것이 핵심내용이다. 2013년 4월 잠실롯데호텔에 국내외에서 인사와 교육을 담당하는 롯데의 임직원 500명이 모였다. 매년 실시하는 롯데HR포럼 행사장이었다. 그곳에서 신동빈 회장은 장애인 대표, 여성 대표, 외국인 대표와 함께 롯데 다양성 헌장에 공동서명을 하며 국내외에 공표했다. 그리고 롯데는 2013년 8월과 9월에 걸쳐 1만 5,000명이 넘는 직원들에게 다양성과 관련된 교육을 했다.

롯데그룹의 신동빈 회장은 그간 성별, 문화, 장애, 세대 등 그룹

"롯데엔 차별 없다"… 신동빈 파격 선언
(롯데그룹 회장)

여성·장애인·외국인 동등대우 – '다양성 헌장' 첫 명문화
외국인 직원 5만명 넘어, 글로벌 성장 위한 선제 대응

신동빈 롯데그룹 회장(왼쪽에서 둘째)과 최상문 케브이비즈니스솔루션 사원참여위 직원대표, 이설아 롯데백화점 팀장(여성 직원 대표), 모하마드 파이살 빈 하니샤 롯데케미칼 외국인 직원 대표)들이 함께 기념촬영을 하고 있다.(왼쪽부터) [사진 롯데그룹]

롯데그룹이 직원들을 성별·문화·장애·세대에 따라 차별하지 않겠다고 선언했다.

신동빈(58) 롯데그룹 회장은 24일 서울 잠실 롯데호텔에서 국내외 계열사 인사·노무·교육 담당 임직원 500여 명이 참석한 가운데 '롯데그룹 다양성 헌장' 선포식을 열었다. 국내 주요 기업 중 성별이나 국적, 장애 여부 등에 따른 차별 철폐를 명문화한 것은 롯데가 처음이다.

일단 올해 신입사원 중 여성을 35%로 뽑고, 장애인 채용도 법정채용비율(3%)을 법정때까지 늘려나가기로 했다. 이날 행사에서는 여섯 살 때 감전 사고로 양팔을 잃고 2011년 장애인 공채를 통해 입사한 롯데정보통신 프로그래머 김영태(30)씨가 "장애인이 자립하기 위해 가장 필요한 것이 일자리였다"며 다양성 헌장 도입의 의미를 강조하기도 했다.

하지만 이런 단기 목표보다 차별에 대한 인식 자체를 바꾸는 데 더 큰 힘을 쏟는다는 방침이다. 롯데그룹 관계자는 "몇 년 내 여성인력 몇 %, 장애인 인력 몇 %라는 숫자로 명시된 목표를 달성하는 것보다 모든 임직원이 차별하는 것 자체가 문제라는 인식을 공유하는 부분에 가장 중점을 두고 있다"고 밝혔다. 롯데는 각종 사내 교육에 '다양성 존중 과정'을 신설할 예정이다.

신 회장이 다양성 헌장을 내놓은 것은 롯데의 덩치가 급속도로 커지고, 세계 곳곳에 사업장을 확장해 나가는 과정에서 눈에 보이는 차별뿐 아니라 마음속에 깔린 잘못된 선입견도 없애야 한다는 절감에 따른 것이다. 유통업은 다른 업종보다 매출 대비 고용 비중이 높고, 서비스 마인드를 갖춘 해 우수해외 인재 확보 여부가 사업 성패를 가르는 경우가 많다. 롯데 관계자는 "그룹의 주요 시장은 베트남·인도네시아 등 개발도상국인데 자체 현지 채용인을 무시하거나 낮춰보는 태도 때문에 낭패를 보지 않도록 선제적으로 대응한다는 측면이 있다"고 설명했다.

신 회장은 2011년 사장단 회의에서도 "다양한 국가의 문화를 이해하고 수용할 수 있는 성숙한 글로벌 기업문화가 절실히 요구된다"고 강조한 바 있다. 일본·미국에서 공부하고, 노무라증권 런던지점에서 일한 개인적인 경험도 작용한 것으로 보인다. 롯데그룹의 외국인 직원은 지난해 기준 5만3000명에 달한다. 국내 인력 11만 5300명의 절반 수준에 육박한다. 2018년에는 현지 직원 수가 14%로 달할 전망이다.

국적뿐 아니라 여성과 장애인 고용에도 적극적이다. 2005년 대졸 공채 중 여성은 들때마다 그쳤지만 지금은 30% 수준으로 높였다. 2011년부터는 대기업 최초로 여군 장교 출신들을 특별 채용도 하고 있다. 지난해 임원 인사에서는 처음으로 내부 승진 여성 임원 두 명을 배출하기도 했다. 여성 인력이 늘어나면서 지난해 9월에 출산휴가가 끝나는 시점에서 자동으로 1년간 육아휴직에 들어갈 수 있는 제도도 도입했다.

장애인 차별 금지 명문화에는 이미 채용한 장애인 직원들의 경험관 이런 역할을 했다. 개인사인 케브이리어비즈니스솔루션 안산 공장에는 600여 명의 청각장애인 직원이 근무한다. 이 회사 전체 직원의 10%, 생산직 직원의 30%에 달한다. 집중력이 높고 손재주가 좋아 생산성이 일반인 직원보다 오히려 높다고 한다. 롯데그룹은 2009년부터 국내 기업 중 처음으로 입사지원서에 장애 유형과 등급을 적지 않도록 하는 장애인 전형에도 도입했다.

최지영 기자
choi@joongang.co.kr

안에 어떤 형태의 차별도 남아 있어서는 안 된다는 점을 여러 차례 강조해왔다. 상생의 시대에 다양한 생각을 하는 인재들이 차별 없이 일할 수 있는 여건을 만들어주는 것이 기업의 미래 경쟁력 확보를 위해 중요하다고 강조한 것이다.

신 회장 본인이 노무라증권 런던지사에서 근무하면서 살펴본 선진 다국적 기업들은 모두 여성 인재나 인종에 대한 편견을 깨고 역량과 실력에만 기반을 두고 인재를 관리하는 걸 여러 차례 보아왔다. 그래서 그런 부분에서 선도적으로 개방하는 기업만이 경쟁력을 가진다고 누차 강조해왔다. 롯데의 다양성 헌장 제정은 국내 기업 가운데 처음으로 그룹의 수장이 구성원의 다양성을 존중하고

차별 철폐를 문서로 밝혔다는 데 의미가 클 것이다.

또한 여성의 사회진출 확대, 인구 구성비 변화, 다문화 가정 확산 등 사회 전반에 다양성에 대한 인식의 중요성이 강조되는 분위기를 반영한 조치이다. 또 개방적이고 공정한 조직문화가 개인의 창의적인 의견개진과 소통을 가능하게 하고 조직 혁신과 신사업 발굴로 이어진다는 판단도 작용하였다고 볼 수 있다.

앞으로 이 다양성 헌장이 롯데그룹의 사업전략과 HR 정책으로 실천되는지 그리고 그룹의 성장에 어떠한 성과를 창출해줄 수 있을 것인지 주목해볼 필요가 있다고 하겠다. 참고로 관심이 있는 사람들을 위해 롯데가 선포한 다양성 헌장의 전문을 게재하겠다.

롯데 다양성 헌장

롯데 임직원 모두는 다양성을 포용하는 자세를 견지하고, 능력에 따라 누구나 리더가 될 수 있는 개방적이고 공정한 조직문화를 지향하며, 사랑과 신뢰를 받는 제품과 서비스를 제공함으로써 시대가 요구하는 새로운 사회적 가치를 창출하고자 아래와 같이 다짐한다.

01. 남녀 간 다양성을 존중한다.
남성과 여성에게 동등한 기회를 제공하고, 조직 내에서 충분히 역량을 발휘할 수 있도록 적극 지원하며 출산과 육아를 포함한 여성 친화적 제도 시행에 앞장선다.

02. 문화적 다양성을 존중한다.
국적과 인종을 초월하여 글로벌 사업을 주도할 다양한 인재들을 확보하고 육성하는 데 앞장선다. 그들이 조직 내에서 역량을 발휘할 수 있도록 열린 조직문화를 형성하는 데 최선을 다한다.

03. 신체적 다양성을 존중한다.
선천적·후천적 장애로 말미암은 신체적 차이를 포용하고 고유한 능력을 펼칠 수 있는 최적의 근무 여건을 제공하며 기업과 사회에 이바지한다는 성취감을 느낄 수 있도록 사회적 책임을 다한다.

04. 세대 간 다양성을 존중한다.
구성원이 직급과 나이에 관계없이 자유롭게 의견을 개진하고 행동할 수 있는 소통과 화합의 조직문화 구현에 노력한다.

여성의 경력 단절을 막아라

다행히 한국에서도 여성의 경제활동 참가율은 계속 늘어나고 있다. 특히 1990년대 들어서면서부터 증가하기 시작한 경제활동 참가율은 2000년 55.1퍼센트에서 2020년에는 59.8퍼센트까지 늘어날 것으로 예상한다.

여성이 대통령이 되었다는 것은 엄청난 변화의 상징이다. 또 우리의 의식이 조금씩이나마 깨어나고 있다는 증거다. 또 500인 이상 기업체에 근무하는 여성 인력의 근무비율은 2000년 25퍼센트에서 2010년은 31퍼센트, 2012년 35퍼센트로 지속해서 증가 추세 있다는 것 또한 우리의 변화를 보여준다.

그러나 만족은 딱 거기까지이다. 좋아지고는 있지만 다른 나라와 비교해보았을 때 우리나라의 여성경제 활동 참가율은 현저하게

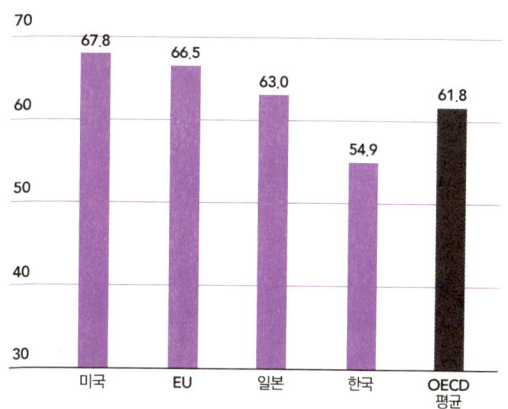

OECD 주요국 여성 경제활동 참여율 현황
(단위: %)
자료: 현대경제연구원, 2011년 기준

낮은 수준이다. 미국의 69.3퍼센트, 덴마크의 76.7퍼센트 등 주요 선진국보다 월등히 낮고 OECD 국가 중 최저 수준에 머물러 있다. 회원국 평균치 61.8퍼센트와 비교해볼 때도 매우 낮은 수준이다. 아직 가야 할 길이 엄청나게 멀다는 말이다.

더구나 우리나라 기업들은 여성 인재에 대해 남녀차별 없이 채용해서 영입한다는 원칙 수준에 머물러 있다. 겨우 CEO를 포함한 경영자층에서 여성 인재의 중요성에 대해 자각한 수준이다. 그런 최고경영진의 생각과 자각이 아직 조직 계층 아래로까지 뿌리내리지 못하고 있다. 그리고 현명하게 다양성을 관리해야 한다는 부분에 대한 공감도 없다. 사실 현업을 수행하는 한국의 모든 팀장은 자신이 한 해 동안 창출하는 성과에 목매게 되어 있다. 그러니 육아를 병행해야 할 여성 인재보다는 회사일에 목숨을 거는 남성 인재를 선호하기 쉽다. 그들은 아직 먼 과거를 살아가고 있다.

특히 문제는 그거다. 아직 우리가 육아에 대한 책임을 대부분 여성에게 지우고 있다는 사실 말이다. 기업이 여성 인재 채용 비율을 조금씩 늘리고 있지만 직장 여성 중 상당수가 육아와 가사 부담으로 경력단절을 경험하게 되고 그 때문에 중년의 여성 고용률이 떨어지는 결과로 이어지고 있다. 바로 여기에 문제의 핵심이 있다.

육아문제로 직장을 그만둔 여성은 다시 일하고 싶어도 경력단절로 돌아갈 곳이 없다는 것도 문제이다. 설사 출산 이후에 일을 계속한다고 하더라도 육아와 가사문제 때문에 회사일에만 집중할 수 없어 눈치가 보이고 집에서는 좋은 엄마가 되지 못한다는 괴로움으로 하루하루를 보내게 된다. 여성도 당연히 의미 있는 경력을 쌓고 싶어한다. 그런데 아이를 낳으면 낳을수록 그런 경력에서 멀어지는 환경이라면 출산에 대한 생각도 달라질 수밖에 없다. 안 낳게 되는 것이다.

우리 사회에서 출산과 육아는 분명 여성들의 경제활동과 경력에 매우 부정적인 영향을 미치고 있다. 그중에서도 경쟁력 있는 고학력 여성의 활용문제에서 더 큰 이슈가 되고 있다. 실제로 최근 여성들에 대한 설문조사에서도 여성들은 경제활동에 대한 주요 장애요인으로 가사 43.2퍼센트, 자녀교육 34.3퍼센트, 육아 27.8퍼센트순으로 응답하여 자녀와 관련한 요인이 가장 중요한 경제활동의 장애요인으로 꼽고 있다.

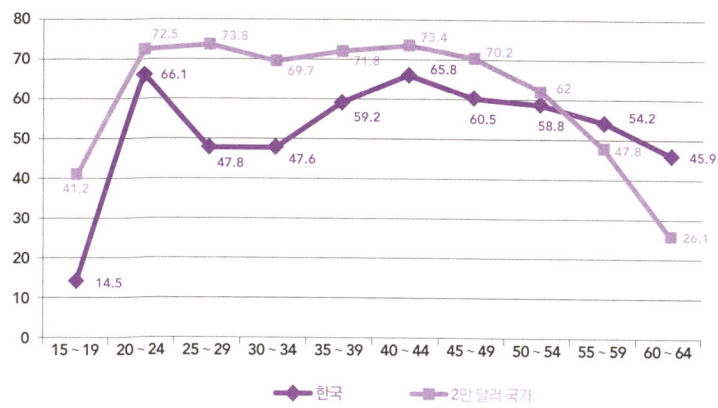

통계자료를 보면 이 문제는 더욱 명확하게 드러난다. 연령대별 여성 경제활동 참가율을 OECD 국가들과 비교해보자. 우리나라는 가장 활발하게 활동해야 할 25~35세에 여성의 경제활동 참가율이 뚝 떨어지는 것을 볼 수 있다.

남성과 비교해봐도 문제다. 통계청 경제활동조사 자료를 보면 2012년 20대 여성의 취업자는 전체의 58.8퍼센트로 남성의 57.3퍼센트보다 높게 나타난다. 하지만 30대 남성은 90.3퍼센트로 크게 증가하는 데 반해 여성은 54.5퍼센트로 떨어지고 있다. 그 이후 남성과 여성의 취업자 비율 격차는 연령대가 증가해도 개선되지 않는 구조로 가고 있다. 여성의 출산과 육아로 말미암은 경력단절 현상 때문이다.

전문직 여성 인력의 경력단절은 곧 고용의 질이 떨어지는 직접적인 원인이 되기도 한다. 정규직인 20대 미혼 여성 종사자들이 결혼과 출산과 육아 문제로 현직에서 잠정 은퇴를 한 후에 복귀를 생각하는 30대 후반에서는 임시직이나 일용직으로 밀려난다. 그래서 한국 여성 인력의 고용률은 30대 후반에 들어가면서 양적으로는 늘어나지만 질적으로 원상회복이 안 된다.

2009년의 통계에 의하면 여성 고용인력 가운데 30세 미만 여성의 비율은 45퍼센트에 육박하지만 30세 이상 50세 미만 여성의 비율은 26퍼센트대로 추락하는 것으로도 확인된다. 출산과 육아를 이유로 조직을 떠난 사람들이 기대수준에 맞는 일자리가 없어서 사회 복귀를 못하기 때문이다.

기업에서 근무하는 처지에서 보면 최근에는 기술과 이론체계가 하루가 멀다고 달라진다. 그래서 4~5년씩 현업을 떠나 있던 인재를 떠날 때와 같은 조건으로 받아들이는 것은 쉬운 일이 아니다. 현대 기업에서 수행하는 대부분의 일은 단순 노동이 아니다. 특정한 전문성에 기반을 두고 있어야 하고 날마다 자신의 전문성을 갈고 닦기 위해서 최선의 노력을 다해야 감당할 수 있다. 그런 현대 기업의 환경 아래서 4~5년씩 전문적인 영역에서 멀어져 있던 사람이 방금 학교에서 가장 최근의 이론을 배우고 들어오는 친구들과 경쟁하기는 쉽지 않다.

결국 출산과 육아의 시기에 1년 내외 짧은 공백은 그나마 괜찮지만 더 긴 공백은 재진출에 쉽지 않은 결정적인 장애가 될 수밖에 없다. 이런 상황에서 여성 인재들이 출산이나 육아와 관계없이 지속해서 경력을 이어가기 위해서는 사회적인 인프라가 우선 되어야 한다. 어지간한 아파트 단지마다 또는 동네마다 노인정은 다 있는데 왜 어린이를 맡아줄 수 있는 사회적 인프라에는 투자하지 않는지 의문이다.

그게 아니라면 육아로 2~3년간 현업을 떠나 있는 여성 인재들이 자신의 전문성을 계속 확충하고 한 걸음 더 나아간 역량을 구축할 수 있도록 국가에서 학습 프로그램을 지원하는 방법도 있다. 현 정부에서는 출산과 육아 문제로 회사를 그만둔 경력단절 여성에게 시간선택제라도 다시 고용해주기를 기업에 권하고 있다. 하지만 그 정책은 현재의 상황에서는 근본적인 한계를 가질 수밖에 없다.

요즘과 같이 매일매일 변화하는 환경에서 4~5년씩 현업에서 떠나 있던 사람이 적응하기는 쉽지 않다. 출산 전에 상당한 경험이 있었다고 하더라도 새로운 이론과 기술을 배우고 입사하는 젊은 여성에 비해서 경쟁력이 턱없이 부족하다. 그래서 시간 선택제 일자리가 전문적인 일보다는 전문성이 없어도 누구나 수행할 수 있는 직무 위주로 전개될 수밖에 없는 것 같다.

출산과 육아 기간에도 경력을 지속할 수 있도록 사회적 인프라를 바꾸는 것만이 해법이다. 한쪽에서는 여성을 사회로 복귀시키려고 노력하고 다른 한쪽에서는 육아문제로 고민하다가 회사를 나가는 것은 분명 딜레마다. 항아리에 물을 채우기 위해서는 일단 빠져나가는 물을 막고 동시에 새로운 물을 부어야 한다.

지금도 우리나라는 대기업을 중심으로 국적, 성별, 나이, 전공과 관계없이 큰 비용을 들여 점점 더 많은 인재를 영입하고 있다. 또 인재들을 유지하기 위한 합리적인 인적 자원관리 제도와 기업문화를 구축하기 위해 노력하고 있다. 입사 지원자의 처지에서 볼 때는 청년 취업난이 엄청나다고 하지만 기업의 입장은 또 다르다. 과거에 비해 우수한 인재를 뽑는 일이 점점 어려워지고 있다. 인구 자체가 줄어들어서 상대적으로 탁월한 인재들의 규모도 줄어들고 있는 것이다. 그래서 기업은 자신들에게 적합한 인재를 확보하고 유지하는 데 막대한 비용을 투자하고 있다.

세상에 100명의 인재가 있는데 어떤 야구단에서 그중 50명의 인재는 왼손잡이이기 때문에 채용 검토 후보군에서 제외한다. 왼손잡이를 뽑으면 왼손잡이용 야구글러브와 헬멧을 새로 구매해야 하기 때문이다. 그래서 오른손잡이 50명 중에서만 선수를 선발한다.

그런데 다른 야구단은 회사의 환경과 시스템을 왼손잡이도 적응할 수 있도록 바꾸고 약간의 투자를 해서 왼손잡이용 글러브와 헬멧을 구매하고 100명 중에서 선수를 선발한다. 그리고 게임이 벌어졌다. 결과는 볼 것도 없을 것이다. 오른손잡이로만 구성된 야구단은 눈에 익숙지 않은 왼손잡이 선수들의 투구에 연신 삼진을 당하고 돌아설 것이다.

좀 우스운 비유이지만 기업에도 마찬가지이다. 남성만 뽑으려는 기업은 세상의 인재 중 절반을 제외하고 나머지에서 선발하는 것이다. 그리고 여성을 충분히 고용한 기업의 다양한 전략과 전술에 말려서 시장경쟁력을 잃어갈 것이다.

기업이 여성을 다양성의 시대에 꼭 필요한 인재 후보군 중 하나로 생각한다면 채용뿐만 아니라 육성하는 것을 '인적 자본'에 대한 투자로 보고 관련한 투자비용을 기꺼이 내려 할 것이다. 그러나 아직 우리 기업들은 사회적 분위기 때문에 밀려서 여성 인재를 확보하는 경향에 머물러 있는 것 같아 안타깝다.

그러다 보니 여성 인재의 유지에 필요한 고유한 투자에 매우 인색하다. 그래서인지 여성 인력이 자녀를 키우느라 회사를 그만두는 것을 개인적인 차원의 문제로 인식하는 경향이 강하다. 그래서인지 여성 인재에 대한 지원을 왼손잡이용 글러브를 사는 '비용'이라고 인식하고 있다는 느낌을 지울 수 없다.

바로 이것이 진짜 큰 걸림돌이다. 육아는 친정엄마에게 부탁하든 어린이 돌보미를 구하든 자기가 알아서 할 문제라고 치부하고 관심을 두지 않는다. 그만두어도 회사가 어쩔 수 없는 문제라고 생각한다. 그런 상황이 어떤 결과를 만들어냈을까? 관리직에서의 여성 인재 비율이 세계 꼴찌라는 불편한 결과를 만들어냈다. 심지어 여성에게 보수적이라는 일본보다 그 비율이 훨씬 낮다는 사실을 볼 때 진짜 자존심이 상한다.

당연히 여성들도 성취욕이 있다. 능력을 인정받고 높은 자리로 승진하고 싶어한다. 그리고 한국의 경제 상황상 이제는 남자 혼자 벌어서는 집을 사고 아이를 양육하는 생활이 쉽지 않다. 그래서 여성도 직장생활을 하면서 자기 성취도 하고 돈이 아쉽지 않은 삶을 살고 싶다. 하지만 육아가 시작되는 순간 그것이 쉽지만은 않다는 걸 온몸으로 느낀다. 어린아이를 둔 워킹맘은 상당한 심적갈등을 겪을 수밖에 없다.

그런데 한국의 대기업에 근무하는 고위간부들은 아직 의식이 그대로다. 그런 고위간부에게 눈치가 보여서 법으로 당연히 허용된 출산휴직 3개월과 육아휴직 1년을 쓰겠다는 이야기를 쉽게 하지 못한다. 그냥 애를 낳고 황급히 복귀하겠다는 표시를 하는 것

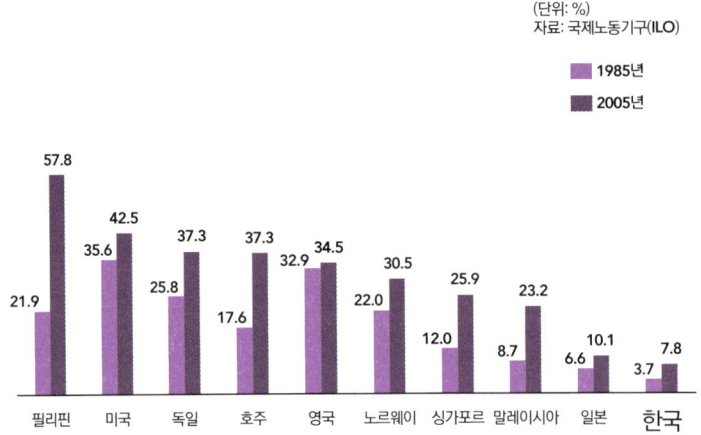

관리직에서 여성 비율

이다. 그것도 죄송하다는 표정으로…….

요즘 같은 시대에 아이를 낳고 육아를 하는 것이 칭찬받고 격려받아야 할 일이지 죄송해야 할 일일까? 정말 심한 곳에서는 임신했다는 사실 자체를 미안해해야 한다고 한다. 요즘도 그런 곳이 있는지 모르겠지만 여직원이 많은 조직에서는 임신도 돌아가면서 하라고 말하는 상사도 있다고 한다. 그런 분위기 때문에 상사의 눈치를 보면서 출산휴가 3개월만 쉬고 복귀하는 경우가 아직도 많다고 한다.

아직 겨우 백일이 지난 핏덩이에 불과한 아이를 누군가에게 맡기고 출근하는 엄마사원들의 심정이 어떨까? 그녀들의 마음속에는 날마다 전쟁이 벌어지지 않겠는가? 그렇게 아이를 하나 키우고 나면 한바탕 지옥을 지나온 심정일 텐데 "우리나라의 출산율에 문제가 있다. 그러니 하나 더 출산하라."라고 말하는 것은 인간적으로 너무 가혹한 것 아니겠는가?

2012년 11월에 롯데의 신동빈 회장은 현장에서 그런 일들이 벌어지고 있다는 보고를 받고 격노했다. 그동안 자신이 그렇게 강조해온 사항이 현장에 충분히 반영되고 있지 않다는 데 엄청난 실망을 한 것이다. 그리고 그 즉시 '육아휴직 의무화'를 선언했다. 그전까지는 롯데도 출산휴가를 마치고 별도로 회사에 육아휴직을 신청하는 시스템이었는데 그 반대로 하라는 것이었다. 출산휴가를 마치면 신청 없이 바로 육아휴직으로 연결해서 자동으로 쉬는 것이고 경제적인 문제나 개인적인 사정이 있어서 중간에 육아휴직을 끝내고 출근해야 한다면 본사의 승인을 받고 중도 복귀를 하라는 지침이었다.

출산휴가만 쉬는 것이나 육아휴직 중간에 복귀하는 것을 매우 예외적인 사항으로 처리한다는 선언이다. 이제 어느 누구도 육아휴직을 가는 문제로 부하들에게 눈치를 주지 못하게 됐다. 그런 상사는 그룹 회장의 방침을 정면으로 위배하는 사람이 되기 때문이다. 그러자 롯데의 여직원들은 환호성을 질렀다. 이제 더는 상사의 눈치를 볼 필요 없이 휴가를 쓸 수 있게 되었다는 것이다.

가만히 생각해보면 참 한심하고 어이없는 일이 아닐 수 없다. 출산율이 낮아서 망하게 생겼는데, 그리고 법적으로 당연히 사용할 수 있도록 한 휴가를 회사나 상사의 눈치를 보면서 못 쓴다는 것이 말이 되는가? 그리고 지극히 당연한 걸 그룹의 오너가 챙기고 나

중앙일보

2012년 9월 17일 월요일 B6 Business&money

롯데 "여직원들 육아휴직 1년 무조건 가라"

신동빈 회장 "여성 인재 육성 필요"

앞으로 롯데그룹 여직원들은 3개월 출산휴가에 1년 육아휴직을 덧붙여 한꺼번에 15개월을 쉬면서 출산·육아에 전념할 수 있게 된다. 롯데는 출산휴가가 끝나면 자동으로 1년 육아휴직을 가는 제도를 17일부터 실시한다고 밝혔다. "우수한 여성 인력을 뽑는 것도 중요하지만 육아 걱정 없이 일할 수 있는 분위기를 만들어야 한다"는 신동빈(57·사진) 회장의 방침에 따른 것이다. 신 회장은 최근 육아휴직 이용 관련 보고를 받던 중 "미래 경쟁력 확보를 위해 여성인재 육성이 반드시 필요하다"며 "특히 여직원들이 출산과 육아에 구애받지 않고 일할 수 있게 지원해야 한다"고 한 바 있다.

정규직뿐 아니라 파트타임으로 일하는 직원까지 대상이다. 육아휴직을 마친 뒤에는 복직을 보장한다.

육아휴직을 가지 않으려면 별도의 승인율 받아야 하도록 했다. '무조건 다 가라'는 의미다. 회사나 상사의 눈치가 보여 제대로 육아휴직을 쓰지 못하는 일이 없도록 하자는 것이다. 보건복지부에 따르면 지난해 여성 근로자 중 육아휴직 이용자는 62%였다. 롯데그룹 여직원 중 이용자는 68%였다. 그러나 이 수치는 '1년 이내의 육아휴직을 이용한 근로자 비율'로, 법에서 보장한 1년을 전부 사용하는 경우는 많지 않다. 이런 현실을 바꿔 '출산 여직원은 100% 1년 육아휴직을 하게 한다'는 게 롯데의 목표다.

롯데는 또 내년에 출산·육아 휴직 중인 여직원들을 위해 인터넷 재택 학습 시스템을 마련하기로 했다. 출산과 육아휴직으로 1년 넘게 직장과 떨어져 있던 직원들이 복귀에 두려움을 느끼지 않도록 하고, 또 빠른 시간 안에 업무에 적응할 수 있게 돕기 위한 것이다. 롯데그룹 정책본부 이창원 상무는 "산모끼리 출산과 육아·직무 정보를 자유롭게 공유할 수 있는 사이버 공간도 운영할 계획"이라고 말했다.

출산을 장려하기 위해 그룹 차원에서 2개월 분량의 출산 축하 분유를 선물하기로 했다. 현재 계열사별로 지급하고 있는 출산 축하 선물이나 장려금과는 별도로 그룹이 추가로 지급하는 것이다.

장정훈 기자
cchoon@joongang.co.kr

서야 바뀐다는 것이 말이 되는가?

롯데는 15개월 동안 현업을 떠나 있다가 복귀를 앞두고 두려움이 생길 수 있다는 점, 현장감각이 떨어질 수 있다는 점을 참작하여 육아시간 중에 틈틈이 온라인으로 직무 관련 학습을 할 수 있도록 육아휴직 중인 여직원 전용 학습 플랫폼을 제작하여 제공하고 있다. 그리고 그 사이트에서 여직원들끼리 육아나 회사에 대한 정보를 공유할 수 있도록 배려하고 있다.

그래도 육아휴직을 끝내고 복귀하는 여직원에게 복귀는 역시 부담스럽고 두려울 수밖에 없다. 그래서 복귀 시점에는 '맘스힐링'이라는 2일짜리 출퇴근 교육을 통해 복귀에 대한 자신감을 불어넣고 동시에 기존 육아휴직에서 훌륭하게 현업에 복귀한 선배들로부터 조언을 들으면서 노하우를 공유하는 프로그램을 제공하고 있다.

어찌 되었든 대부분의 기업들이 출산과 육아와 관련해서 가지고 있는 무관심이 어떤 결과를 낳았는가. 우리나라 기업 내 여성 임원의 비율이 아시아 국가 중 최하위라는 오명을 가져왔다. 매킨지가 2012년에 아시아 10대 증권시장에 상장된 기업 744곳을 대상으로 이사회와 최고경영진 내 여성 비율을 조사한 결과에 따르면 국내 기업의 이사회 내 여성 비율은 1퍼센트, 최고경영진 내 여성 비율은 2퍼센트에 불과한 것으로 나타났다.

이는 각각 2퍼센트와 1퍼센트를 기록한 일본에 이어서 아시아 국가 중 최하위권이다. 각각 17퍼센트와 10퍼센트로 여성의 사회진출이 활발한 유럽이나 15퍼센트, 14퍼센트인 미국과 비교하면 엄청난 차이를 보이고 있다. 또한 10대 아시아 상장기업의 여성 비율의 평균인 6퍼센트와 8퍼센트에도 엄청나게 못 미치는 수치이다. 한 마디로 난감하고 창피한 수준이 아닐 수 없다.

물론 우리가 세계 최후진국에서 선진국으로 급격하게 성장해서

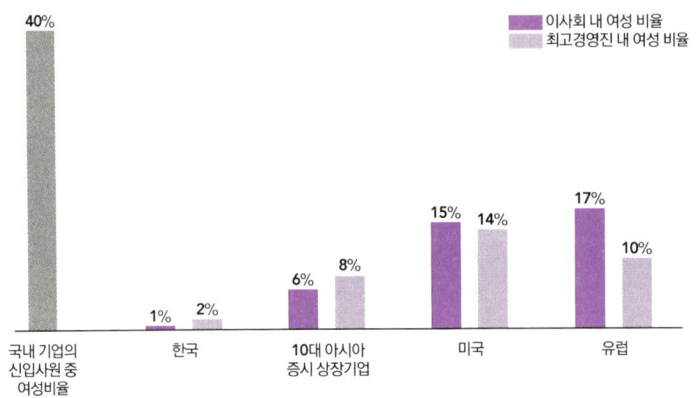

※ 10대 아시아 증권시장에 상장된 기업 74곳 대상 조사(매킨지, 2012)

지금처럼 되었고 불과 20~30년 전에는 나라 자체가 가난해서 여성을 대학에 보낸다는 건 상상도 못하던 시절이 있었기 때문이라고 변명할 수 있다. 물론 지금부터 여성 신입사원은 언제라도 확대할 수 있지만 그렇다고 당장 임원급 여성 인재가 뚝딱 하고 나오는 건 아니다. 20~30년간 긴 관점에서 여성 신입사원에서부터 양성해 나가야 여성 임원이 나온다. 그래도 지금 우리가 가진 데이터는 좀 심하다.

다행히 국내 기업 신입사원 중 여성 비율은 매우 높아 아시아 다른 국가와 비슷한 수준이다. 변화의 조짐이 시작되었다는 것이다. 그럼에도 여성 임원 비율이 상대적으로 낮은 문제에 대해 단순히 여성 인재를 양성하지 않았던 과거의 역사를 탓하고 있어서는 안 될 것 같다. 국내 기업에서 여성들의 고위직 진출을 가로막는 보이지 않는 장벽인 이른바 유리천장이 엄청나게 견고하게 버티고 있기 때문이다.

만약 유리천장이 강력하게 버티고 있다면 이 상태로 시간이 흐른다고 해결될 문제가 아니기 때문이다. 얼마 전에 이코노미스트가 ILO와 OECD의 자료를 근거로 각국의 유리천장지수를 조사한 적이 있다. 이코노미스트의 기준은 '고등교육을 받은 남녀 숫자, 여성 노동 참여율, 남녀 임금 차이, 여성 고위직 진출 비율, 평균 임금 대비 양육비'의 5가지 기준이었다. 여러분도 체감하고 있겠지만 고등교육을 받은 남녀의 숫자라는 항목에서 우리나라는 월등하게 좋은 성적을 받았다. 그래서 결론적으로 유리천장 관련 종합점수가 어떤지 한번 보시겠는가?

우리의 유리천장 관련 지수는 무려 26위였다. 일본보다 훨씬 낮은 점수다.

한편 여성 임원의 비율이 낮은 원인에 대해 한국경제신문과 한국여성경제인협회가 여성경제인 100명을 대상으로 조사했다. 그 결과 여성이 '주요 업무를 맡을 능력이 부족하다는 기업 내 인식' 때문이라는 응답이 33퍼센트에 달했다. 아직도 여성에 대한 선입견과 편견이 큰 걸림돌로 존재하고 있다는 걸 다시 한번 확인할 수 있다.

사실 나도 그 문제를 생각하면 정말 답답한 부분이 있다. 외부에서 부장이나 차장급 여성 경력사원을 채용하려고 인터뷰를 해보면 대부분이 미혼이다. 달리 말하면 지금까지 우리 기업들이 결혼하고 출산한 여성들에게 부장이나 차장급까지 성장할 기회를 제공하지 않았던 것이다. 그런데 아직도 출산과 육아휴직 문제에 대해서

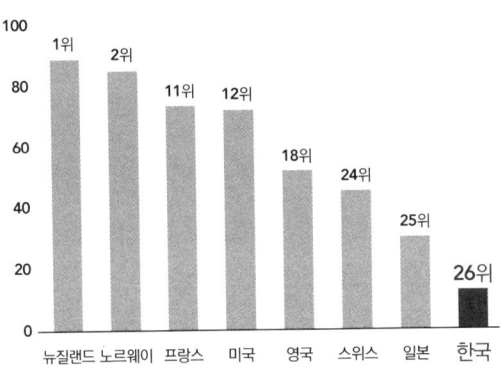

자료: 이코노미스트

기업이 원칙을 지키지 않고 있으니 답답하지 않겠는가. 앞으로도 아주 많이 요원하다는 말이다.

한숨 나오는 이야기를 좀 더 해볼까? 저자가 지금의 보직으로 이동한 후 같이 일하는 파트너 중 여성 간부급이 부족하다는 생각이 들어 지난 1년 사이에 외부에서 여성 간부를 네 명이나 영입을 했다. 그런데 그중 최고선임인 부장급 여직원이 44세인데 미혼이다. 그 밑에 39세 미혼, 37세 미혼, 36세 미혼. 그리고 그 밑에 공채 출신인 32세 미혼이 두 명.

그래서인지 30대 초반의 미혼인 여직원들은 선배들을 보면서 "룰루랄라"를 즐기고 있다. "언니들도 있는데 나야 뭐." 하면서 여유를 부리는 것이다. 자기 보스가 자신들을 보면서 하늘이 노랗다는 느낌이 드는 건 신경도 안 쓰는 것 같다. 정말 이러다가 우리나라 정말 망하는 것 아닐까?

그리고 세상 물정 모르던 내가 어이없이 저지른 멍청한 실수 하나 더 말해볼까? 수년 전 부장급 여직원을 대상으로 한 리더십 관련 교육을 설계하면서 4시간 정도를 '가정과 일의 슬기로운 조화'라는 과목에 배정했다. 직장에서 부장급의 역할을 하면서 동시에 아내와 엄마로서 슬기롭게 사는 방법에 대해서 알아보는 내용이었다.

강사도 아주 탁월한 사람으로 골랐다. 그러고 나서 어떻게 되었을까? 교육이 끝난 다음 음으로 양으로 욕을 엄청나게 먹었다. 교육 대상으로 입소한 부장급 여성 간부들의 절반 이상이 미혼이었던 것이다. 그 나이까지 결혼을 못한 것도 서러운데 교육이라고 들어왔더니 열받게 아내와 엄마로서 가정과 직장생활을 조화롭게 하라고 강의를 하니 속에서 천불이 났을 것이다.

그 강의 시간 내내 그들의 속은 얼마나 복잡하고 불편했을까를 생각하면 지금도 낯이 붉어진다. 세상 물정 몰랐던 나의 실수에 대해 지면을 통해 다시 한번 사과드린다. 그나저나 우리 이러다가 진짜 망하는 것 아닐까?

여성 소비자가 온다

다시 원점으로 돌아가보자. 왜 지금 이 시점에서 여성 인력인가라는 화두를 국가와 사회가 아니라 기업의 입장에서 다시 한번 생각해보자. 기업의 입장에는 다양한 이해 관계자가 존재하지만 역시 가장 중요한 것은 고객이다. 그런데 그 고객이 변하고 있다는 것에 주목해야 한다.

경영학자 톰 피터스는 미래에 전개될 새로운 경제시대의 핵심 트렌드는 '여성'이라고 예견한 바 있다. 그는 동료이자『여성 마케팅 Marketing to Woman』을 저술한 여성 관련 전문가인 마사 발레타의 의견을 빌려 소비재나 생활용품 등 전통적인 여성 관련 산업 분야뿐만 아니라 전자, 자동차, 가구, 주택 등 내구재에 대한 여성들의 구매 영향력이 계속 더 커진다는 점에 주목해야 한다고 역설하고 있다.

확실히 최근 들어 여성이 주요 구매결정을 하는 경우가 늘어나고 있다. 그런 변화에 대응하여 여성 고객의 직관과 요구에 부응하는 상품개발과 마케팅 역량이 기업의 중요한 경쟁요소로 자리 잡고 있다. 지금 미국은 제품과 서비스 구매에서 여성의 구매결정력은 83퍼센트에 이른다고 한다. 그런 사회적 트렌드를 읽은 롯데의 신동빈 회장은 앞에서 언급한 바와 같이 상품 개발과 마케팅 관련 회의에 여성 인재를 반드시 참석시키라고 엄명을 내린 것이다.

미국은 가구 구입 시 94퍼센트, 휴가 관련 의사결정의 89퍼센트, 주방기기 구입 시 88퍼센트, 주택 구입 시 75퍼센트, 의료 서비스 제품 구입 시 80퍼센트를 여성이 결정한다고 한다. 아울러 이외에도 모든 PC 구매자의 66퍼센트, 소비자 가전제품 구매자의 55퍼센트, 신차 구매자의 60퍼센트, 중고차 구매자의 53퍼센트, 모든 종류의 자동차 판매에서 여성이 80퍼센트 정도의 영향력을 행사하는 것으로 조사되었다. 그런데 이게 미국만의 상황일까?

얼마 전 이런 사실과 관련된 강의를 하다가 어떤 부장급 간부가 자기 집에서는 구매와 관련한 의사결정권이 자신에게 전혀 없다고 말했다. 곰곰이 생각해보니 나도 그런 것 같다. 일전에 아내가 자신이 타고 다닐 자동차를 산다고 자동차 영업소에서 카탈로그를 빌려 와서 어떤 게 좋은지 물어보길래 특정한 하나를 찍어서 이게 좋은 것 같다고 말했다가 핀잔만 들었다.

"당신이 그런 디자인 감각을 지니고 있으니 롯데그룹의 인재육성이 잘 안 되는 거 아닌가요?"

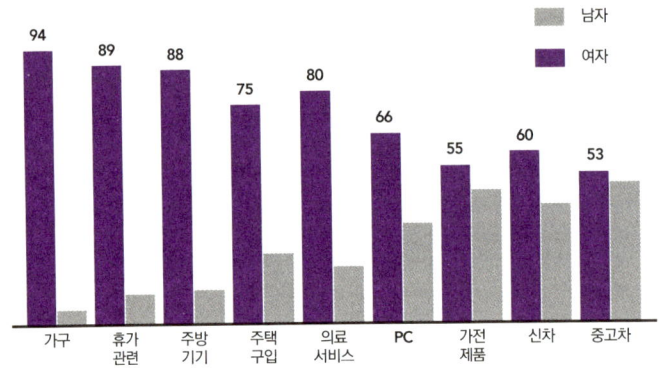

미국인 가정 내 구매 의사결정자

그리고 원래부터 자신의 마음속에 있었던 그 디자인의 차를 사서 잘 몰고 다니신다. 아니 그러실 거면 나한테 묻기는 왜 물은 건가? 그냥 자기가 알아서 사지. 그리고 내 디자인 감각과 롯데의 인재육성이 무슨 상관관계가 있다고 불똥이 그쪽으로 튀는지 모르겠다. 하지만 내 디자인 감각에 아내가 엄청나게 실망했다는 건 사실인 것 같다. 그리고 내 선택이 여성의 관점에서 볼 때는 정말 어이없었던 것도 사실인 것 같다.

나는 그 사건 이후 뭘 구매할 일이 있으면 그냥 맡긴다. 그게 가정과 지구의 평화를 위해서 꼭 필요한 조치인 것 같아서이다. 주변에 그런 이야기를 했더니 다들 자기도 똑같다는 공감을 표현했다. 나만 그런 게 아닌 것이다. 오히려 한국 여성이 미국 여성보다 가정 내 구매결정권을 더 강하게 가지고 있다는 생각이 들었다. 세계 최고로 막강한 존재가 한국의 아줌마들 아니겠는가. 그리고 여성과 남성의 관점이 그렇게 다르다면 어쩌면 남성들이 선택한 디자인은 완전히 여성의 미적 감각을 맞추기 어렵다는 말이 아닌가?

여성의 구매행태를 잘 살펴보면 단순히 판매자와 1 대 1의 관계를 넘어서 복잡한 거미줄과 같은 관계로 연결되어 있음을 알 수 있다. 일반적으로 여성들은 자기의 제품이나 서비스 이용 경험을 다른 사람에게 추천하거나 전파할 가능성이 남성보다 세 배나 높다고 한다. 심지어는 직접 친구나 지인과 동행해서 직접 구매를 유도하기도 한다. 그리고 보니 백화점에서 쇼핑을 할 때 혼자 온 여성들이 잘 없는 것 같다. 친구나 엄마, 하다못해 동네 아줌마와 꼭 같이 온다. 이것 또한 오랫동안 축적되어 있던 채집 본성이 드러나는 장면인 것 같다. 자신이 사용해보고 괜찮으면 꼭 여러 사람에게 추천하거나 자랑질을 한다.

"내가 산모퉁이를 돌아가니까 자두나무가 끝내주는 것 있더라. 내일 같이 가자."

그런 식이다. 자신이 그 제품을 만든 회사나 상점의 판매사원에게 어떤 보상을 받는 것도 아닌데 말이다. 그렇게 채집 정보를 나누는 게 본성인 것 같다.

톰 피터스는 유난히 여성의 역할에 관심이 많았다. 그는 여성이 미래의 금광이라고 역설한다. 그는 여성 상당수가 구매를 결정하는 위치에 있고 세계의 부를 좌지우지한다는 점을 고려하여 기업들이 앞으로 여성 인력을 적극 활용해야 한다는 점을 강조한다.

"글로벌 경제성장의 원동력은 중국이나 인도와 같은 신흥국이나 인터넷과 같은 신기술이 아니라 바로 여성이다."

그는 앞으로는 여성을 잘 알아야 사업에 성공할 수 있다고 주장한다. 그런데 앞에서도 반복적으로 설명했듯이 멧돼지를 쫓아다니는 남성은 채집을 해오던 여성을 이해하기가 매우 어렵다. 그래서 남성이 여성 고객을 이해하려고 애쓰는 것보다 직관적으로 여성 고객을 이해하는 여직원을 조직 내에서 중용하는 것이 훨씬 효과적일 수 있다.

기업은 무엇을 해야 하는가

환경이 변화했다는 사실을 인지한 한국 기업도 최근에는 생존전략의 하나로 여성 채용 비율을 늘려나가고 있다. 그런데 앞에서 얘기했듯이 어렵게 채용한 여성 인력은 출산과 육아 때문에 상당수 퇴직을 하고 있다. 무슨 회전문 인사도 아니고 쓸 만하게 키워놓으면 나가고 새로 신입 뽑아서 다시 키우고……. 그렇게 회전문만 계속 돌리다 보면 기업에서 고위 간부로 육성되는 여성의 수가 늘어나지 못해서 현 수준을 계속 답보하게 될 것이고 그런 상황은 앞으로 한국의 기업조직에 심각한 경쟁력 저하의 문제를 일으킬 수밖에 없다.

또한 여성 임원의 숫자가 적다는 것도 큰 장애로 작용하고 있다. 고객과 시장분석을 통해 중요한 의사결정을 해야 하는 포지션에 여성 인력이 없다는 것은 조직 내 여성 인력을 적극 활용하여 사업성과에 이바지하겠다는 취지를 무색하게 하는 상황이다. 사실 나의 멧돼지-채집 이론을 다시 불러오지 않아도 여성 인력들의 직관을 이해하고 적극 받아들이는 남성 상사는 매우 드물다는 사실은 누구나 알고 있다. 의사결정을 하는 자리에 여성이 있어야 한다. 그래야 일이 제대로 된다.

또 여성 임원이 거의 없다 보니 성장하고 있는 여성 인재들에게 직접 코치를 해주거나 롤모델이 될 만한 인물이 없다. 이런 부분이 새롭게 자라나고 있는 여성 인재들에게 또 하나의 강력한 좌절요인이 될 수 있다. 부하직원들은 위를 쳐다보면서 성장하는 것이다. 나는 평소에 팀장들에게 바로 당신들의 일상이 팀원들의 비전이라고 이야기한다.

"직원들이 뒷자리를 돌아봤더니 팀장이라고 앉아서 맨날 통장 꺼내놓고 한숨이나 쉬고 있으면 팀원들이 이 회사에서 어떤 꿈을 꾸겠는가."

실무자들에게는 거창한 회사의 비전 선언문이나 미션 선언문보다는 내 뒤에 앉아 있는 바로 그 사람이 어떤 상황에 있는가를 보면서 꿈을 재정립한다. 막 입사한 여성 인재의 꿈은 높은 자리에 얼마나 많은 여성 선배가 앉아서 자신의 꿈을 마음껏 펼치고 있는가와 직결된다. 상당히 많은 여자 동기와 같이 입사했는데 뒤를 돌아보니 직급이 올라갈수록 여성 인재들의 비율이 꽉꽉 줄어든다면……. 당신 같으면 조직과 직무에 대해서 몰입하면서 큰 꿈을 키울 의욕이 나겠는가?

지금 이 글을 읽는 순간 사무실 주위를 한번 둘러보라고 말하고 싶다. 나의 후배나 부하직원 중에는 여성이 많지만 상사나 간부급에는 여성이 몇 명이나 있는가? 아직도 수많은 남성은 여성을 상사로 모시거나 결재받는 걸 어색해한다. 심지어 아직도 그런 멧돼지 사냥꾼들의 부적응과 불편함의 문제 때문에 어떤 후진적인 회사는 헤드헌팅 회사에 간부급 경력사원 채용을 의뢰할 때 그 조건으로 '남성'을 명시하기도 한다.

요즘 세상에 남녀차별이 어디 있느냐고 생각하겠지만 실제로 여성이 직장생활하면서 인식하는 남녀차별의 수준은 여전히 높은 편이다. 세계경제포럼에서 발표하는 성격차지수(GGI, The Gender Gap Index)가 있다. 여성의 경제참여 기회, 교육적 성취, 정치권한 등을 평가하는 지수이다. 이 지수에서 우리나라는 최하위권에 머무르고 있다. 2013년에는 전체 평가 대상이 된 136개국 중 111위를 차지하였다. 이 111위라는 숫자를 들여다보면 참 기가 막힌다.

우리가 일반적으로 여성차별이 심하다고 알고 있는 중동의 국가들보다 낮거나 비슷한 순위라는 점이 충격적이다. 아랍에미리트가 109위, 바레인이 112위, 카타르가 115위를 차지했다. 게다가 우리나라의 순위는 해마다 떨어지고 있다고 한다. 정말 심각한 문제가 아닐 수 없다. 심지어 여성이 국가원수인 대통령으로 선출되었음에도 객관적인 지표로 비교해보면 사회 전반에 걸쳐 여성차별은 참담한 수준이다.

그럼 왜 111위라는 충격적인 순위가 나온 것인지 궁금한가? 우리 사회 어디에 문제가 있는지 알기 위해서 이 순위 산출의 기준을 살펴보자. 성격차지수는 성평등수준 측정을 위해 여성 경제 참여 정도와 기회, 교육 정도, 정치권력 분산, 보건 등 4개 분야로 크게 분류했다. 그리고 이를 여성의 노동시장 참여, 초등 및 고등교육기관 등록 비율, 여성 각료와 의원 숫자, 기대수명 등 14개 세부 지표로 나누어 평가하고 있다. 성격차지수에서 한국은 교육과 보건 분야에서는 높은 점수를 받았지만 국회의원의 여성 비율과 정부기관 및 기업 고위간부의 여성 비율이 크게 낮아서 경제적 참여 기회와 정치권력 분산 등의 분야에서 매우 낮은 점수를 받았다.

우리나라의 이러한 사회적 현상에 대해서 하버드 경영대학원의 조던 시겔 교수는 멋진 말을 남겼다. 한국은 직장에서는 남자와 여자에 대한 성차별이 일어나지만 교육은 철저히 실력 위주로 운영되어왔기 때문에 상대적으로 저평가된 여성을 고용해 차익을 얻을 수 있는 '성차익거래gender arbitrage'의 최적지라고 한 것이다.

너무 어렵게 설명하는가? 쉽게 말하면 이렇다. 지금까지 우수 여성 인력을 잘 활용하지 않았는데 앞으로 고용을 늘려 잘 활용하면 기업의 이익과 가치가 엄청나게 올라갈 수 있지 않겠느냐는 말이다. 조던 시겔 교수의 말에 따르면 지금처럼 지지부진한 우리나라의 경제성장을 타개하는 방법이 사회적으로 방치되고 있는 여성 인재의 활용에 달려 있다는 말이다.

사실 우리 사회가 여성들의 경제참여 기회와 조직 내 성장기회를 남성들과 비교해서 평등하게 주는지에 대해 매우 심각하게 되짚어보아야 한다. 기회균등이란 모든 사람을 똑같이 대하라는 것이 아니다. 출발선에 나란히 설 기회를 고르게 제공하자는 것이다.

같은 조건에서 출발할 기회조차 주지 않을 때 사람들은 가장 큰 상실감과 차별을 느끼게 한다. 그런데 앞서 설명한 지수를 통해 보았을 때 우리 사회는 진입은 몰라도 여성들의 성장에는 기회차별이라는 진입장벽을 높게 쳐놓고 있다는 사실을 알 수 있다. 우리는 그렇지 않다고 생각하고 살아오고 있지만 현실의 분위기나 객관적인 상황은 전혀 다르게 돌아가고 있는 것 같다.

게다가 우리 사회는 출산과 육아 부담을 남성보다 여성에게 더 많이 둔다. 그래서 출발한 이후에도 남성들보다 핸디캡을 안고 달리게 된다. 그것은 마라톤 대회에 선수 누구라도 참여할 수 있다고 홍보해놓고선 출발선에 나란히 서 있는 선수 중 일부를 골라서 쌀 한 가마니를 더 등에 지고 42.195킬로미터를 뛰도록 하면서 공정하게 경쟁하라고 주장하는 것과 같은 상황이다.

요즘 「아빠 어디가?」와 「슈퍼맨이 돌아왔다」와 같이 아빠가 등장하는 주말 TV 프로그램들이 인기를 얻고 있다. 시청자들은 아빠들이 아이와 함께 즐겁기도 하지만 정말 어려운 시간을 보내는 장면들을 보면서 즐거워하고 있다. 간혹 등장인물들은 프로그램상에서 주어지는 미션이나 엄마들이 주는 요구들을 들을 때마다 "이걸 어떻게 해? 못해…… 못해!" 이런 말을 하는 것을 들을 수 있다.

사실 정말 많은 것을 시키기도 하고 무척 귀찮은 일들을 시키기도 한다. 또 한 번도 해보지 않은 것을 해야 할 때도 있다. 게다가 아이와 놀거나 돌보면서 시간을 보내거나 집안일을 하면서 일도 해야 한다. 물론 연예인인 그들이 회사 다니는 아빠들보다는 시간 여유는 더 가질 수 있을 것이다. 그래도 그 장면들을 보면 참 안쓰

럽고 힘들겠다는 생각이 들 때가 종종 있다. 그리고 이젠 이 사회가 아빠들이 나가서 돈도 잘 벌고 집에서는 애도 잘 보며 집안일도 잘하는 정녕 '슈퍼맨'이 되길 원하고 있구나 하는 생각도 든다.

그런데 뒤집어서 생각해보자. 우리는 지금까지 슈퍼맨에게나 요구할 수 있는 그러한 요구를 여성들에게 해온 게 아닌가? 내 와이프는 밖에 나가서 돈도 잘 벌어오는 능력 있는 여자였으면 좋겠다. 또 집에 와서는 애도 잘 키우고 요리도 잘하고 집안일도 완벽하게 하는 현모양처여야 한다고 생각했다. 우리는 그런 여성을 원했다. 그러면서 자신들은 집안일을 거의 하지 않거나 가끔 조금이라도 도와주게 되면 온갖 생색은 다 내고 살았다. 이게 우리나라의 일반적인 가정의 모습이며 우리 남성들의 모습이기도 하였다.

지금까지 우리나라 여성은 참으로 오랜 세월 동안 고난과 인내의 시간을 보내왔다. 그러한 상황에서 여성은 결국 견디다 못해 둘 중 하나를 선택할 수밖에 없고 울며 겨자 먹기로 회사를 떠나게 되는 경우가 많았다. 그런데 그걸 지금에 와서 여성의 태도 탓으로 돌리거나 여성 인재는 조직에 대한 충성이나 업무 몰입이 떨어져서 활용하고 육성하기 어렵다고 비판한다면 여성의 입장에서 정말 억울하지 않겠는가?

최근 우리나라 여성은 그 어느 때보다 취업과 경제활동에 대한 욕구를 강하게 느끼고 있다. 물론 경제요인이 크겠지만 여성도 이제 사회활동을 적극적으로 하고 자신의 일을 가지고 싶다는 욕구가 커진 것이다. 베이비붐 세대들은 아이들을 적게 낳으면서 딸들에게도 많은 교육 비용을 투자했다. 또 그들에게 엄마들과는 다른 인생을 살아야 한다는 것을 계속 요구해왔다. 그래서인지 요즘 젊은 여성은 자기 경력에 대한 욕구가 매우 크다.

건축가 김진애 박사는 『왜 공부하는가』에서 자신이 서울대 건축학과에 입학했을 때 공대 내에 여학생이 자기 하나뿐이었다고 회고한다. 최근 신소재공학과에 입학한 우리 아이에게 같은 학과에 여자가 몇 명이나 있느냐고 물었더니 20퍼센트가 넘는다고 한다. 한 마디로 놀랐다. 그렇게 많으냐고 이야기했더니 옆에 있는 건축과는 훨씬 더 많다고 한다. 그리고 같은 과에 다니는 여자친구를 사귀고 있다고 자랑한다.

설마 내가 전설로만 존재하던 '공대 여자'를 며느리로 맞아야 하는 거 아닌가 하는 생각도 들었다. 어찌 되었든 이제는 금녀의 공간이라던 공대에도 여성이 엄청나게 많이 들어간다. 정말 감사한 일이다. 여대에도 학군단이 생겼고 사관학교에도 여성이 수석입학과 수석졸업을 하고 있다. 조신한 여성상 같은 건 사라진 지 오래다.

통계청에서 조사한 자료를 보더라도 여성의 의식은 엄청나게 바뀌고 있음을 알 수 있다. 다음 그래프를 보면 맨 오른쪽에 결혼이나 자녀 양육과 관계없이 계속 일하겠다는 여성의 비중이 10여 년 사이에 엄청나게 증가하고 있음을 볼 수 있다. 정말 다행이 아닐 수 없다.

그리고 최근 육아와 관련된 출판시장도 변화하고 있다. 과거에는 생후 3년간은 최소한 엄마가 하루에 3시간 이상 같이 있어야 한다는 식으로 워킹맘을 겁박하는 육아 책들이 많이 팔리다가 최

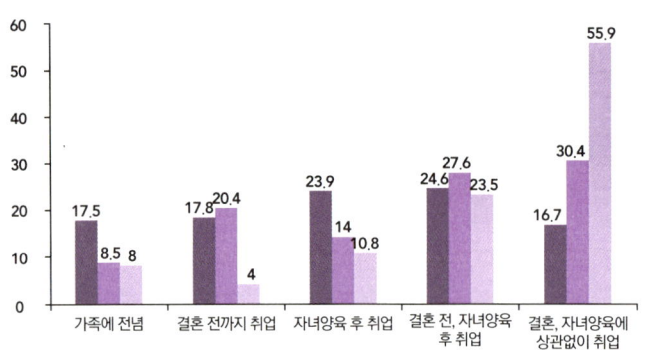

여성의 취업에 대한 태도(1996, 1999, 2009)

근에는 '아이의 인생이 중요하다면 엄마의 인생도 중요하다.' '아이를 업고서라도 출근하라'는 유의 책이 많이 팔리고 있다.[38] 이 또한 정말 다행이 아닐 수 없다. 일단 우리 시대의 말들은 물을 마실 생각은 있는 거다. 물가로 데려가기만 하면 되는 것이다.

　나는 생각할 때마다 지금도 가슴이 쿵쾅하는 사건이 있었다. 몇 년 전 신동빈 회장이 롯데에 공채로 들어오는 여직원 비중이 왜 아직 30퍼센트 언저리에 머물고 있느냐고 호통을 쳤다. 사실 그럴 때마다 우리는 억울하다. 수년 전 신동빈 회장의 지시로 여성 인재 채용 비율을 엄청나게 확대했고 그때도 30대 그룹의 공채 중 여성 인재 비율은 롯데가 항상 1등인데 그것마저 못마땅하신 것이다. 그때 저자의 보스가 기껏 갖다 댄 변명이다.

　"건설현장에는 아직 여직원들이 들어가서 근무하는 데 어려움이 있습니다. 그리고 석유화학 플랜트 같은 24시간 연속 공정에도 여성 인재가 들어가서 근무하기에 어려움이 많습니다. 일부 직종에는 제한성이 있어서 그렇습니다."

그 즉시 날아온 불호령……. "투입해보고 하시는 말씀입니까?" 비서에게조차 반말하지 않는 분이지만 그렇게 말씀하실 때는 정말 무섭다. 그래서 어떻게 되었냐고? 투입해봤지. 그래서? 엄청나게 잘 근무하고 있다. 아주 잘……. 그러니까 해보지 않고 안 된다는 선입견을 가지는 것은 진짜 금물이다. 평생을 사람에 대해서 연구하면서 HR 관련 전문가연 하는 저자의 생각이 그 정도에 머물러 있었다면 현장 실무팀장들의 선입견은 얼마나 심할까 걱정이 된다.

우리 시대의 여성 인재들은 이미 준비되어 있다. 그런데 아직 현실은 안 그렇다. 그러다 보니 여성이 가진 사회적 욕구는 출산과 육아라는 큰 장벽 앞에서 좌절하는 경우가 많다. 여성에게 마치 운명처럼 부여되는 '출산과 육아라는 평생 과업이 여성의 취업과 어떻게 양립할 수 있을까?'라는 갈등상황이 만들어지고 있다. 마음은 일을 계속하고 싶지만 현실은 녹록지 않은 것이다. 그러니 애를 낳겠다는 생각을 쉽게 하지 못하는 것이다.

여성에게 출산이나 육아와 같은 부담을 개인이 알아서 하라고 내버려둔 상태에서 고용차별과 기회차별 등 진입장벽의 문제를 해결하기 위해 노력하고 있다고 말한다면 기회균등의 충분조건을 제공하는 게 아니다. 앞에서 말한 대로 쌀 한 가마니를 지고 마라톤을 뛰라는 것과 같다. 지금 우리 사회에서 여성은 출산이나 육아와 취업 병행이 어려워질 때 근무를 포기할 수밖에 없는 상황이다.

게다가 아직도 마초적인 생각을 하는 일부 몰지각한 멧돼지 사냥꾼은 "여자가 벌면 얼마 번다고! 애나 잘 키워!"라는 강짜를 부리는 경우가 있다. 요즘은 그런 마초가 없어졌다고 생각하는가? 정확하게 10개월 전에 있었던 일이다. 정말 일 잘하는 여자 간부였다. 투지도 좋고 창의성도 좋고 더구나 영어도 능통한 친구였다.

당연히 장래 임원 후보 1순위였다. 그 친구도 일한다고 결혼을 못하고 있다가 40세가 되어서 결혼을 했다. 워낙 재주가 탁월한 친구라서 다섯 살이나 어린 남자와 결혼을 했다. 주변의 모든 여성 동료가 부러워했다. 나도 도둑이라고 불렀다. 그리고 임신하고 출산과 육아휴직에 들어갔다.

그리고 육아휴직이 끝날 때쯤 울먹이면서 전화가 왔다. 회사를 그만두어야겠다고. 나는 두려워하지 말고 회사로 나오라고 했다. 다들 그랬듯이 너도 이겨낼 수 있다고 용기를 불어넣으려 애를 많이 썼다. 그런데 그 친구의 대답이 정말 황당했다. 남편이 그랬다는 거다. 여자가 벌면 얼마나 번다고 애 안 키우고 회사 나가느냐고. 집에서 애나 키우라고 그랬다는 거다. 나는 어찌나 화가 나던지 남편 직급이 뭐냐고 물었다. 과장이라고 대답했다. 그 순간 한숨이 푹 나왔다.

"네 남편보다 연봉이 네가 훨씬 많은데 남편보고 회사 관두고 집에서 애 키우라고 해."

그 친구는 남편이 무서워서 그런 말은 꺼내지도 못한다고 했다. 결국 그만두었다. 내 가슴만 터졌다. 롯데의 손실이 아니라 우리나라 전체의 손실이다. 그렇게 그만두면 남편 혼자 벌어서 애를 두

셋씩 낳아서 키울 경제력이 될까? 이렇게 출산도 당연히 줄어드는 거다.

진짜 이런 식으로 가면 결과적으로 여성의 경력단절 현상이 심화됨과 동시에 저출산까지 연결되는 중요한 사회문제가 될 것이다. 그런 식으로 계속 가다가 아마 성격차지수에서 세계 꼴찌를 하게 되는 수모를 겪게 되지 않을까?

다행히 최근 국가 차원에서도 여성의 경제활동 참여와 육아문제에 주목하고 많은 대책을 마련하고 있다. 게다가 세계적으로 낮은 출산율 극복의 해결방안으로 각 지방자치단체에서는 출산 장려금과 육아 보조금 등의 대책을 앞다투어 내놓고 있다. 또한 기업에 워킹맘을 위한 사내 보육시설을 마련해놓도록 요구하고 있다. 나름 정부에서는 문제상황을 개선하기 위해 전방위적으로 노력하고 있다.

그러나 현실에서 워킹맘이 겪고 있는 문제의 개선은 여전히 미흡하다. 당장 출근해야 하는 엄마들은 아이들을 맘 놓고 맡길 곳이 없다. 얼마 전 9시 뉴스에서 아이를 유치원에 등록하기 위해 아빠, 엄마, 할아버지, 할머니, 삼촌, 이모까지 총동원해 밤새도록 줄 서는 모습을 보았다. 그러다 유치원 추첨이 끝난 후 추첨에 떨어져 서럽게 눈물을 흘리며 하소연하는 워킹맘을 보니 이게 도대체 무슨 난리인가 싶다.

2013년 기준으로 국공립 유치원의 교육비는 한 해 133만 원 수준이다. 하지만 사립 유치원비는 579만 원으로 국공립의 4배나 된다. 정부가 발표한 '2012년 교육기본통계'에 의하면 우리나라에서 국공립 유아교육기관에 다니는 유아의 수는 고작 17.2퍼센트다. OECD 국가의 평균인 62.0퍼센트의 4분의 1에 불과하다. 그런데도 정부의 노력이 충분한 걸까?

정부는 아이를 더 낳아야 한다고 요구하는데 엄마는 이미 낳은 아기를 어떻게 키울 것인가 한숨만 쉬고 있다. 정상적인 엄마라면 직장을 포기할 수밖에 없다. 어쩌면 우리 사회는 지금 여성에게 모성 본능과 자기 성취욕을 놓고 인내심을 시험하는 것은 아닐까? 전 세계에서 가장 낮은 수준의 출산율을 걱정하면서 정부는 출산을 적극 장려하는데 다른 한편에서는, 아이들을 유치원에 보내기 위해 온 가족이 총동원되어 줄서기 경쟁하는 어이없는 상황을 어떻게 해야 할까?

2014년 3월 10일 영등포구 양평동에 롯데어린이집이 개원했다. 롯데의 양평동 사옥에 입주한 롯데제과, 롯데푸드, 롯데홈쇼핑의 여성 직원이 아이를 맡길 수 있는 공간이다. 육아휴직이 끝난 시점부터 만 3세까지의 아이를 맡아서 보육할 예정이다. 롯데그룹 차원에서는 명동에 있는 소공동센터에 근무하는 직원들을 위한 어린이집과 잠실롯데타운에 근무하는 직원들을 위한 어린이집에 이어 세 번째이다.

사실 홈쇼핑과 같은 업종은 24시간 운영되는 측면이 있어서 워킹맘이 근무하기에 매우 까다로운 회사이다. 그런 측면을 고려하여 아침 7시 30분부터 저녁 8시 30분까지 아이를 맡아주는 어린이집을 회사 차원에서 만든 것이다.

일반적인 사람들은 이런 식으로 어린이집을 대기업에서 만들어서 제공하면 되는 것 아니냐고 한다. 그런데 그런 주장은 한국의 기업 환경을 잘 이해하지 못해서 나오는 이야기다. 미국은 주요 기업의 본사가 뉴욕이나 LA 같은 대도시에 집중되어 있지 않다. 마이크로소프트나 보잉은 시애틀에, 구글이나 애플은 실리콘밸리에, GM은 디트로이트같이 전국에 흩어져 있다.

그 본사지역은 상대적으로 땅값이 싼 곳이다. 그래서 미국인들은 자기 차를 가지고 출근할 수 있다. 그러니 넓은 본사의 한 귀퉁이에 건물만 올리면 어린이집을 쉽게 지을 수 있다. 그런데 한국의 대기업은 기본적으로 본사가 서울의 중심가에 모여 있다. 교통도 막히지만 주차 문제 때문에 차를 가지고 출근하기가 쉽지 않다. 게다가 직원들이 전 지역에 흩어져서 살고 있다. 그런 환경에서 갓 태어난 아이를 안고 출근시간의 지옥철을 타고 회사에 있는 어린이집까지 온다는 건 상상하기 어렵다. 그리고 현행법상 어린이집은 기본적으로 1층에 있어야 하고 관련 규정이 매우 까다롭다.

다행히 롯데제과, 롯데푸드, 롯데홈쇼핑의 본사가 있는 양평동은 도심 가에서 벗어나 있고 그런대로 회사 주차공간도 여유가 있으니 가능했다. 그러나 백화점과 호텔이 있는 명동이나 잠실과 같이 땅값이 어마어마한 지역의 1층에 어린이집을 짓는다는 것은 기업의 입장에서는 대단히 어려운 일이 아닐 수 없다.

또 출근시간과 퇴근시간에 아이를 안고 온다는 것도 매우 어렵다. 결국 해결책은 임직원들의 주거공간 근처에 어린이집을 짓는 것이다. 집 앞에서 아이를 맡기고 출근하는 거다. 그런데 직원들은 전 지역에 흩어져서 살고 있다. 기업 차원에서 접근하는 건 정말

"아이는 회사가 돌볼테니 '맘' 편히 일하세요"

롯데그룹 3사 어린이집 개원

롯데홈쇼핑과 롯데푸드, 롯데제과 등 롯데그룹 3사가 공동으로 서울 강서구 양평동 본사 인근에 롯데 아이사랑 어린이집〈사진〉을 10일 개원했다. 롯데 아이사랑 어린이집은 롯데 양평동 사옥에 근무하는 직원들의 자녀 중 만 1세에서 만 3세까지의 유아들을 돌보는 시설로 운영된다.

어린이집 운영시간은 3개 자매사의 직원들이 출퇴근하며 아이를 쉽게 맡기고 찾을 수 있도록 오전 7시30분부터 저녁 8시30분까지 운영한다. 홈쇼핑 업계 최초로 어린이집을 개원한 롯데홈쇼핑은 레이디토크 프로그램 운영, 여성리십 활동지원, 사내 편의시설 운영 등 여성이 일하기 좋은 근무 환경을 구축하는 데 지원을 아끼지 않고 있다.

강현구 롯데홈쇼핑 대표이사는 "24시간 운영되는 홈쇼핑 특성상 외부 시설에 자녀를 맡기기 부담스러운 직원들에게 실질 도움이 될 것으로 기대된다"며 "일과 가정이 양립할 수 있는 기반을 제공하고 여성인력이 경력단절 없이 일할 수 있는 기업문화를 만드는 데 앞장서 나갈 것"이라고 말했다. 롯데홈쇼핑과 공동으로 어린이집을 개원한 롯데푸드도 여성인력을 지원하는 다양한 프로그램을 운영하고 있다. 롯데푸드가 천안공장에 운영 중인 어린이집은 지난 2013년 12월 충청남도 우수 보육프로그램 공모전에서 최우수상을 수상하는 등 지역의 우수 어린이집으로 평이 받고 있다.

최남주 기자/calltaxi@heraldcorp.com

  쉽지 않은 일이다. 이런 것이야말로 정부가 나서야 할 부분이다.

  지금 우리가 정부정책을 비판하고자 하는 것이 아니다. 지금 우리에게 여성 인재는 어쩔 수 없이 선택해야 하는 계륵과 같은 옵션이 아니라 생존을 위한 필수 옵션이다. 그렇다면 기업들이 여성의 출산과 육아문제는 정부가 해결해야 할 과제로만 생각하고 뒷짐을 지고 있어서는 안 된다는 데 백 번 동의한다. 그러나 동시에 정부도 기업이 해결할 수 없는 부분에 대해서 자기 역할을 해야 한다는 것이 우리의 생각이다.

  그리고 최소한 기업은 여성 인재가 그 힘든 과업을 해결하는 데 기업이 할 수 있는 것이 무엇인지 알아서 해결책을 제시해야 하지 않을까? 역시 제일 큰 문제가 육아휴직이다. 미국과 달리 우리나라는 다행히 법적으로 출산휴가가 보장되어 있고 1년간 육아휴직을 사용할 수 있도록 명문화되어 있다. 그러나 현실은 여성 인재가 출산휴가 가는 것도 눈치 봐야 하고 육아휴직은 얘기조차 꺼내기 어려운 상황이다.

  한국보건사회연구원 자료에 의하면 2012년 우리나라 육아휴직 사용률이 12퍼센트에 불과하다고 한다. 또한 육아휴직을 가는 12퍼센트의 인력도 평균 7.9개월밖에 사용하지 못하는 것으로 조사되었다. 육아휴직 사용이 어려운 이유에 대해서 회사 눈치가 보여서가 30퍼센트, 경제적 이유 22.6퍼센트, 나중에 회사 복귀가 어려워서라는 응답이 17.3퍼센트로 나왔다.

즉 육아휴직을 제대로 쓰지 못하는 이유의 절반이 '회사 내에서 느끼는 압박' 때문이라고 볼 수 있다. 아무리 법적으로 보장되고 제도적인 장치를 해놓는다고 하더라도 자유롭게 활용할 수 있는 분위기를 만들지 않고서는 소용없다. 정부와 사회가 책임져야 할 몫이라고만 생각하고 뒷짐 지고 있어서는 안 된다.

요즘 많은 기업이 자신들은 사회적 책임을 다하고 있다고 대대적으로 홍보하고 있고 실제로 그런 부분에 많은 돈을 쓰고 있다. 기업마다 그 효과를 극대화하기 위해 사회적 활동을 위한 대상을 설정하고 있다. 환경, 교육, 빈곤층 지원 등 다양한 분야를 지원하고 있다. 그러나 정작 여성의 사회 진출장벽으로 말미암은 경제활동인구의 감소와 인구 감소 문제 해결 노력은 제대로 하고 있지 않다. 이제 기업의 입장에서 여성 인재가 느끼는 결혼, 출산, 육아 부담을 덜어주면서 능력을 적극 활용하는 길로 가야 한다. 그게 바로 진짜 사회적 책임이다. 경영을 해서 이익을 내고 그 이익으로 사회적 약자를 돕는 것은 참 좋다. 그러나 그 이전에 이익을 내는 과정에서 사회적 책임을 다하는 것은 더 중요하다.

최근 전략경영 분야의 세계적인 석학 마이클 포터 교수는 CSR 활동을 한 단계 높은 차원에서 CSV의 관점으로 접근해야 한다고 제안하고 있다. 기업이 사회에 공헌하는 활동을 통해 매출과 이익을 증대시키면서 사회문제 해결을 기업의 경제적인 가치창출활동과 일체화시킨다는 것이다.

롯데백화점은 몇 년 전부터 CSR 활동의 하나로 '다둥이 캠페인'을 진행하고 있다. 여기에 일반인들뿐만 아니라 롯데그룹 내부 직원들도 백화점이 왜 다둥이 캠페인을 벌이느냐고 의문을 제기하였다. 롯데백화점이 '다둥이 캠페인'을 진행한 것은 바로 CSV의 관점에서 생각해볼 수 있다. 롯데백화점은 사업의 특성상 주 고객이 여성이고 직원 성비를 보면 여성이 남성보다 압도적으로 많다. 당연히 백화점은 여성의 관점에서 여성이 더 근무하기 좋은 조직문화를 만들어갈 필요가 있다.

또한 출산과 육아라는 큰 짐을 안고 있는 여성들의 역할 중요성을 알리고 지원하는 데 필요한 것들에 대해 사회적으로 공감대를 형성하려는 의도가 있다. 또한 저출산 때문에 장차 생기게 될 경제적·사회적 문제를 이슈화하여 문제를 해결하고자 하는 의도를 담고 있다. 물론 저출산은 유통업인 백화점 성장에도 가장 큰 장애 요소가 되기 때문에 반드시 해결되어야 할 중요한 문제이기도 하다.

또한 앞에서도 언급했듯이 롯데그룹은 그룹 내 여직원들을 위해 육아휴직 사용을 의무화하는 정책을 시행했다. 현재 롯데그룹의 예비 워킹맘은 출산 후 육아 부담을 갖지 않고 회사 업무에 몰두하여 근무하고 있다. 최근 이 육아휴직 의무제도는 SK그룹 등 다른 기업까지 확산되는 추세다.

나와 함께 일하는 한 여직원은 다른 회사에 다니는 친구들보다 행복하다는 말을 했다. 그 직원은 타 회사에 다니다가 경력직으로 입사 후 결혼하고 출산을 앞두고 있었다. 그녀는 눈치 보지 않고 육아휴직을 할 수 있고 또 오히려 회사에서 권장하고 있으니 마음의 부담을 덜었다는 것이다. 또 육아휴직 이후 복귀도 걱정하지 않게 되니 너무 좋다는 것이다. 아직 다른 회사에 다니는 친구들은 출산 이후가 걱정되어서 회사를 그만두는 것을 고민하는 경우가 많다는 것이다.

다행히 최근에 대기업을 중심으로 여성 인력의 출산과 육아를 지원하는 노력이 퍼져가고 있다. 앞으로는 출산휴가와 육아휴직을 쓰는 것이 자연스러운 문화로 정착될 것으로 보인다. 정부는 롯데그룹을 비롯한 일부 기업이 시행하는 이런 자동 육아휴직제도를 법제화하는 것을 추진하고 있다고 한다. 기업에서부터 시작된 노력이 이제 사회적 논의로 퍼져 나가고 있다. 바람직한 현상이다.

물론 기업 입장에서 여직원들의 육아휴직에 따른 인력 공백은 큰 부담일 수밖에 없다. 다른 직원들이 육아휴직에 들어간 동료를 위해 업무를 분담해야 하거나 육아휴직 기간 중 대체인력을 채용하여 투입해야 하는 부담을 지어야 한다. 하지만 여성 인력을 비용이 아닌 기업에 꼭 필요한 인재이자 자산이라는 관점으로 인식을 전환한다면 그런 비용은 당연히 우수한 인재를 유지하기 위한 투자가 될 수 있다.

구글이 근무시간의 20퍼센트를 자유롭게 사용하도록 배려하는 것은 자율 활동을 통해서 만들어지는 아이디어를 활용하겠다는 생각도 있지만 본질은 다른 데 있는 것 같다. 우리 회사가 자율적인 분위기를 가지고 있고, 하고 싶은 것을 주도적으로 할 수 있는 기회를 준다는 이미지를 통해 우수 인재에 대한 유인력을 확대하겠다는 생각이 더 강한 것 같다.

마찬가지로 여성 인재라고 하더라도 우수한 인재는 한정되어 있다. 그들에게 여성이 일하기 좋은 회사라는 이미지를 주면 우수한 자원을 우선 확보할 수 있는 경쟁력이 자연스럽게 따라오게 된다. 기업에서 경영상 어려움을 얘기할 때 흔히 사람이 없다느니 쓸 만한 인재가 없다느니 하는 말을 많이 한다. 그런데 기업에서 이 지구 상 인구의 절반을 차지하는 여성 인력을 포함하여 찾아봤는지를 다시 한번 생각해보아야 한다. 사실 여성 인력은 이 지구 상에서 가장 저평가되고있는 자원 중의 하나이다.

오늘날 투자에서 신의 경지에 도달했다고 평가받는 워런 버핏은 자신이 지구 상의 똑똑한 사람 중에 절반하고만 경쟁했다는 사실이 엄청난 행운으로 작용했다는 이야기를 한 적이 있다. 우리가 생각 좀 해봐야 할 이야기인 것 같다.

세계는 우머노믹스로 간다

앞에서도 언급한 바와 같이 다수의 선진국도 우리와 유사한 고령화의 문제로 고민하고 있다. 다른 나라는 이런 문제에 대해서 어떻게 대처하고 있는지에 대해서 살펴보자. 먼저 가까운 일본의 사례부터 한번 살펴보자. 아베 신조 총리는 2013년 말에 다음과 같이 선언한 바 있다.

"2014년 6월에 발표할 일본 경제의 신성장 전략에서 여성 인력의 잠재력을 끌어내는 안을 포함하겠다."

한 해 전인 2013년 6월에는 『월스트리트저널』 기고를 통해 "일본에서 가장 활용도가 낮은 자원이 여성 인력"이라며 "아베노믹스의 핵심이 바로 우머노믹스Womanomics"라고 강조한 바 있다.

일본도 1990년대 초반부터 '일과 가정의 양립'이라는 이름으로 여성 고용 비율을 끌어올리려는 노력을 해오고 있다. 그러나 안타깝게도 긴 노동시간, 남성 중심 문화, 여성 고용에 대한 사회적 인식의 부족 때문에 여성의 경제활동 참가율은 좀처럼 상승하지 않았다. 일본도 한국처럼 여성들이 기업 내에서 차별받고 있기 때문에 여성 인재들의 자발적 실업이 높은 편이었다.

급기야 2012년 10월에 일본을 찾았던 크리스틴 IMF 총재는 일본의 낮은 여성 경제활동 참가율을 지적하며 "여성이 일본을 구할 유일한 길인지 모른다."라는 뼈 있는 말을 남겼다. 그 말에 자극을 받았는지 모르겠지만 바로 그 해 말 출범한 아베 정권은 저출산 고령화 문제의 핵심을 '여성'으로 잡고 초고령 사회에 접어든 일본의 부족한 노동력을 여성 인력으로 극복하겠다고 밝혔다. 아베 총리는 2013년에 '여성 공공 일자리를 20만 개 확충'하고 '2020년까지 정부와 기업의 여성 리더를 30퍼센트까지 증대'하겠다는 구상을 내놓았다.

또 경제 3단체장을 관저로 불러 모든 상장기업의 임원 중 최소 한 명을 여성으로 기용해줄 것과 육아휴직 기간을 3년으로 연장해줄 것도 요청했다. 아베 정부의 적극적인 움직임이 각 기업의 여성 고용정책에도 서서히 퍼지면서 대내외의 기대도 높아지고 있다. 골드만삭스는 일본의 여성 취업률을 남성과 같은 수준으로 끌어올리기만 해도 GDP가 14퍼센트가량 성장할 것이라는 예측도 내놨다.[39]

동양과는 다른 여성관을 가지고 있는 미국은 어떨까? 미국 기업의 최근 동향에 대해서 LG경제연구원의 박지원 연구원이 「워킹맘이 일하기 좋은 기업을 주목해야 하는 이유」(LG Business Insight 2014. 1. 15)라는 훌륭한 리포트를 내놨다. 그 리포트의 내용을 요약해서 소개해드리겠다.

홈퍼니Homepany라는 말이 있다. 가정과 일을 조화시킬 수 있도록 배려하는 회사를 일컫는 신조어이다. 미국의 『워킹마더』라는 잡지는 매년 '워킹맘이 일하기 좋은 100대 기업Working Mother's 100 Best Company'을 선정하여 발표한다. 그들은 육아휴직, 육아지원, 유연근무제도, 여성 리더십 개발이라는 총 4가지 영역을 기준으로 여성친화제도를 잘 활용하는 기업들을 선정한다.

2013년 조사에서 10위권 안에 선정된 기업들은 120년 이상의 역사를 가지고 있고 지금도 미국의 식품시장을 장악하고 있는 제너럴 밀스를 포함하여 아보트, 프루덴셜생명, 딜로이트, EY, KPMG, PwC, 웰스타 헬스 시스템 등 해당 업계를 주도하는 기업들이 포함되어 있다.

이런 기업들은 컨설팅회사와 회계법인을 포함하여 변화가 극심하고 경쟁이 치열한 업종에 속해 있다. 그럼에도 일하는 엄마들이 일하기 좋은 직장으로 선정되었다는 점에서 상당히 의외이다. 사실 대부분의 미국 기업은 오래전부터 일과 가정의 양립 이슈를 진지하게 고민하고 해결 방안들을 실천해오고 있다.

그런 미국에서도 워킹맘에게 선망의 대상인 이 기업들은 어떤 제도를 운용하는 것일까? 앞에서 언급했듯이 미국은 유급 육아휴직제도를 법적으로 규정하고 있지 않다. 그래서 미국 기업은 육아휴직제도를 회사마다 별도의 규정으로 책정해서 도입하고 있다.

2013년 기준으로 미국 내 전체 기업의 약 16퍼센트가 여성 육아휴직을 제도화했다. 하지만 앞의 조사에서 선정된 100대 기업은 100퍼센트 시행하고 있다.

이 기업들은 법에서 정하지 않았음에도 유급 육아휴직을 평균적으로 8주, 남성 유급 육아휴직은 3주 제공하고 있다. 그중에서 우리에게 익숙한 뱅크오브아메리카, 딜로이트, 도이체방크, 골드만삭스, 매킨지, 모건스탠리 같은 금융회사나 컨설팅회사도 여성에게 유급 육아휴직을 12주 이상 부여하고 있다.

그들은 아이가 어느 정도 성장한 단계에서도 지원정책을 확실히 제공하고 있다. 대표적인 것이 유연근무제도인데 자녀의 학교 방문 등으로 일찍 퇴근해야 하는 경우에 다른 날에 그만큼의 업무 시간을 보충할 수 있도록 하는 제도를 적극 도입하고 있다. 워킹맘이 일하기 좋은 100대 기업에 다니는 구성원 중 무려 78퍼센트의 직원이 그런 유연근무제도를 활용하고 있다고 한다.

그들은 제도의 도입에만 거치는 것이 아니다. 89퍼센트의 회사가 관리자들 대상으로 유연근무제도하에서 조직 운영 방법에 대해서 교육 프로그램을 제공함으로써 관리자에게는 다소 불편하게 마련인 그런 제도의 도입 이후에도 높은 생산성을 유지할 수 있도록 배려한다. 아울러 그런 교육을 통해 현장 직원들이 눈치 보지 않고 자연스럽게 그 제도를 활용할 수 있도록 보장하기도 한다.

또 여성들이 직장 내에서 전문적인 역량을 쌓고 리더로 성장할 수 있도록 도와주는 별도의 프로그램들을 운영하고 있다. 100대 기업들이 가장 많이 활용하는 것은 리더십 개발 교육과 멘토링이다. 100대 기업 100퍼센트가 그런 제도를 도입하고 있다. 이 외에도 여성 임원 코칭, 여성 간의 네트워킹, 경력 카운셀링 등의 제도도 많이 활용하고 있다.

그런데 이런 회사들이 비용이 추가로 투입됨에도 불구하고 굳이 일과 가정의 양립을 위해서 노력하는 이유는 무엇일까? 주변에 있는 이해관계자들에게, 특히 언론이나 여론에 나쁜 회사로 찍히지 않기 위해서일까? 아니다. 그들은 우리 삶의 틀이 완전히 바뀌고 있다는 점을 공감하고 그것에 적극 대응하려는 것이다. 이제는 일하는 부모Working Parents의 시대가 도래했다는 사실을 깨달은 것이다.

미국도 이제는 맞벌이 부부가 홑벌이 부부보다 2배나 많다. 또한 6세 이하의 자녀를 둔 엄마들의 노동참여율이 1970년대 30.3퍼센트에서 2009년 61.6퍼센트로 증가한 상태다. 우리나라도 마찬가지이다. 통계청 자료에 의하면 2012년에 맞벌이 가구의 수가 홑벌이 가구의 수를 추월했다고 한다. 앞으로 시간이 더 흐르면 맞벌이 가구가 일반적인 형태가 될 수밖에 없을 것 같다.

미국사회에서도 이미 아내가 가사와 육아에 전념하고 남편이 집안일을 다 잊어버리고 밤늦도록 열심히 일하는 분업체계는 허물어졌다. 그렇게 되면 기혼 남자 직원들도 가사와 육아에 대해서 일정한 역할을 분담해야 하고 기혼 여성 직원들은 육아와 가사를 병행할 수 있도록 주변 시스템을 전환해야 한다.

앞으로 우리의 의식도 대폭 바뀌어나갈 것이다. 가정을 희생하고 성공을 지향하는 측면에서 가정과 일에 균등한 가치를 두는 쪽으로 바뀌어나갈 것이다. 이런 가치의 변화는 젊은 층뿐만 아니라 고위층에서도 나타나고 있다. 최근 『포천』이 포천 500대 기업의 임원 1,192명을 대상으로 설문조사를 한 결과 응답자의 3분의 1이 가정과 직업의 중요성을 동일한 무게로 생각한다고 응답했다. 전통적으로 단기실적에 목매던 미국 대기업의 남자 임원들도 이제는 직장과 가정 모두를 지향해야 한다는 쪽으로 생각이 바뀐 것이다.

우리나라도 그런 추세의 한가운데에 있다. 앞에서도 언급했듯이 최근 문화시장에서 주요 키워드는 '부성애'다. 「슈퍼맨이 돌아왔다」나 「아빠! 어디가?」 등 육아를 하는 아빠들의 모습이 공중파를 타는 것을 봐도 알 수 있다. 미국이든 한국이든 이런 상황이 계속되는데 기존의 기업 운영방식을 고집하다가는 조직 구성원들의 일-가정의 갈등이 증폭되어 몰입도가 떨어지고 생산성이 급격히 저하되는 결과로 갈 수 있다.

어느 회사나 어린 자녀를 둔 30~40대 초반의 구성원들이 생산성의 주축이다. 그들이 흔들리면 생산성에 어려움이 올 수밖에 없다. 그게 바로 이직률이 엄청나게 높고 업무 강도가 세기로 유명한 IT 업계에 있는 SAS나 구글과 같은 기업들이 회사 내에 어린이집을 운영하고 세탁, 자동차 관리, 법률 자문 등 각종 가사 대행 서비스를 제공하는 이유다.

그들은 육아문제를 그냥 사회적 책임이나 여성 자체의 문제로 보지 않는다. 그들은 앞으로 다가올 수 있는 메가트렌드에 대응하는 전략적 차원에서 접근하고 있다. 바로 이 부분이 우리가 배워야 할 부분이다.

여자가 일하기 좋은 기업

이제 좀 더 미시적인 부분으로 들어와서 성향이 판이한 여성 인재들이 남성 위주의 문화에 젖어 있는 기업에 영입된 후에 생겨날 수 있는 문제들과 그 대책에 대해서 생각해보자. 대체로 사회환경의 변화를 읽고 이제 막 여성 인재 채용 확대에 나선 일부 기업에서 여성 인력을 써보니 남성보다 업무성과가 떨어진다는 불만이 나온다.

또 여성은 남성보다 쉽게 회사를 떠나는 경향이 있어서 장기적으로 활용하는 데 어려움이 많다고 호소하기도 한다. 그런 고민은 우리 기업만 겪는 일은 아닌 것 같다. 우리보다 먼저 여성 인재를 조직 내에 영입한 선진국의 기업도 대체로 겪은 일이다. 대표적으로 IBM이 겪었던 사례를 들여다보고 배워야 할 점에 대해서 생각해보자.

IBM은 하드웨어에서 벗어나 소프트웨어 기업으로 전환하면서 전 세계를 대상으로 사업을 확장해 나갔다. 과거와 같이 똑같은 사양의 컴퓨터를 만들어서 일방적으로 영업하는 방식에서 전 세계에 흩어져 있는 다양한 기업들의 특성과 취향에 맞는 소프트웨어 솔루션을 제공하면서 다양성에 대한 수용과 이해가 정말 중요하다는 걸 뼈저리게 느끼게 된다.

그런 대대적인 전환의 시점에 과거의 획일적인 문화에 젖어 있던 기업 내부에 다양한 인재를 투입하고 조직 내 다양성을 적극 관리해야 한다는 필요성을 깊이 인식하게 되었다. 그래서 새로운 CEO가 온 후에 여성 인재들을 조직 내에 적극적으로 받아들이기 시작했다. 하지만 기대와 달리 영입된 여성 인재들은 대체로 오랫동안 근무하지 않고 다시 IBM을 떠났다.

결국 여성의 본성 자체가 조직생활에 적합하지 않은데 잘 모르는 CEO가 억지로 밀어붙여 문제를 심각하게 만들었다는 주장이 회사 내에서 터져나왔다. 고심에 쌓인 IBM은 조직 내 다양성 관리의 관점에서 발생하는 문제에 대해 자체적으로 내부 조사를 했다. 조사결과 성별 관련 부분에서 유능한 여성 인력일수록 이직이 심각하다는 사실을 확인했다. 고용과 처우에서도 성별격차가 심각한 수준이었다. 그러니 당연히 고위 직급으로 올라갈수록 여성의 수가 급격히 적어지는 현상이 만연할 수밖에 없었다.

또 세일즈 부문 여성 직원들의 잦은 퇴직과 이직은 재무적으로 큰 손실을 유발했을 뿐 아니라 우수한 여성 세일즈 인력을 육성하려던 회사의 시도를 계속 무산시키고 있었다. 그들도 처음에는 우리처럼 여성이 일보다 육아를 더 소중하게 생각하기 때문에 회사를 떠나는 것으로 단순하게 생각했다. 하지만 좀 더 구체적인 연구를 해보고 나서 여성 인력에 대한 정확한 이해 부족에 기인한 오해 때문에 생겨난 패착이라는 결론을 얻었다.

그전까지 IBM은 여성의 업무방식과 고유한 리더십을 이해하려고 하지도 않았고 그런 방식을 높이 평가하지도 않았다. 당연히 여성 인재들은 IBM의 그런 남성 위주의 문화와 시스템 아래서 소외감을 느끼고 회사가 자신을 진정으로 소중하게 생각하지 않고 조직이 자신을 필요로 하지 않는다고 생각하게 되었다. 그런 상황이라면 여직원들의 애사심이 줄어드는 건 불 보듯 뻔한 일이고 기회만 있으면 이직을 단행하는 것도 당연한 일일 수밖에 없는 것 아니겠나.

당시에 IBM의 남성 직원은 여성 직원이 시도하는 독특한 설득이나 협상방식, 영업 접근법에 대해 협상기술이 부족하다며 깎아내렸다. 반대로 여성은 남성이 충분한 논의나 검토 없이 무작정 밀어붙이기만 하고 자신들의 의견이나 정보를 항상 무시한다고 생각했다. 그런 식으로 남녀 간 인식과 행동 차이에서 비롯된 오해가 계속 누적되었던 것이 패착의 결정적 이유였다.

자체 연구 결과를 살펴본 이후에 IBM은 적극적인 다양성 관리 프로그램을 도입한다. 여성의 방식이 틀린 것이 아니라 다른 것이며 남성의 방식이 정답이 아니라는 메시지를 전달하는 교육훈련 프로그램을 전사적으로 도입했다. 그리고 남성과 여성의 업무방식과 인식의 차이를 극복할 수 있도록 지원했다. 이 프로그램은 극적인 효과를 발휘하여 회사의 문화를 획기적으로 바꾸었고 회사의 경영성과 향상에도 극적인 도움이 되었다. 1995년에 185명에 불과했던 IBM의 여성 간부의 수가 지금은 전 세계적으로 1,000명 이상으로 증가했다. 이런 IBM의 고민과 결단은 우리에게 중요한 메시지를 준다. 다양성은 도입한다고 되는 것이 아니라 도입한 이후에도 적극적으로 관리해야 한다는 메시지다.

사실 초기의 IBM만 그런 게 아니다. 대부분의 현대기업 내에서는 아직 여성 인력과 관련하여 많이 오해를 가지고 있다. 그중 대표적인 것이 여성의 업무방식과 리더십이 우리 회사의 업종특성이나 업무 내용에는 적합하지 않다는 믿음이다.

이 책의 공저자인 변영오 팀장이 롯데백화점에 입사할 때 백화점 매장관리자 중 여성은 아예 없었다. 업종의 특성상 백화점 매장관리자는 영업사원을 상대해야 하고 육체적인 활동이 많으며 늦은 시간까지 일해야 했다. 그래서 매장관리자는 여성이 할 수 있는 일이 아니라고 생각했다. 또 판매원의 대부분을 차지하는 여성 인력을 관리하기 위해서는 여성이 부적합하다는 근거 없는 믿음도 가지고 있다.

그래서 당시에 백화점 관리자는 대부분 남성이었고 매장 내 여성은 계산원, 판매사원, 안내사원이 대부분이었다. 그러던 중 어느 날 롯데백화점은 매장에서 영업하는 여직원 중 역량 있는 사람을 선발하여 매장관리자로 전환하려는 프로그램을 도입하였다. 롯데백화점의 당시 CEO였던 이인원 사장은 매장 판매사원 중 여성 인력이 대다수이고 고객의 대부분이 여성이라면 오히려 여성 관리자가 일을 더 잘할 수 있을 것이라고 생각한 것이다.

그런 롯데백화점의 시도에 대해 내부는 물론이고 동종업계에서도 많은 우려를 했다. 한 마디로 현실도 모르고 말도 안 되는 시도를 한다는 것이다. 주변의 이런 우려를 감안하여 롯데백화점은 시범적으로 우수한 여성 판매직원을 몇 명 선발하여 한 달간 마인드를 바꾸고 매장관리자로서 필요한 역량을 키우는 '직무전환교육 프로그램'을 실시한 후 시험적으로 매장관리자로 배치했다.

당연히 초기에는 문제가 많았다. 심지어 매장에서 발생한 고객의 클레임에 응대하기 위해 여성 관리자가 나서면 일부 고객은 여직원 말고 책임자 나오라고 고함치며 무시하기도 했다. 그 와중에 숱한 우려의 목소리가 있었다.

"저 정책은 반드시 실패할 것이다. 또는 관리자로 전환 배치된 여직원은 스스로 못 버티고 그만둘 것이다."

하지만 전환 배치하고 몇 개월이 지난 후에 평가해보니 그 여직원들은 기존 남성 관리자들이 하는 일들을 훌륭하게 수행해내고 있었다. 오히려 더욱 뛰어난 실적을 보여주는 여성 관리자들도 많았다.

그 후 롯데백화점은 이 전환 프로그램을 대대적으로 확대했고 조건을 충족하는 영업사원 출신 여성 직원 중 희망하는 사람 전원을 매장관리자로 전환하는 데 성공했다. 지금은 매장에 여성 관리자의 비율이 계속 늘어나면서 백화점의 매장관리자는 남성이 할 수 있는 직무라고 생각하는 사람이 전혀 없다. 당연히 처음에는 말도 안 되는 시도를 한다고 생각했던 경쟁 백화점에서도 이 제도를 도입했다.

앞으로 우리에게 다가올 미래의 이야기를 한번 해보자. 소비심리 분석가 파코 언더힐은 앞으로는 군대에서도 울퉁불퉁한 근육을 가지고 있는 남성보다 섬세함을 가진 여성을 더 필요로 할 것이라고 예상했다.[40] 뜬금없이 이게 무슨 말인가 싶은데 들어보면 일리가 있다. 최근 군대는 무인장비에 꽂혀 있다. 미 공군에서 도입을 확대하고 있는 무인 항공기 '프레데터predator'가 대표적인 예이다.

이 무인항공기의 조종사는 엄청난 고속으로 비행하는 전투기 조종석의 극한상황을 견딜 수 있는 강인한 체력을 가진 남성일 필요가 없다. 프레데터의 조종사는 직접 비행기를 탑승할 필요 없이 지상통제소에서 비행기를 조종하여 적진을 탐색할 수 있다.

또한 비행기에 탑재된 무기를 활용하여 대전차 공격도 할 수가 있다. 그렇게 지상통제소에 앉아서 비행기를 조종하는데 굳이 울퉁불퉁한 근육이나 강인한 체력을 가질 필요는 없다. 오히려 순간적인 판단력, 집중력, 인내심, 섬세함 등과 같은 역량이 더 필요하다.

그런 역량들은 우리가 일반적으로 '여성적 특성'이라고 얘기하는 것들이다. 이제 남성들의 전유물이라고 할 수 있는 영역은 점점 줄어들고 있다. 그런데 아직 우리의 인식은 현실을 따라가지 못하고 있다. 우리가 믿고 있는 것이나 관점은 상대적일 수밖에 없다. 그것들의 대부분은 시대와 환경에 따라 급격하게 바뀌는 것이다.

IBM이나 롯데백화점의 사례를 통해 알 수 있지만 성공의 관건은 사전교육과 여성 인재의 투입 이후에 후속적인 지원인 것 같다. 다양성 관리에 있어서 제도적 전환 외에 의식전환을 위한 교육 프로그램의 도입은 필수적인 것 같다. 그런 방법을 통해 여성 인재들에 대한 선입견을 바꾸고 기존의 일하는 방식 자체를 바꾸어야 한다.

여성인재의 채용과 투입 전 여성에 대한 사전 교육만으로는 부족하다. 일하는 방식과 기존의 남성 간부들에 대한 교육도 필요하다. 지금은 여성이 근무하기 좋은 직장의 10위 안에 들어가는 미국의 유명 회계법인인 딜로이트앤투시도 일찌감치 여성 인재가 기업의 경쟁력을 좌우할 것이라는 점을 깨닫고 대졸 여성을 대거 채용하며 유능한 여성 인력 유치에 적극적인 행보를 시작했다. 그리고 채용한 여성 인재에게 조직에 적응할 수 있도록 교육 훈련에 막대한 비용을 투자했다.

그런데 이상하게도 그렇게 많은 돈을 투자해서 교육한 여성 인재들이 어느 정도 성장하고 나면 다른 회사로 속속 옮겨갔다고 한다. 딜로이트앤투시는 엄청나게 투자해 키워놓은 여성 인재를 경쟁사에 계속 빼앗겼던 것이다. 그야말로 남 좋은 일만 계속한 셈이다. 그런 과정에서 딜로이트앤투시가 입은 손실은 수백만 달러에 달할 것으로 추정되었다.

여성 인력이 필요하다고 해서 대거 채용했다. 그런데 정작 채용된 여성 인력은 그 회사에 남지 않고 떠나는 일이 반복적으로 일어나면 당연히 속이 터질 수밖에 없다. 최근에 우리나라의 많은 기업이 바로 그런 현상을 겪고 있다. 그럴 때 일부 기업은 "그것 봐." 하면서 여성 인력이 남성보다 역량과 조직 적응력이 떨어진다고 판단하고 여성우대정책을 수정하곤 한다. 그런데 딜로이트앤투시는 그 문제를 다른 관점에서 접근하기 시작하였다. 무엇이 문제인가에 대해 깊이 있게 파고든 것이다.

그들의 연구결과에 따르면 회사의 여성 직원은 자신들이 이해할 수 없는 이상한 문화에 젖어 있는 직장에서 상당한 소외감을 느끼며 자신이 가진 능력이 남성보다 평가절하되고 있다고 느끼고 있는 것으로 분석되었다. 사실 그당시 딜로이트앤투시에서 고위직으로 승진하는 여성은 거의 없다시피 했다. 그래서 여성들은 열심히 해봤자 제대로 인정받지 못할 것이라고 생각했다.

또 여성과 남성의 태생적인 특성 차이를 이해해주지 않고 여성만을 대상으로 하는 조직적응 교육 프로그램을 만들어서 전통적인 직장인 남성처럼 행동하기를 요구했던 것도 문제로 파악되었다. 여성이 딜로이트앤투시와 같은 업계의 선두기업을 떠나는 것은 바로 그러한 이유 때문이었다.

또 그 회사에서는 헤게모니를 잡고 있는 남성 경영자들이 특정 고위직에 누군가를 임명하려고 할 때 여성이 가지고 있는 잠재능력과 남성과 다른 고유한 역량을 인정해주지 않았다. 고위직 임원들은 여성 특유의 문제 해결방식과 리더십을 제대로 이해하지 못했고 여성의 강점을 인정하고 활용하려 하지 않았다. 당연한 일일 수밖에 없었다. 그들은 그런 부분에 대해서 배운 적도 생각해본 적도 없었기 때문이다.

여성 직원이 대거 회사 내에 들어온다고 해서 남자 간부들이 갑자기 여성 인재들의 본성이나 일하는 방식을 이해할 수는 없는 것 아니겠는가? 당연히 남성 관리자는 남자에게는 다소 생소한 여성의 일하는 방식을 못마땅하게 여겼다. 딜로이트앤투시의 남성 관리자는 어떻게 하면 여성이 가진 특성을 조직 내에서 충분히 활용할 수 있는지를 모르는 상태에서 기존의 고정관념대로 일하고 행동했다.

그래서 그들은 여성에게 남성처럼 행동하고 남성과 같은 방식으로 일하도록 암묵적으로 강요하고 있었다. 그러면 여성은 회사에서 교육받은 대로 남성처럼 행동하지만 속으로는 그런 자신의 행동과 모습에 거부감을 느끼고 부자연스러워하게 된다. 직장에서 자신의 고유한 특성을 제대로 발휘할 수 없었던 여성 인재들은 점점 불만이 쌓여갔고 결국 한두 해도 채 있지 못하고 회사를 떠나게 되었다. 그게 딜로이트앤투시가 봉착한 문제의 원인구조였다.

딜로이트앤투시의 이런 경험은 이제 막 여성 인재를 조직 내에 적극 영입하는 한국 기업에 상당한 시사점을 준다. 채용 후 성별 특성에 맞는 시스템과 문화적 변화가 후속적으로 반드시 필요하다는 말이다.

딜로이트앤투시는 여성 인재뿐 아니라 남성 인재를 대상으로 하는 다양성 교육을 도입하여 조직문화 자체를 변화시키려고 노력했다. 그때부터 여성 직원의 이직률이 급감하면서 여성 인재의 근속기간이 늘어나고 자연스럽게 고위직에 근무하는 여성의 수가 늘어나게 되었다.

그들은 경영자, 관리자, 일반 직원을 대상으로 남녀의 강점에 대한 이해와 인식훈련을 지속해서 실시하였다. 그 결과 전사적으로 포용적인 업무환경에 필요한 지식과 기술을 갖출 수 있었다. 이런 과정을 통해 딜로이트앤투시는 자체적으로 한 해 1억 1,000만 달러의 비용절감 효과를 보았다고 발표한 바 있다. 그리고 2007년에는 비즈니스위크가 선정하는 'Y세대가 경력관리를 하기 좋은 직장' 1위에 선정된다. 그리고 미국에서 가장 탁월한 여성 인재들이 경쟁적으로 그 회사로 몰려들었다.

이 사례에서도 보듯이 지금까지 딜로이트앤투시뿐 아니라 수많은 기업에서 여성 인재라고 하면 여성임에도 남성들 사이에서 남성들 못지않게 거친 일을 마다하지 않으며 남성과 같은 리더십을 발휘하는 마초 같은 여성들을 기대하는 경우가 많았다. 그래서 지금까지는 여성이 가지는 강점을 활용하여 성공한 여성 인재가 조직 내에 존재하기 어려웠다.

사실 남성과 같은 여성, 남성의 사고방식과 남성의 시각을 가진 여성 인재가 필요하다면 왜 굳이 여성 인재를 채용하고 육성하고자 하는 것인가? 당연히 여성과 남성은 태생적으로 다른 측면이 있다. 조직 내에서 남성과 여성이 각자의 특성과 강점을 발휘하면서 조화를 이루어나갈 때 폭발적인 시너지를 만들어낼 수 있다. 그렇게 되어야 창의적인 발상이 가능한 것이다. 그런데 여성을 채용해놓고선 남성과 같은 생각과 행동을 요구한다는 건 정말 아닌 것 같다. 그럼에도 불구하고 아직도 우리나라의 많은 기업은 그러한 사고의 틀을 벗어나지 못하고 있다.

다양성은 힘이 세다

회사 내에서 여성이 성취감을 느끼고 리더로 성장하기 위해서 어떤 변화가 필요한가를 생각해보자. 다들 알고 있듯이 회사 내에서 여성이 관리직으로 성장을 가로막는 많은 벽이 있다. 그런 벽을 제거하기 위해서 우리 모두의 노력이 필요 하지만 그런 노력이 여성에 대한 배려라는 차원으로 접근하는 건 아닌 것 같다.

누구나 변화를 원치 않으나 필요하다 Not Wants, But Needs의 개념으로 접근해야 한다. 우선 기본적으로 그들과 일하는 것이 다소 불편하겠지만 우리 회사에 여성 인력이 필요하고 여성 인력의 니즈가 충족되면 수익도 증대된다는 인식을 확산시켜야 한다. 그래야 여성 인력이 근무할 수 있는 유연한 분위기를 만들어야 한다는 공감대를 회사 전체에 확산할 수 있다.

특히 여성 인재에 관련하여 남자 직원들이 지금까지 가지고 있던 기존의 편견을 깨뜨리는 것이 중요하다. 그중에서 가장 큰 걸림돌이 되는 것이 바로 "우리는 지금까지 여성 인력 없이도 잘하고 있었는데 왜 지금에 와서 여성 인력이 필요한가?"라는 사고의 틀이다. 그러한 사고의 틀은 지금까지 잘 나가고 있는 회사일수록 굳건하다.

그들은 우선 인재를 확보하는 면에서 다른 회사에 비해 어려움이 적다. 그래서 굳이 여성 인재에까지 눈을 돌리지 않더라도 그런대로 괜찮은 남성 인재를 확보할 수 있다. 우수 인재에 대한 아쉬움이 상대적으로 적은 것이다. 또 회사가 잘 나갈 때는 현재의 체제에 만족하고 조직 내의 변화를 꺼리는 경우가 많은 게 당연하다.

우리가 하는 방식이 잘 통하고 있고 경쟁사를 압도하고 있는데다 지금 잘 나가고 있는데 누군들 굳이 피곤하고 힘든 변화가 필요하다고 느끼겠는가. 게다가 그런 회사일수록 자기 회사에는 남녀 간의 차별 없는 평가가 이루어지고 있다고 착각하고, 문제가 없다고 생각하는 경향이 강하다. 그러나 실제 회사의 인사담당자와 경영진이 느끼는 수준과 사내 여성이 인지하는 수준에 상당한 격차가 존재함을 먼저 알아야 한다.

다음의 표를 보면 인사담당자의 82.1퍼센트가 남녀 간 고용의 평등이 개선되었다고 보고 있다. 하지만 동일한 시점에 여성 인재의 56.3퍼센트가 아직 불평등이 심각한 수준이라고 응답했다. 특히 승진기회에 가장 큰 차별관행이 있다고 생각한다. 서로간에 상당한 갭이 있다는 사실을 알 수 있다. 사실 우리는 아직 충분한 기

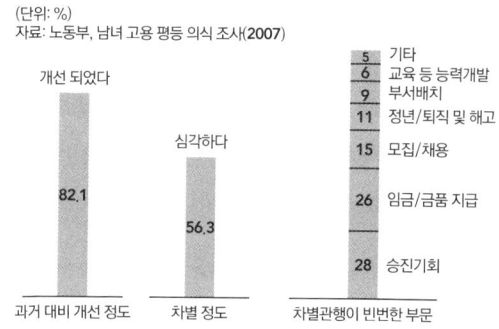

회를 여성에게 제공하고 있지 못하다.

그리고 설령 우리 회사가 지금까지 여성 인재 없이도 좋은 성과를 내면서 성장을 잘해왔다고 하더라도 조직 내 리더의 성별 불균형 때문에 놓친 사업기회는 없는지 다시 한번 생각해봐야 한다. 만약에 여성 인재들이 있었으면 지금보다 더 잘 할 수도 있었는데 없어서 더 큰 성과창출 기회를 놓치고 있었다는 못했다는 관점에서 보는 것이 맞는 것 같다.

미국의 고용 평등과 관련하여 비정부기구NGO인 카탈리스트 Catalyst가 "여성 인재의 비율이 늘면 기업경영이 투명해지고 수익성도 높아진다."라는 연구결과를 발표한 바 있다. 이 기구가 2004년에 발표한 '기업경영과 남녀 다양성의 상관관계에 대한 조사보고서'를 보면 기업 내 여성 비율과 여성 임원의 비율이 높을수록 주식대비 수익률 또한 높아지는 것으로 나타나고 있다.

또 매킨지가 2007년에 유럽의 상장기업을 분석한 보고서를 보

(단위: %)

구분	여성 비율	여성 임원 비율	주식대비 수익 (3년 평균)
여성 비율이 높은 기업	25.7	26.3	13.4
여성 비율이 낮은 기업	5.7	4	10.5

기업경영과 남녀 다양성의 상관관계 보고서(2004, 카탈리스트)

면 다양성 관리를 중점적으로 실행해온 89개의 기업이 그렇지 않은 기업보다 법인세 차감 전의 영업이익은 48퍼센트의 차이를, 자기자본 이익률은 10.1퍼센트의 차이를, 주가성장률은 17퍼센트의 차이를 보였음을 알 수 있다(매킨지, 2007). 그리고 2007년에 미국의 520개 기업을 대상으로 한 조사를 보면 이사회와 경영진에 여성 인력 참여가 높은 기업이 그렇지 않은 기업보다 ROE, TRS, ROIC 등 수익률 지표가 훨씬 높다는 것을 알 수 있다.

또 미국 인사관리협회의 조사에서도 고용평등관리가 조직의 경쟁력 향상에 긍정적인 영향을 미친다고 하였고 기업문화와 창의력 향상 등에 이바지한다고 하였다(뉴패러다임센터, 2008). 여기에

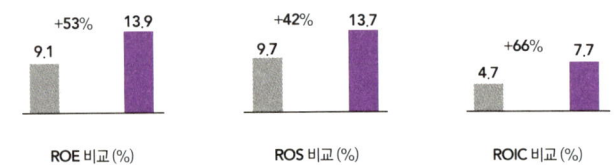

2007년 미국 포춘 500대 기업에 대한 조사

서 더 많은 연구자료를 동원해야 할까? 사실 지금 잘하고 있는 회사도 여성 인재를 충분히 보유하고 슬기롭게 활용하였을 때 얻을 수 있는 추가적인 성과를 놓치고 있는 것으로 생각해야 한다. 지금까지 설명했던 경향은 비단 다양성을 일정 수준 용인하고 있는 미국만의 현상은 아니다.

일본도 마찬가지였다. 일본의 닛산자동차는 도요타와 쌍벽을 이루는 일본 자동차업계의 자존심 그 자체였다. 그런데 언제부턴가 닛산자동차의 경쟁력은 떨어지기 시작했고 또 어느 순간에는 실적이 급격히 추락하여 망하기 직전까지 몰렸다. 결국 M&A의 매물로 나왔지만 미국과 독일의 전통적인 자동차 강자들이 거들떠보지도 않았다.

결국 글로벌 자동차 시장에서 마이너 회사인 프랑스의 르노가 닛산을 인수하게 되었다. 르노가 일본의 자존심인 닛산자동차를 인수한 후에 구원투수로 등장한 사람이 카를로스 곤이다. 그 카를로스 곤이라는 인물 자체가 다양성을 상징한다. 그는 북아프리카의 레바논에서 태어났다. 공부를 곧잘 한 그는 프랑스로 유학하여 최고의 명문인 그랑제콜을 졸업했다. 졸업 후 최초로 입사하게 된 회사가 유명한 프랑스의 미쉐린이었고 프랑스의 한 공장에서 경력을 시작한다. 그리고 당시에 문제가 엄청나게 많았던 브라질 현장으로 발령받아 산적한 문제를 해결한다. 실무능력을 인정받고 미쉐린의 북미법인의 책임자로 근무했다.

그는 미쉐린에서 탁월한 경영능력과 창의성을 인정받아 르노자동차로 스카우트되어 이직하게 된다. 레바논 사람이 프랑스에서 공부하고 프랑스 기업에 입사한 뒤 남미와 북미에서 근무한 것이다. 그리고 다시 업종을 바꿔서 프랑스 회사에서 일했다. 그야말로 그의 삶이 다양성 그 자체였다. 그가 일본에서 CEO를 하게 된 것이다. 그가 일본 닛산자동차에 CEO로 와서 주목한 것이 역시 다양성이었다.

여러분도 잘 아시다시피 일본 기업은 전통적으로 엄격한 계층구조를 존중하는 문화를 가지고 있었다. 특히 닛산은 부서 간의 장벽도 높고 의사소통에도 문제가 많고 관료주의도 매우 강하다는 전형적인 일본 회사였다. 그리고 전통의 자동차회사답게 여성 인재에 대한 선입관도 매우 강하게 존재하고 있다. 사실 그런 문제점이 모두 모여 닛산자동차를 병들게 한 것이다. 닛산의 감각이 어느 정도로 무너졌는지를 보여주는 일화가 있다. 판매가 자꾸만 저조해지자 닛산임원회에서 나온 의견이 "우리 차가 얼마나 좋은지 고객을 교육시키자"는 것이었다. 자신들은 차를 잘 만드는데 고객이 몰라준다는 뜻이었다. 임원들이 이러는데 회사가 안 망하면 신기한 것이다.

카를로스 곤은 전통적으로 남성적 이미지를 가지고 있는 일본의 자동차시장에서 여성이 자동차 구매에 미치는 영향력에 대해 주목했다. 물론 그때까지 모든 사람들이 자동차는 주로 남자가 운전하니까 구매의사 결정도 남자가 할 것이라 생각한다.

하지만 실제 현상을 면밀하게 조사한 결과 보수적인 일본에서조차 자동차 구매의사 결정에 여성의 영향력이 65퍼센트 이상이라는 사실이 밝혀졌다. 일반인들이 가지고 있던 생각과는 전혀 다른

이 사람이 바로 카를로스 곤이다. 첫인상 자체가 아랍스타일 아닌가? 레바논 사람이다.

결과였던 것이다. 외견상으로는 남성이 어떠한 차를 구매할지에 대한 의사결정을 하는 것처럼 보이지만 대부분의 기혼 남성은 아내의 의견을 따르는 경우가 많다는 것이다. 나의 경우처럼 말이다.

이런 조사결과를 받아든 카를로스 곤은 닛산에 다양성 관리정책을 본격적으로 도입하였다. 시장과 구매의사결정의 특성을 반영하여 여성 고객의 니즈에 긴밀히 대응할 수 있는 여성 인력 육성이 시급하다고 생각하고 그것에 주력한 것이다. 그는 먼저 자동차 영업점에 종전보다 두 배 이상의 여성 인력을 배치하여 고객을 응대할 수 있도록 하였다.

그는 자동차 디자인, 상품 기획, 심지어 금기시되던 생산현장에까지 여성 인력을 두 배 이상 증가시켰다. 그뿐만 아니라 내부 교육과 육성 프로그램을 별도로 제공하여 채용한 여성 인재가 여성 리더로 성장할 수 있도록 적극 지원했다. 한발 더 나아가 여성 인력 육성 책임을 모든 관리자에 부여하는 등 대대적으로 여성 인력

2장 여성 인재가 답이다

활용 확대와 육성정책을 펼쳐 나갔다.

나는 아직도 한국 자동차회사의 영업지점에는 왜 남자 영업사원만 바글거리는지 이해가 안 된다. 카를로스 곤은 영업점부터 변화를 시작했다. 그리고 여성의 시각에서 여성 고객을 이해하고 여성의 특성을 조직의 의사결정에 활용할 수 있도록 노력했다. 회사 실적은 급격히 좋아졌다. 애초 5년은 걸릴 것으로 생각했던 '닛산 서바이블 플랜'은 2년 만에 성공했다.

카를로스 곤은 누가 와도 되살릴 수 없다고 생각하던 골칫덩어리 닛산을 부활시킨 공로로 외국인에게 배타적인 일본에서 존경받는 경영자의 반열에 올랐다. 닛산은 최근 미국시장에서 품질문제로 리콜을 반복하고 있는 도요타에 비해서 품질과 관련된 문제가 거의 없다. 잇단 리콜로 코너에 몰린 도요타를 보면서 카를로스 곤은 한 마디를 보탰다.

"도요타는 경영진에 여성을 한 명도 고용하고 있지 않아서 70여 년의 역사에도 불구하고 최근에 내림세를 걷고 있지만 닛산은 다양성을 기반으로 혁신과 경쟁력을 만들어내었다."

닛산자동차의 사례를 보면서도 거긴 예외적인 곳이고 자동차회사가 가장 전통적인 제조업이기 때문에 여성과는 거리가 멀다고 생각하는가? 그렇다면 또 다른 사례를 한번 보자. 한국GM은 글로벌 여성 인재 육성 및 네트워크 강화를 위해 '여성, 나를 깨우다'라는 주제로 2013년 11월 14~15일에 '2013년 여성 콘퍼런스'를 개최했다. 올해로 3회째를 맞은 GM의 여성 콘퍼런스는 한국GM과 교보생명이 공동으로 개최했고 여성 리더를 키우는 모임인 사단법인 '위민이노베이션Women Innovation'에서 멘토링을 재능 기부했다.

이 행사에서 한국GM, 교보생명 소속 여직원 300명과 한국3M, 로레알코리아, 리바이스코리아, 유한킴벌리 등 국내외 기업의 여성 리더 100여 명 등 총 400명이 참석했다. 이 자리에서 세르지오 호샤 한국GM 사장은 다음과 같이 말했다.

"한국GM은 오늘 행사와 같이 여성들을 위한 정보교류의 장을 만들어 한국의 많은 여성 리더들의 경험과 비전을 공유하는 등 여성의 권위 신장과 인재육성의 모범 사례를 만들어가고 있다. 특히 남성 중심적인 자동차 기업에서도 갈수록 여성의 역할이 중요해지고 있는 만큼 여성 임직원들이 동등한 기회 속에서 글로벌 인재로 성장하고 다양한 목소리를 낼 수 있도록 적극 지원할 것이다."

2013년의 콘퍼런스는 '여성이 해답이다. 당당한 여성, 지혜로운 모성 여성, 리더의 발견, 성공한 커뮤니케이션' 등 다양한 세부 주제로 진행되었으며 여성 인재의 경쟁력과 기업의 여성 인재 활용과 육성에 대한 다양한 생각과 경험을 공유했다.

한국GM은 2002년에 대우자동차를 인수하면서 한국에 상륙했다. 그 당시만 하더라도 대우자동차는 전형적인 남성들만의 회사였다. 그런데 지금은 2002년에 비해 세 배나 늘어난 850여 명의 여성 인재가 다양한 사업부에 근무 중이다. 한국GM은 여성 임직원들의 잠재력 개발을 극대화하고 기업에 대한 공헌도를 높이기 위해 2005년도에 '여성위원회'를 조직하고 여성 선후배 직원 간 멘토링 프로그램과 성공한 여성 리더와의 정기적 만남 등 다양한 프로그램을 도입하여 시행해 오고 있다. 더불어 한국GM은 여성의 세심한 감성을 차량제품 기획, 개발, 마케팅 등에 반영하는 등 적극적인 노력을 통해 업무성과를 높이고 있다고 한다.[41]

미국에서 가장 오랜 전통을 가진 제조업체인 GE도 여성 인재 활용에 매우 적극적이다. GE의 CEO인 제프리 이멜트는 워킹맘의 경제활동 참여와 직업만족도를 높이기 위해 여성 네트워크 **Women's Network**를 출범시켜 단순한 보조업무 중심의 업무배치를 지양하고 도전의식과 성취동기가 높은 업무를 부여하는 인사관리를 시행하고 있다.

세계 최고의 금융회사인 골드만삭스도 워킹맘의 직장 복귀를 돕기 위해 최신정보훈련**New Direction**과 복직적응과정**Return ship**을 운영하여 여성의 직장복귀와 경력관리를 적극 지원하고 있다.[42] 이런 글로벌 시장의 최강자들이 뭐가 부족해서 여성 인재들에게 이렇게 공을 들이고 있는 걸까? 우리는 바로 이런 부분을 생각해봐야 한다.

Work with Women or Die

3장

미래는 여성과 함께

> 세계 경제성장의 원동력은 중국이나 인도와 같은 신흥국이나
> 인터넷과 같은 신기술이 아니라 바로 '여성'이다!

고정관념을 깨라

여러분은 이렇게 생각하지 않는가요?

가족사진이 그의 책상 위에 놓여 있다.
남자 - 야! 이 친구 진짜 책임감 있는 가장이다.
여자 - 역시, 여자는 회사보다 가족을 먼저 생각하는군.

동료와 이야기하고 있다.
남자 - 열심히 일할 뿐 아니라 네트워크까지……. 엄청나게 열심히 사는 사람이네.
여자 - 저 친구, 또 쓸데없는 잡담을 하고 있어.

이 친구 자리에 없다.
남자 - 회의하러 갔나?
여자 - 또 화장실 갔을 거야.

그가 상사와 저녁을 먹고 있다.
남자 - 혹시 저 친구 승진문제 때문에 이야기하는 거 아냐?
여자 - 저 두 명 혹시???

상사가 그를 야단쳤다.
남자 - 저 친구 정신 번쩍 들었겠군. 앞으로 똑바로 하겠네.
여자 - 저 친구 어디 가서 한바탕 울겠다. 그리고 한동안 분위기 정말 우울하겠구나.

그가 불공평한 대우를 받았다.
남자 - 그 친구 화냈어?
여자 - 그 친구 울었어?

그가 곧 결혼한다.
남자 - 앞으로 좀 더 안정감을 찾겠군.
여자 - 곧 임신하고 회사를 떠나겠구나.

곧 아이를 낳는다.
남자 - 앞으로 책임감이 더 커지겠구나.

여자 – 이제 육아문제로 회사에 부담을 주겠구나.

그가 외국 출장을 간다.
남자 – 경력에 도움이 되겠구나. 많이 배우고 와야 할 텐데.
여자 – 그녀의 남편이 뭐라고 할까?

그가 더 좋은 회사로 옮긴다.
남자 – 역시 실력이 있으니…… 참 아까운 친구였는데.
여자 – 내 그럴 줄 알았어. 여자들이 다 그렇지 뭐.[43]

어떤가? 여러분도 똑같이 생각하지 않는가? 이 말들이 오늘날 우리가 가진 남자와 여자에 대한 선입견을 풍자적으로 묘사하고 있지만 한국 기업 내에서 남자와 여자에 대해서 가지고 있는 성 고정관념을 한마디로 나타내주고 있는 것 같아 씁쓸하다.[44]

우리나라의 결혼 건수는 2013년 기준으로 32만 9,220건으로 전년 대비 0.7퍼센트 감소했다. 반면 이혼 건수는 11만 4,784건으로 0.7퍼센트 증가했다고 한다.[45] OECD 국가 중에서 당연히 이혼율 1위이다. 물론 유럽국가의 이혼율이 상대적으로 낮아 보이는 것은 결혼보다는 동거를 선호하는 문화가 정착해 있기 때문에 벌어지는 착시현상이라고 볼 수 있다. 그럼에도 우리나라에서 결혼 건수는 줄고 이혼 건수는 지속해서 늘어나는 추세라니 정말 안타깝다.

특히 황혼이혼과 신혼이혼의 비중이 가장 높아 작년 전체 이혼

중 결혼 20년 차 이상 부부와 4년차 미만 부부의 비율은 26.4퍼센트와 24.6퍼센트로 황혼이혼이 신혼이혼을 넘어섰다. 결혼 20년이 넘은 황혼이혼의 비중은 2006년 19.1퍼센트에서 2007년 20.1퍼센트, 2008년 23.1퍼센트, 2010년 23.8퍼센트, 2011년 24.8퍼센트, 2012년 26.4퍼센트로 꾸준히 증가하는 추세에 있다.

그런데 진짜 생각해볼 문제는 이혼 사유에 있는 것 같다. 이혼 사유로 성격 차이를 꼽은 부부가 47.3퍼센트로 가장 많았고 기타 20.9퍼센트, 경제문제 12.8퍼센트, 배우자의 부정 7.6퍼센트, 정신적·육체적 학대가 4.2퍼센트순이었다. 이 데이타를 보면서 이런 부분은 생각해봐야 하지 않을까? 20년 이상 살아온 부부가 성격 차이로 이혼한다? 그렇게 지지고 볶으면서 20년을 살았는데도 아직 성격에 차이가 있단 말인가?

나의 경험으로 볼 때 그건 매우 당연한 사실인 것 같다. 특정한 남성과 성격 차이가 없는 특정한 여성은 전 세계에 단 한 명도 없다. 마찬가지로 특정한 여성과 성격 차이가 없는 특정한 남성은 전 세계에 단 한 명도 없다. 날 때부터 다르고 성장하면서 더 달라지고 결혼해서 같이 살아도 다르고 죽는 그 순간까지 그 다름이 좁혀지지 않는 것 같다. 그만큼 남자와 여자의 성격은 차이가 있고 서로 맞추기가 어렵다. 죽도록 사랑해서 결혼한 사이에도 그러할진대 생판 모르는 남과 같이 보조를 맞춰가며 일해야 하는 직장 내에서는 어떨까?

황혼이혼 사례를 보면서도 느낄 수 있듯이 남녀의 성격 차이는 영원히 평행선인 것 같다. 어떤 특정한 계기를 통해 쉽게 통합되거나 한두 번의 교육이나 훈련을 통해서 합해질 수 있는 부분이 아니다. 결국 남녀의 다름은 어느 한쪽을 교정하거나 변화시켜 통합할 대상으로 여기는 것이 아니라 서로의 다름을 이해하고 받아들이며 맞춰가는 수밖에 없는 문제다. 그리고 그 다르다는 자체를 가치 있게 여기고 그 위에 직업적으로나 개인적으로나 서로 신뢰하는 관계를 형성하는 게 다양성 구현의 중요한 첫 번째 요소일 것 같다.

남성과 여성은 절대 같지 않다. 그리고 어떤 훈련과정을 거친다고 하더라도 같아지지 않는다. 그런데 그동안 많은 전투적인 여성 운동가들이 남자와 여자가 다르다는 문제에 대해서 이념적으로 반발감을 가지고 '남녀는 같다'는 운동을 해왔다. 여성과 남성이 서로 다른 특성에 맞춘 배려의 시도조차 여성 운동가들에게 경멸의 대상이 되어온 세월이 있었다. 물론 그 배경에는 파블로프나 스키너같이 잘 설계된 훈련과정을 통하면 성격, 태도, 가치 같은 모든 것을 바꿀 수 있다고 믿어온 행동주의 심리학자들의 강력한 영향력도 있었다.

그럼에도 그동안 우리가 저질러온 문제는 남녀의 문제에 대해서 서로 '평등해지려고' 너무 열심히 노력해왔다는 것에서 생겨난 것 같다. 그리고 그 평등이라는 개념이 '똑같이 행동한다'는 통합의 의미로 받아들여졌다는 점이 더 문제다. 사실 미국을 포함한 서구에서 1970년대에 시작된 양성평등운동은 남자와 여자는 유사한 상태로 태어나는데 후천적으로 잘못된 양육과 교육으로 다르게 키워졌다는 믿음에 기반을 두고 있었다.

똑같이 태어났으니 똑같이 평등하게 대해달라는 것이 주장의 요지였다. 사실 그렇게만 하면 문제가 해결될 것으로 믿었다. 그래서 많은 여성들이 모든 측면에서 조금이라도 다르게 대하는 것을 차별이라고 혹평하며 자신이 지니고 있는 천성을 억누르고 진짜 자신으로 행동하는 대신 남성들과 똑같이 행동하려고 애써왔다.

오래된 이야기이지만 내가 대학교에 다닐 때 여자 후배들이 나에게 '형'이라고 불렀다. 자신들이 남자와 다르지 않다는 것이었다. 그것을 양성평등이라고 본 것이다. '오빠'라고 부르는 자체가 성차별적 요소라고 본 것이다. 대학 후배였던 아내는 결혼 후에도 나를 한동안 '형'이라고 불렀다. 그런데 어느 날 아이가 그 소리를 듣고 아버지인 나한테 '형'이라고 부르기 시작했다. 완전 콩가루 집안이 된 것이다. 남편도 형이고 아버지도 형이 되었으니……. 그러다가 공포의 시어머니에게 들켜서 엄청나게 혼나고 나서 그때야 호칭을 바꾸었다.

그동안 직장에서도 마찬가지였던 것 같다. 많은 여성은 남성에게 최적화되어 있던 조직 내에서 남성보다 더 남성처럼 행동하려고 노력했다. 미국에서도 그런 생각으로 40년의 세월을 보냈다. 그래서 긴 노력에도 불구하고 미국도 아직 만족할 만한 양성평등을 이루지 못하고 있다.[46] 기본적인 가정이 잘못되었으니 어떤 노력을 해도 목표한 성과를 낼 수 없었던 것이다.

세상에 남성보다 더 남성 같은 여성이 어디에 있겠는가? 설령 있다 하더라도 그 여성이 자신의 본성에 따라 행동하는 것일까, 아니면 연기를 하며 남의 인생을 사는 것일까? 그리고 남성으로 연기하면서 산다면 그게 과연 행복한 걸까? 또 누구를 흉내 내면서 그 사람보다 더 훌륭해지는 게 말처럼 쉬울까?

우리가 보기에는 사실 서로 똑같아질 수 있다는 잘못된 믿음이 지금까지 남성과 여성의 진정한 균등을 개선시키는 데 가장 큰 장애요인이 된 것 같다. 미국은 다양성과 용인의 시대라 불리는 1960년대 이후 양성평등의 문화가 싹트면서 여성의 대학 진학을 격려하는 분위기가 형성되었다. 그들은 대학 졸업 후 대기업에 속속 취업했고 시간이 흘러 1980년대가 되자 『포춘』 선정 500대 기업에서 중간 관리직의 상당 수준을 여성이 차지하게 되었다. 그런데 그 이후에 다시 30년의 세월이 흘렀음에도 고위관리직으로 진출한 여성의 비율은 여전히 매우 낮은 상태에 머물러있다.

현재 미국에서 고위관리직 여성의 비율은 20퍼센트 이하라고 한다. 미국도 수많은 노력을 했다. 채용과 승진의 수적 기준을 제시하고 성적 차별철폐 방침을 강요하며 성별 불균형 해소를 위해 국가적 노력을 기울여왔다. 그러나 그런 노력은 거의 효과를 발휘하지 못했다. 남성은 정부가 제시한 그런 규칙과 규제를 못마땅하게 여기고 여성은 남성 위주의 조직에서 차별받고 있다는 불평을 여전히 계속하고 있는 것이다.[47]

다행히 최근에 와서 진화심리학자나 뇌과학 연구자들에 의해 남성과 여성은 원천적으로 다르다는 사실이 과학적으로 밝혀지면서 상황이 조금씩 달라졌다. 사실 남성과 여성은 근본적으로 다르다. 거의 모든 부분에서 다르다. 의사소통하는 방식, 문제를 보는 방식, 의사결정 방식, 갈등 해결 방식도 다르다. 업무의 우선순위를 정하거나 감정을 처리하거나 스트레스를 다루는 방식도 다르다.

그럼에도 아직 우리는 남성이든 여성이든 서로가 협력해서 시너지를 내며 일하는 효율적인 방법을 모른다. 남자들이 여성을 이해하기 싫어서 그러는 게 아니다. 그들은 단지 여성의 생각과 행동을 '어떻게' 읽어야 하는지 자체를 모르는 것이다. 18년 전 직장 상사의 결혼식에서 들은 주례사가 아직 내 머릿속에 남아 있다. 세상에서 가장 듣기 싫은 스피치가 바로 주례사라는 점은 여러분도 공감할 것이다. 그런데 그 주례사는 정말 매력적일 만큼 '간결'했다. 그 주례사는 그런 장점 외에도 18년이 지난 지금에도 내 머릿속에 남아 있을 만큼 통찰을 주었다.

"신랑과 신부는 30년의 긴 세월을 서로 다른 세상에서 살아오다가 지금 만나서 40년 넘는 인생을 또 다른 세상에서 같이 살게 됩니다. 30년을 다른 세상에서 살았다는 것은 둘이 서로 전혀 다르다는 것을 말합니다. 다른 가족, 다른 환경에서 생각과 가치가 전혀 다른 방향으로 질주해오다가 지금부터 같은 방향을 지향하며 사는 겁니다. 당연히 결혼생활 중에 많은 이질감과 갈등을 느끼실 겁니다. 어쩌면 결혼은 전혀 다른 우주가 만나서 하나의 우주가 되는 것과도 같습니다."

나는 그 주례사에서 한 걸음 더 나가서 이런 생각을 해야 한다고 생각한다. 남성과 여성의 평등문제는 49만 년 동안 다른 길을 걸어오다가 지금 사무실에서 만나 같은 팀에서 일하며 가치를 창출하기 위해 협력하는 것이라는 것 말이다.

남자와 여자는 다르다

어찌 되었든 남성들은 멧돼지만 잡으면 되는 것이다. 남성들은 한번 정해진 목표를 하나씩 최대한 집중한다. 그래서 여성과 비교하면 주변상황을 덜 눈여겨보고 목표와 직접 관련된 것에만 집중하며 세세한 주변상황까지 관심을 두지 않는다. 그래서 남성들은 화가 난 상태이거나 강한 스트레스나 압박을 받을 때 주변의 다른 사람들에게 훨씬 무관심해지고 눈앞에 빤히 보이는 것조차 알아채지 못하는 경우가 많다. 한 마디로 목표물인 멧돼지의 움직임에만 모든 신경을 집중하고 있는 것이다.

존 그레이가 장난감 회사 직원들을 대상으로 한 다음의 실험은 우리에게 시사하는 바가 크다. 존 그레이는 남녀가 골고루 섞인 다섯 팀에게 모형 자동차를 만들고 그 차가 지나갈 다리를 만드는 과제를 제시했다. 그리고 만들어진 것을 다른 팀에 판매하는 일까지 7분 이내에 끝내라고 했다.

사실 7분이라면 지나치게 짧은 시간이었다. 남성들은 촉박한 시간에 압박감을 느끼고 즉시 명령하고 과업을 할당했다. 그들은 눈에 보이는 목표에만 집중하고 작업을 시작한 것이다. 반면 여성들은 남성들보다 덜 지배적이었고 촉박한 시간에 대해 스트레스를 받지 않았고 서로의 아이디어를 수용하려고 했다.

최고선임 남자가 말했다.

"7분 안에 다 끝내라고? 그럼 내가 리더를 맡을게. 어디 보자 이게 우리가 만들 재료야? 오케이! 밥과 스티브는 자동차를 만들어. 메리와 루이즈는 다리작업을 해. 그리고 판매준비는 내가 할게."

반면 여성인 줄리는 이렇게 말했다.

"이 훈련의 목표가 뭔지 알겠어요. 나한테 아이디어가 있는데 다른 사람들의 생각도 들어보고 싶어요."

남자인 스콧은 이렇게 대답한다.

"줄리! 우리에게 그럴 시간이 없어요. 밥과 스티브는 벌써 시작했잖아요. 에드, 매트, 우리도 시작합시다. 저 팀이 앞서가고 있어요!"

옆에 있던 모나카도 말한다.

"혹시 자녀 있는 분 있어요? 그럼 장난감에 대해서 잘 아실 텐데요."

촉박한 마감시간과 같은 정신적 압박을 받으면 진짜 성격이 튀어나오게 되어 있다. 남자들은 녹화된 비디오를 다시 보기 전까지

이 실험에서 자신이 얼마나 엄격하게 상황을 통제하려고 하는지 전혀 의식하지 못했다. 그 7분 동안 승리하는 데 필요한 행동 외에 주위의 모든 것에 신경 쓰지 않았다. 그동안 남성들에게 배려나 협력을 찾아보기 어려웠다. 그러다 보면 성과는 파국으로 흘러간다. 그러다가 기대에 못 미치는 결과가 나오면 서로에게 책임을 묻고 추궁한다. 한 마디로 분위기가 이상해지는 것이다.

실험결과 리더십, 팀워크, 문제해결, 의사결정에 가장 협력적인 모습을 보인 팀이 그 훈련에서 1등을 차지했다. 당연히 여성들이 주도한 팀이었다. 존 그레이의 주장으로는 남성들은 하나하나씩 집중해서 가능한 한 빨리 결판을 내려는 성향이 있다. 당연히 남성들이 타고난 능력이다. 더 많은 정보를 모으고 관련 경험을 바탕으로 분석한 뒤 결정하려는 여성들의 성향을 상당히 보완해줄 수 있는 능력이다.

여성들도 경쟁에서 이기고 싶은 마음은 당연히 있다. 하지만 행동을 들어가기 전에 서로 협력해서 더 큰 이해를 달성하고자 하는 욕구가 상대적으로 크다. 그간의 여러 연구결과에 의하면 남성과 여성의 이런 사고방식이 하나의 집합적 지능으로 합쳐질 때 훨씬 더 성공적인 결과를 도출할 수 있다고 한다. 그래서 상대를 교정하려는 것, 즉 어느 한쪽을 다른 한쪽으로 바꾸려는 것이 아니라 서로의 다름을 인정하고 시너지를 내는 쪽이 더 바람직하다는 것이다.

남성과 여성은 대화하는 법부터 사무실에서 상사에게 보고하는 방법까지 다 다르다. 남성은 결론부터 말하고자 한다. 반면 여성은 과정부터 말하고자 한다. 그런데 문제는 현재 상사가 대부분이 남성이라는 점이다. 상사는 대부분 성격이 급하다. 나도 가끔 그런 생각을 하게 된다. 나이가 들면서 성격이 급해지는 것인지, 아니면 성격이 급한 사람이 승진을 잘하는 것……

분명한 것은 남성 상사는 이런저런 과정 이야기보다 결론부터 듣고 싶어 한다는 점이다. 그래서 보고받는 남성 상사와 여성 부하직원 사이에 삐걱거림이 발생하기도 한다. 급한 성격에 빠른 보고를 원하는 남성 상사에게 이러저러한 과정부터 조근조근 말하는 여성 부하직원은 못마땅하게 생각될 수도 있다. 어쩌면 멧돼지를 잡으려는 남성들의 특성이 대화법에도 반영된 것이 아닐까? 어디로 튈지 모르는 멧돼지 한 마리를 잡는 과정에서 남성들은 최대한 빨리 멧돼지를 쫓아가서 잡는 게 중요하다. 그리고 그 멧돼지는 이것저것 볼 필요없이 한 마리만 추격해서 잡으면 된다.

반면 여성들은 여러 개의 열매 중에서 오늘 저녁에 먹을 분량을 채집하기 위해서 어떤 열매를 선택할지 비교하면서 고른다. 또 열매들은 여기저기에 널려 있다. 어느 길로 가면 많이 딸 수 있는지 알아야 하므로 '선택과 비교를 하는 과정'을 본성적으로 중시할 수밖에 없었다.

또한 남성과 여성은 기본적으로 스트레스에 대응하는 방식도 다르다. 남자들은 스트레스를 받으면 안으로 파고들어 조용히 집중한다. 남자는 문제를 마음에서 몰아내고 잊어버리려 한다. 반면 여성은 다른 사람들에게 문제를 털어놓으며 공유하는 과정에서 스트레스를 이겨낸다.

결혼이나 연애를 해본 사람은 그런 차이를 서서히 깨닫게 된다.

그리고 여성이 어떤 이슈를 공유하고 소통하려는 행동들이 스트레스를 줄이려는 방법이라는 걸 차츰 알게 된다. 그런데 그걸 잘 모르는 멍청한 남성들은 여성들이 스트레스를 풀기 위해 털어놓는 문제를 공유하고 공감하기에 앞서서 그 고민을 해결해주는 방법을 찾아주려고 애를 쓴다. 여성은 해결책을 원하는 것이 아닌데도 말이다. 그래서 삐걱거리는 것이다.

여성은 남자보다 더 많은 것을 빨리 알아차린다. 표정에서부터 보디랭귀지와 말투에 이르기까지 세세한 점들을 통해 상대방의 의도를 금방 알아차릴 수 있다. 그건 사실 직감에 가까운 능력이다. 그런데 남성들은 그런 직감이란 게 선천적으로 없다. 그 사실을 여성들이 모른다. 그래서 남성들의 단선적인 성향을 모르는 여성들은 자신이 필요로 하는 것을 직접 말하지 않아도 상대방이 알아줄 것으로 기대한다. 그리고 매번 실망한다.

여성들은 남성들도 자기처럼 주의 깊게 많은 것을 직감적으로 알아차리고 똑같이 반응해줄 수 있을 거라고 기대하는 것이다. 물론 여성들끼리는 그게 통한다. 남성이 지배적인 숫자를 점하고 있는 직장의 현실에서 그런 게 통하지 않는다는 건 물어볼 필요도 없다. 남성들은 기본적으로 여성들처럼 감지능력이 뛰어나지 않은 '미련퉁이'이기 때문이다. 여성들에게는 직장이 마치 미련한 곰들이 모여 있는 동물원 같다고 느껴지는 것이다.

그래서 여성들은 오늘도 애인이나 남편에게 "넌 네가 뭘 잘못했는지 몰라. 잘못했다고? 그러면 뭘 잘못했는지 말해봐."라는 아인슈타인이 다시 살아와도 풀 수 없는 고차원 방정식 문제를 던지는 것이다. 그리고 오늘도 세상의 모든 남성들은 당혹스런 그 문제를 피해 숨을 곳을 찾는 것이다.

또 여성들은 기본적으로 남자보다 몇 배나 더 조심스럽고 의심이 많고 신중하다. 그에 비해 남성은 여성보다 몇 배나 더 모험심이 강하고 지나치게 자신만만하며 리스크에 대해 크게 걱정하지 않는다. 주식 트레이더들을 분석해본 결과 남성은 지나친 자신감 때문인지 아니면 모험심 때문인지 여성 트레이더보다 45퍼센트 더 자주 주식을 거래한다고 한다.

여성은 더 면밀하게 관찰하고 질문하고 듣기 때문에 일반적으로 더 나은 투자가 역할을 한다고 한다. 더 나아가 위기의 평가면에서 남녀의 접근방식을 혼합하는 회사들이 남자 직원들만 있는 회사들에 비해 더 나은 결과를 실현한다는 연구결과도 있다.

사실 2008년에 있었던 서브프라임 모기지 사건으로 금융회사들이 위기에 빠진 상황에 대해 여성 인력들이 많이 있었더라면 좀더 현명하게 대응할 수 있었는데 안타깝게도 투자전문가들이 대부분 남자로 구성되어 있어서 무모한 실수를 저질렀다는 비판도 있다. 다시 말하지만 우리가 지향해야 방향은 남성 혹은 여성 중 하나로 특정한 방법으로의 통합이 아니라 서로 다름을 이해하고 잘 활용하는 데 있는 것 같다.

왜 여성에게 기회를
주어야 하는가

여성 인재와 관련한 오해 중 또 다른 하나는 여성은 회사 일에 별로 관심이 없고 조직에 대한 기본적인 자세가 안 되어 있다. 그뿐만 아니라 결혼한 여성은 회사에서 일하다가 한계에 부딪히거나 일하기 싫으면 가정으로 떠나려 한다고 믿는다는 점이다. 그래서 남성 상사들은 여성 인력이 회사에서 그만두면 결혼하기 위해 또는 전업주부가 되기 위해서라고 생각한다.

그동안 회사에서 여성 인력을 채용하여 배치할 때도 여성들은 회사를 다니다가 몇 년 지나면 그만두기 때문에 장기적으로 투자해서 육성해야 하는 핵심보직보다는 단기적이고 주변적인 직무 위주로 배치하는 경우가 많았던 것이 사실이다. 많은 사람들이 그게 투자효과성이 높다고 생각해왔다. 지금도 많은 여직원이 회사를 떠날 때 "가정으로 돌아간다." 내지는 "육아에 전념하려고 한다"는 말을 하고 떠난다. 그런 말을 듣고 수많은 사람이 '여직원들은 키워봤자 애 키울 때 되면 떠나서 집으로 돌아간다'는 선입견을 품게 된 것 같다. 그런데 그들이 하는 퇴직의 변이 진실일까? 사실 남성 직원들도 회사를 떠나면서 속마음을 다 털어놓고 떠나던가? 다양한 이유를 가져다대지 팀장에게 "당신 꼴 보기 싫어서 떠난다"고 진심을 말하지는 않는다. 남녀를 불문하고 퇴직의 변은 절대 진심이 아니다.

나는 개인적으로 그것이 아니라는 점을 절실하게 깨달은 적이 있다. 롯데의 신동빈 회장이 처음으로 그룹 전체의 업무를 맡게 된 2004년도에 있었던 일이다. 신동빈 회장이 다음과 같이 말했다.

"내가 영국에서 오래 근무했는데 거기에는 여성 임원들이 생각보다 많았고 그중에 유능한 사람들도 정말 많았습니다. 우리도 이제 여성 임원이 나올 때가 되었습니다. 올해 임원 인사에서 최초로 여성 임원을 배출해봅시다."

그 이야기를 들은 인사부문의 참모들은 고개를 떨구고 아무 대답도 못했다. 신동빈 회장이 다그치듯 말했다. "왜 안 됩니까? 여직원들이 생각보다 많은 잠재성과 아이디어를 가지고 있습니다. 어렵더라도 올해는 한번 배출해봅시다."

그럼에도 묵묵부답하던 참모들이 기어들어가는 목소리로 대답했다.

"회장님, 여성 임원은 부장급에서 승진시켜야 하는 것 아니겠습니까?"

"그렇지요."

"죄송합니다. 그룹 전체 부장 중에서 여성이 한 명도 없습니다."

그리고 오랜 시간 북극점에서나 느낄 수 있는 엄청난 영하의 침묵이 계속되었다. 그 사건이 있고 나서 얼마 지나지 않아서 신동빈 회장은 새로운 지시를 했다.

"그동안 채용했던 공채 여직원들이 애를 키운다고 집으로 돌아갔다면서요? 그러면 애를 다 키운 기존의 공채 여직원들을 다시 데려오세요. 전부 전화를 해서 돌아오도록 설득해보세요."

엄청난 지시였다. 나는 그만둔 공채 여직원들에게 일일이 전화해야 했다. 언제 그 많은 여직원들에게 일일이 전화를 한다는 말인가? 그러나 그 일은 생각보다 엄청나게 쉬웠다. 그동안 얼마나 여직원들을 안 뽑았으면 그랬을까? 반나절 만에 전화는 다 끝났다. 그 통화가 끝난 후 나는 완전히 멘붕상태에 빠졌다. 내가 얼마나 세상을 모르고 살았는지를 그 순간에 깨달은 것이다. 애를 키운다고 그만두고 나간 공채 여직원들 중 상당수가 다른 직장에 재직 중이었다. 그들은 애를 키운다는 명목으로 그만두고 나갔지만 새로운 직장을 찾았던 것이다.

지금 와서 솔직히 고백하건대 그때까지 롯데도 정말 보수적이었다. 그래서인지 여직원들을 뽑고 육성해도 얼마 있지 않아서 애 키우러 집에 갔다. 그래서 그런 친구들에게 투자하면 안 된다는 돌덩어리 같은 착각에 빠져 있었던 것이다. 신동빈 회장의 강력한 의지 표명 이후 롯데는 획기적으로 바뀌었다. 먼저 채용에서부터 혁신적으로 바뀌었다. 그래도 간부사원 구성비는 한번에 바뀔 수 없다.

그러나 채용이 먼저 변화하고 어떤 임계점에 도달하면 간부의 구성비도 폭발적으로 바뀌게 마련이다.

롯데그룹의 과장급 이상의 여성 간부가 2009년도에는 95명에 불과했다. 그런데 4년이 지난 후 2013년 말 기준으로 689명(임원 4명 포함)으로 늘어났다. 한마디로 상전벽해 수준의 변화이다. 여성 인재의 육성과 같이 기존의 고정관념을 깨야 하는 변화에는 CEO의 강력한 의지와 지치지 않는 관심 표명이 반드시 필요하다. 특히 여성 인재와 관련한 이슈는 CEO의 강력한 의지와 장기적인 추진력 없이는 아무것도 바뀔 수 없다.

그동안의 착각과 고정관념 탓으로 신동빈 회장이 부임하기 전에는 공채 중에서 여성 비율이 3~4퍼센트에 불과했다. 우수한 지원자가 있어서 채용하려고 해도 현장의 팀장이나 임원 중 누구도 여성 인재를 자기 부서에 받아들이려 하지 않았기 때문이다. 그러다가 신동빈 회장의 격노한 분위기에 몰려서 다음 해에 공채 중 여성 비율이 15.2퍼센트까지 올라갔다. 그런 상황이 되자 현장의 팀장들과 임원들은 바빠졌다.

회장님께서 말씀하셨으니 총론은 인정한다. 하지만 우리 부서는 특수성이 있으니 빼달라는 로비와 청탁이 각사 인사팀에 답지하기 시작했다. 갑자기 각사 인사팀이 강력한 힘을 가진 이권부서가 되어버렸다. 우리를 기분 나쁘게 하면 그 부서에 여직원을 확 배치해 버릴 힘을 가진 것이다. 그런데 그게 말처럼 쉽겠는가.

결국 그런 식으로 가다가는 여성 인재 채용을 주도한 인사팀에 여직원들만 근무하게 될 거라는 괴담이 돌기 시작했다. 사실 여직원 배치에 정말 힘이 들었다. 그래도 그 정도면 되었다고 생각하고 회장에게 보고한 참모진들은 한 방 더 맞는다.

"내 말이 이게 아니잖아요. 세상에 절반은 여성입니다. 대학생의 절반도 여성이고요……."

다시 한번 분위기가 싸늘해졌다. 롯데그룹의 공채에서 여성 비율은 다시 올라갔다. 각사 인사팀은 다시 비명을 지른다. 그리고 반발하는 현장에 여성 인력을 억지로 밀어넣기 시작했다. 그렇게 억지로 받은 여직원들과 같이 일하는 시간이 길어지면서 현장의 팀장과 임원들의 생각은 조금씩 바뀌기 시작했다. 자신들이 그렇게 믿어오던 선입견이 틀렸다는 사실을 조금씩 깨닫기 시작한 것이다. 오히려 여성의 역량과 성과가 더 뛰어날 수 있다는 사실을 깨달은 것이다.

지금은 롯데그룹 내에서는 어떤 팀장이나 임원도 여성 신입사원은 곤란하니 남성 신입사원을 달라는 요청을 하지 않는다. 면접관들도 배치 문제를 걱정하면서 가능하면 남성 지원자에게 좋은 점수를 주려는 생각 자체를 하지 않는다. 그렇게 바뀌기까지는 10년의 세월이 필요했다. 그러나 분명한 것은 최고경영자의 강력한 신념과 추진력이 없었다면 10년 세월에도 잘못된 고정관념과 선입관을 바꾸지 못했을 것이라는 점이다. 그만큼 인간은 변화하기를 싫어하고, 기존의 가치관을 바꾸지 않으려는 관성은 끈질기기 때문이다.

아마 이런 게 롯데만의 문제는 아닐 것이다. 다른 회사에서도 한때 최고경영자가 회사 차원에서 여성 인력 채용을 확대하라고 지

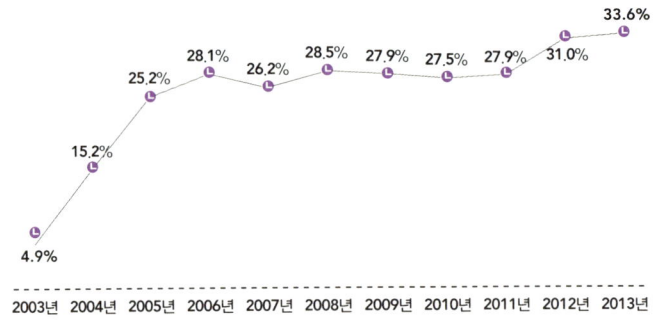

시하니 인사팀에서는 갑작스럽게 여성 신입사원의 비율을 높여서 채용하게 된다. 인사팀에서는 일단 여성 신입사원 채용을 늘리긴 했는데 막상 배치하려니 현업부서에서 받지 않으려고 해서 어쩔 수 없이 인사나 교육부서에 우선 배치하는 경우가 많았을 것이다.

또 부서장의 힘이 없는 부수적인 부서 위주로 여성 직원들을 배치하기도 하였다. 바로 이런 부분이 우리 기업의 관리자들이 아직도 여성 인력의 능력을 의심하고 있고 여성에 대해 배타적이라는 사실을 단적으로 보여주는 현상이다. 어떤 관리자는 남성 인력의 역량을 100이라고 놓고 보면 여성 인력은 아무리 잘해도 70 정도밖에 되지 않는다고 하면서 여성 신입사원 두 명보다 남성 신입사원 한 명이 더 낫다고 말하기도 한다.

그런데 그게 정말 그런 걸까? 그렇게 말하기 전에 여성 인력을 언제 제대로 한번 활용해보기나 했는가를 물어봐야 한다. 우리는 '진짜 기회'조차 제대로 주지 않고 여성 인력에 대해 잘못된 관념적인 틀 속에서 갇혀 있는 것이다. 어쩌다 한두 명의 여성 인재를 채용하고 군대를 안 갔다 왔으니까 그래서 동기들보다 나이가 어리니까 승진은 한두 해 늦게 해도 된다고 생각했다.

어차피 결혼하고 애 낳으면 그만둘 거 뻔하다며 부서 배치나 교육 기회에서 불이익을 주고……. 그러고 나서 그 여성 인재가 조직에 실망해서 그만두면 "그것 봐라. 여자란 게 다 그런 거야."라는 식으로 잘못된 믿음을 반복적으로 강화해온 것이 아닐까? 이제 진짜 기회를 줘야 한다. 그러고 나서 판단해야 한다.

낭중지추囊中之錐라는 말이 있다. 주머니에 들어가 있는 송곳은 반드시 주머니를 뚫고 나온다는 말이다. 진짜 유능한 인재는 언젠가는 실력을 발휘하고 자신의 존재를 드러내게 마련이라는 말이다. 그런데 여기에 조건이 하나 달려 있다. 송곳이 주머니를 뚫고 나오려면 반드시 송곳을 주머니 속에 넣어줘야 한다는 것이다. 주머니에 들어가지도 못한 송곳이 주머니를 뚫고 나오지 못하는 것은 당연한 이야기 아닐까? 낭중지추라는 고사성어의 유래는 이렇다.

중국땅에서 춘추전국시대가 한창 진행되던 기원전 257년 당시 최고의 강대국이었던 진나라가 조나라의 수도를 포위한다. 이때 조나라에는 세 차례에 걸쳐서 재상을 지냈던 평원군이라는 걸출한 인물이 있었다. 평원군은 조나라가 처한 급박한 위기를 극복하기 위해서 초나라의 힘을 빌리려고 했다. 평원군은 평소 덕망이 있어서 문하에 수많은 지식인이 와서 일하고 있었다. 그런 지식인 식객만 해도 3,000명에 달했던 인물이다.

그는 그 식객 중에 유능한 인물을 선별하여 초나라로 가는 길에 데려가려고 했다. 평원군은 수행원 스무 명을 뽑으려 했는데 열아홉 명은 뽑았지만 나머지 한 명을 뽑기가 쉽지 않았다. 이때 모수라는 인물이 자신이 동행하겠다고 나섰다. 모수가 자신을 스스로를 천거한 이 고사에서 모수자천毛遂自薦이라는 고사성어가 유래했다. 자신의 능력을 믿고 스스로 나서는 일을 뜻한다. 그때 평원군은 모수를 보고 말한다.

"송곳은 주머니 속에 있어도 그 끝이 밖으로 드러나는 법이오. 그대가 나의 문하에 있은 지 3년이 지났지만 나는 그대의 이름조차 들어보지 못했소."

평원군의 말에서 방금 말한 낭중지추라는 고사성어가 유래했다. '주머니 속의 송곳'이란 뛰어난 인물은 어디에 있든 그 존재가 확연히 드러난다는 뜻이다. 하지만 평원군의 이야기를 들은 모수는 이렇게 대답한다.

"이제라도 저를 주머니 속에 넣어주시라는 말입니다. 저를 일찍 주머니에 넣어주셨다면 단지 송곳의 끝만 보였겠습니까? 송곳의 자루까지 내보여드렸을 겁니다."

모수의 발언은 뻔뻔해 보였지만 평원군은 그 자신감을 높게 사서 모수를 수행원으로 뽑았고 이후 초나라 왕과의 협상에서 모수는 엄청난 활약으로 결국 초나라의 도움을 얻어내 진나라의 공격을 물리친다. 모수의 활약을 지켜본 평원군은 조나라로 돌아와서 이렇게 말한다.

"나는 다시는 선비의 능력에 대해 함부로 말하지 않을 것이다. 모수조차 알아보지 못했으니 말이다."

그리고 모수를 상객으로 모시고 존대했다고 한다. 무려 2,300년 전에 있었던 이야기이다. 평원군이 그때 깨달았던 사실을 우리는 아직도 모르는 것이 아닐까? 여성에게 역할을 부여해주고 성과를 낼 수 있는 시스템과 문화를 만들어주지 않은 채 기업 조직에 맞지 않는다고 말하고 있는 게 아닐까?

우리는 아직도 '여성이 수행할 수 있는 직무에는 한계가 있다. 우리는 여성이 조직과 구성원을 이끌어가는 데 필요한 리더십을 갖추고 있지 못하기 때문에 성과를 창출하지 못한다'고 생각한다. 또 여성 인력은 회사일에 몰입하기보다 개인이나 가정에 더 많은 관심과 시간을 할애한다고 생각한다. 또한 여성은 남성보다 조직 지향성이 떨어지고 개인적인 성향이 강하다고 생각하기도 한다.

그래서인지 상당수의 여성은 자신들이 가지고 있는 능력에 대해서 정당한 평가나 보상을 받고 있지 못한다고 인식한다. 그래서 여성은 회사 내에 강력한 유리천장이 존재한다고 생각하고 좌절하는 것이다. 한마디로 자신들이 주머니 속에 한번도 들어가보지 못한 송곳이라고 생각한다. 이 대목에서 남녀 간에 매우 중요한 이해의 차이가 존재한다.

아직도 많은 회사에서 여성 인력에 도전적인 업무보다 보조적인 업무나 역할을 담당하는 경우가 많다. 남성 임원이나 팀장은 여성이 아무리 능력이 있고 자신감이 있어 보여도 조직을 관장하는 일이나 거친 일을 맡기기에는 왠지 불안하다고 생각한다. 실제 업무 현장에서 관리자는 여성에게 주요 업무를 맡기기에 앞서 '여성인데 과연 잘할 수 있을까?'라는 생각을 은연중 한다는 것이다.

3장 미래는 여성과 함께

기업은 군대조직을 벤치마킹하여 만들어졌다. 많은 수의 직원을 고용하는 대기업의 출현은 인류에게는 정말 생소한 일이었다. 대기업은 겨우 100년에서 길게 잡아 150년 정도의 역사만 가지고 있다. 그리고 인류사에서 수많은 사람으로 구성되어 있으면서 극도의 경쟁에 일상적으로 노출되었던 조직은 군대밖에 없었다.

현대사회의 산물인 대기업이 갑자기 커진 조직을 효과적으로 통제하기 위해서 효율적인 운영방법을 배울 수 있는 곳은 역시 군대밖에 없었다. 그래서 명령과 통제의 군대 리더십 문화가 자연스럽게 초창기 대기업의 시스템과 문화를 이루는 일부가 된다. 군대가 모델이 되면서 사업은 전쟁으로 여겨졌고 "최고의 전사가 최고의 리더가 된다."라는 신화가 받아들여지기 시작했다. 오늘날 기업에서 사용하는 용어도 상당수준 군대에서 빌려왔다. "전략적·전술적 목표를 위해 한 방향으로 힘을 모으자." 등과 같은 것이 그 예이다.

그러나 이제는 달라졌다. 글로벌과 ICT 기술의 급격한 발달은 공간과 시간의 축을 급격히 축소해버렸다. 위계나 치밀한 통제 시스템의 도움 없이 기술적인 도움으로 큰 조직을 통제할 수 있게 되었다. 그리고 세상은 완전히 투명해지는 쪽으로 바뀌고 있다. 이제는 전략, 전술, 모략, 술수보다는 진정성, 배려, 온정, 협동과 같은 우뇌적 특성에 해당하는 여성적 가치를 존중하지 않고는 어떤 조직도 생존하기 어려워졌다.

더구나 최근에 여성 인재들의 대학 진학률이 급격히 증가하면서 여성들이 깨어났다. 세상을 읽는 능력이 생겼고 나름의 자신감을 가지게 되었다. 그들이 사회에 속속 등장하면서 가정을 지키는 사람이 아니라 세상을 움직이는 한 축으로 등장했다. 그리고 국가의 중대사를 결정하는 투표권의 정확한 절반을 점유하고 있다. 우리 사회의 소비자 선택권의 절반 이상을 차지했고 절반을 차지하고 있던 정치적인 결정권에도 자기주도적인 결정권을 행사하기 시작했다.

오늘날 높은 지위에 오르는 여성들은 이전의 남성 리더들과는 확연하게 다른 특징을 보인다. 수십 년 전만 해도 남성보다 더 독하고 강인한 여성만이 고위직에 오를 수 있었다. 예를 들면 이스라엘을 독립국으로 탄생시킨 골다 메이어 총리나 철의 여인으로 통하는 영국의 마거릿 대처 수상이 대표적이다. 그들은 피도 눈물도 없을 만큼 강하고 독했다.

당시에는 세상이 충분히 바뀌지 않았다. 지금은 그때와는 다르게 많은 부분들이 바뀌었다. 오늘날의 여성 리더들은 자신이 가진 여성성을 편안하게 생각하며 배려와 돌봄으로써 조직을 이끌어 간다. 제록스의 앤 멜케이, 펩시의 인드라 누이, W. L. 고어의 테리 켈리 등이 대표적으로 여성적인 독특한 리더십으로 기업을 성공적으로 이끌고 있다.[48] 그리고 그들은 과거의 남성 리더와는 색다른 리더십을 발휘하고 있지만 탁월한 성과를 내고 있다.

2012년에 업계 최초로 롯데마트에서 고졸 판매원 출신의 김희경 씨가 임원으로 승진했다. 김희경 이사는 한국의 대형 할인점 사상 최초로 여성 점장으로 보임되어서 주목을 받던 사람이다. 여성이 대형 마트에서 점장이 된다는 것 자체가 상상하기 어려운 시절이었기에 대내외적으로는 굉장히 이슈가 되었고 언론에서도 주목했다.

더구나 김희경 이사는 대학을 나와서 대졸자 공채로 입사한 사람이 아니라 백화점의 판매원에서 경력을 시작한 사람이었다. 김희경 당시 점장은 주변의 우려에도 몇 개 점포의 점장을 역임하면서 상당한 성과를 만들어냈다. 여성 특유의 섬세함과 조직을 장악하는 리더십을 겸비하여 점포를 안정적으로 운영하였을 뿐만 아니라 영업실적에서도 우수한 성과를 만들어내어 임원으로 승진한 것이다.

그녀는 카리스마가 넘치는 강인한 리더십을 발휘하는 스타일이 결코 아니다. 주변을 따뜻하게 대하는 여성 특유의 부드러운 리더십을 가진 사람이다. 매일매일 경쟁 점포와 피 터지게 경쟁하는 할인점에서도 부드러운 리더십이 통한다는 것을 직접 증명한 사람이다.

최근 모 건설사에서 건설업계 첫 공채 출신 임원이 나왔다는 기사가 보도되었다. 건설업은 자기 스스로 '노가다'라고 말할 정도로 대표적인 남성 중심의 조직문화와 업무환경을 가지고 있다. 당연히 여성 인력에 대해서는 완전히 배타적인 성향을 가지고 있다. 그래서 기존에 건설업에서 여성이 할 수 있는 일은 사무실 내 보조적인 업무밖에 없다고 생각했다. 그런데 그 여성 임원은 신입사원 때부터 자신이 할 수 있는 일부터 시작했다. 그리고 자신에게 적합한 플랜트 분야의 현장 업무를 지원했고 결국 두각을 나타내 결국 임원까지 발탁되었던 것이다.

최근에는 국내 주요 대기업들이 여성 임원을 배출하였다는 기사를 앞다투어 내고 있다. 이제는 어떤 회사에서 여성 임원을 승진시켰다는 기사가 새삼스럽지는 않다. 그런데 아직도 많은 기업에서 최고경영진이 여성 간부와 여성 임원의 비율을 늘리라고 하니 인사부서에서는 여성 인력에 적합한 직무를 찾아 선정하는 일부터 시작하는 경우가 있다. 물론 제도의 연착륙 차원에서 선택한 고육지책일 수도 있다. 하지만 그런 방식에서 빨리 벗어나지 않고 지속하다가는 여성능력의 범위를 제한하는 우를 범하게 된다.

나의 경험에 의하면 이런 생각 자체를 버려야 제대로 가는 길에 접어들 수 있는 것 같다. 지금까지 기업에서 여성 인력을 활용하는 데 큰 장애가 되었던 요인 중 하나가 '여성이 수행할 수 있는 직무의 제한'이라는 편견이다. 그것을 철폐하고 빠르게 여성 인력에 적합한 직무의 범위를 확장해 나가는 것이 필요한 단계다.

지금 단계에서 직무에 대한 성적 편견을 극복해야 한다. 우리는 그 편견을 깨뜨리는 데 여성 인력 자신의 몫도 일부 있다고 생각한다. 우리는 여성이 힘들고 거칠어 보이는 일을 피하고 세련되고 우아하게 보이는 일만 좋아한다고 생각했고 그런 일에만 배치해 왔다. 그런데 그 인식이 완전히 잘못된 것만은 아니라고 생각한다. 지금까지 수많은 여성들이 그런 성향을 보였고 지금도 공채지원자들의 희망직무를 보면 그런 인식을 버릴 수 없다. 여성이 용감해져야 한다. 여성들이 그런 틀을 깨고 도전해야 한다. 다소 거칠어 보이는 바로 그 일이 승진 가능성이 높다.

그동안 남성들은 힘들고 거칠어 보이는 직무를 용감하게 맡았고 그 영역에 남자의 특성을 100퍼센트 반영한 시스템과 문화를 구축했다. 그런 금녀의 영역이야말로 '화끈하고 공격적인 멧돼지 사냥꾼들의 판'이 되었고 그런 영역에 한두 명의 여성이 들어가면 당연하다는 듯이 그런 시스템과 문화에 질식하여 전사하는 일이 빈번했다.

선입견, 시스템, 문화가 순환하며 악조건을 강화해온 것이다. 결국 먼 옛날 조직에 극소수 존재하던 여직원의 잘못된 성향이 남직원의 선입관, 조직 시스템, 환경을 고착화했고 그런 조직에 여직원을 받아들이기 더 어렵게 강화해온 것이다.

물론 이런 상황에서 선입견과 질곡을 극복하는 것은 절대 여성들만의 몫이 아니다. 조직은 여성 인력이 다양한 곳에서 능력을 발휘할 수 있도록 기회를 부여하기 위해 노력해야 한다. 동시에 여성은 그 기회를 찾기 위한 노력뿐만 아니라 편견을 깨기 위해 최선의 노력을 해야 한다. 줄탁동기啐啄同機라는 말이 있다. 병아리가 알을 깨고 나올 때 어미 닭이 바깥의 달걀 껍데기를 쪼아서 깰 때 안에서 병아리도 같이 쪼아야 한다는 말로 불교 선종의 유명한 화두 중 하나이다. 여성의 직무영역 확장이야말로 바로 줄탁동기가 필요한 영역이다.

나는 기갑부대 장교 출신이다. 쉽게 말하면 탱크 타는 부대에서 장교로 근무했다는 말이다. 요즘은 세상이 바뀌어서 사관학교에서도 여성 인재들이 뛰어난 성적을 거두고 있고 학군단ROTC에서 여군 장교 후보생을 선발하는 것은 물론이고 여대에서도 학군단을 설치했다. 학군단 성적 평가에서 수년째 여대가 1등을 하고 각 군의 사관학교에서도 여성 인재들이 수석졸업을 하고 있다. 전방에서는 여군 장교가 소대장이 되어서 남자 소대원들을 이끌고 있다. 진짜 남성들의 영역이라는 군대에서도 여성 우위현상이 벌어지고 있다.

그런데 기갑부대는 좀 달랐다. 기갑부대에는 전통적으로 내려오는 강력한 금기가 몇 개 있다. 그중 하나가 '여성'이다. 탱크는 50톤짜리 중장비다. 가격도 엄청나게 비싸다. 그래서 군기도 보통 부대와는 달리 삼엄하다. 정말 남성적인 부대이기는 하다. 그런데 여성에 대한 금기라? 기갑부대 장병은 포탑이 삐죽하게 나온 탱크의 외형 때문인지 탱크를 남성의 상징으로 생각한다.

그러다 보니 다소 어이가 없지만 탱크에 여성의 손길이 닿으면 반드시 고장이 난다는 말도 안 되는 금기가 있었다. 심지어 탱크 조종수가 지나가는 여자를 쳐다보기만 해도 고장이 난다고 조종 중에는 절대 못 쳐다보게 단속하는 전차장도 있었다. 실제로 면회를 온 여자가 탱크를 만져서 그 탱크가 고장이 나버렸다는 말도 안 되는 전설이 부대 내에 존재했다.

한마디로 어이없는 금기 아닌가? 그래서인지 다른 병과에서는 진작에 여군 장교들에게 문호를 개방했는데 최근까지 기갑병과에서는 한사코 여군 장교를 받아들이지 않았다. 그런 믿음이 지나치게 강했기 때문이다. 그런데 그런 기갑병과에서도 여군 장교를 받아들이기 시작했다고 한다. 그러면 이제부터 우리나라 기갑부대의 전력은 개판이 되는 걸까? 그 여군 장교가 탱크에 손을 댈 때마다 모조리 고장이 나버려서 전투불능 상태에 빠질 텐데.

진짜 궁금한 것은 왜 우리나라 전차만 여성이 만지면 고장이 난다는 것인가이다. 미군도 그렇지만 북한도 예전부터 여군들이 전차부대에 근무하고 있다. 그러면 걔들도 기갑전력이 개판이 되어야 하는 것 아닌가? 여자들이 만지는 족족 고장이 나야 할 것 아닌가. 현대의 탱크는 기계라기보다는 최신 전자장비에 가깝다. 모든 기능이 최신의 전자 시스템에 의해서 구동되고 지원된다.

최신 기술로 무장한 그런 부대에서 여자가 만지면 고장 난다는 금기가 최근까지 남아 있었다니 어이가 없지 않은가? 그래도 그런 금기가 이제 깨졌다니 정말 반갑다. 우리나라 탱크부대의 어이없는 금기를 보면서 우습다는 생각이 드는가? 실컷 웃었다면 이제 고개를 돌려 자신을 한번 돌아보라. 그리고 자신이 가진 어이없는 금기는 없는지 잘 살펴보라.

미국에서 직원들을 가장 잘 양성하는 기업이 GE다. 특히 GE의 세션 C라는 프로그램이 유명하다. CEO 후보로 고려되는 핵심인재들을 선발하여 어렵고 힘든 도전적인 업무를 맡기는 방식으로 역량을 키우는 프로그램이다. 실적이 안 좋은 사업장, 미래가 불투명한 사업장, 외국의 신규 사업장 등으로 돌아가면서 핵심인재들을 배치하면서 문제해결 경험을 쌓게 하면서 양성한다.

실제로 그 프로그램을 통해서 잭 웰치는 지금의 CEO인 이멜트를 양성해냈다. 굳이 GE의 사례를 들지 않더라도 회사 내에서 인재를 육성하는 가장 좋은 방법은 도전적인 업무를 부여하는 것 같다. 인재에게 도전적인 업무를 주고 그 어려운 업무를 완수하도록 지원하고 코치하는 과정에서 한 단계 성장시키는 것이다. 그런데 지금처럼 여성의 직무활용도에 대한 신뢰가 부족하여 도전적인 업무를 부여하지 못한다면 역량이나 잠재력을 발휘할 기회조차 주지 않는 것이 아닐까?

우리가 조직에서 여성 인력을 제대로 활용하기 위해서는 먼저 도전적이고 성취감이 높은 업무를 부여하는 것에 관심을 기울일 필요가 있다. 여성 인력을 잘 활용하는 기업들을 보면 주요 업무에서 여성들이 배제되지 않도록 많은 주의를 기울인다. 특히 현장관리자 개개인에게 여성 인력을 잘 관리하라고 말로만 지시하는 것이 아니라 계속 관리 스타일을 모니터링하고 개선하도록 코치하고 있다.

미국의 컨설팅업체인 어니스트앤영Ernest & Young의 사례를 들어 보겠다. 어니스트앤영은 정기적으로 주요 업무 내용이나 그 난이도 등에 대해 재검토하면서 여성이 중요한 업무에서 배제되는 곳이 있는지를 점검한다. 그 과정에서 어니스트앤영은 여성이 자신의 역량을 시험해보고 능력을 발휘해볼 여건을 조성해줌으로써 효과적으로 활용하고 있다는 평가를 받고 있다.

"하다가 안 되면 집에 들어앉아야지."

우리나라에서 적지 않은 여성들이 이런 농담을 하는 것도 사실이다. 물론 그런 길이 여성이 선택할 수 있는 또 하나의 길이기도 하다. 그런데 직장생활이 어렵고 힘들어 그만두고 싶어하는 것은 여성만의 사정은 아니다. 남성 또한 그런 생각이 안 드는 게 아니라는 말이다.

다만 우리 사회에서 남자들이 가정의 생계에 대한 책임을 지는 것이 지극히 당연한 일이고 그러지 못하면 남자구실 못하는 것이라는 강박관념을 가지고 있기 때문에 쉽사리 그런 말을 꺼내지 못하는 것뿐이다. 남성은 아내가 일하고 자신이 놀고 있을 때 주변에서 쏟아질 냉혹한 시선에서 결코 자유롭지 못하다. 그래서 남성은 설사 회사 생활이 힘들어서 그만두고 싶더라도 그러한 선택을 쉽게 못 한다.

그래서 일부 남성은 회사에서 잘리는 것을 자기 목이 잘리는 참수형과 같은 차원까지 극단적으로 생각한다. 그래서 회사에 목숨을 거는 것이다. 반면 여성은 결혼한 후 회사를 떠나서 가사에만 전념한다고 해서 뭐라고 할 사람이 없다. 오히려 아이와 가정에 충실하기 위해서 자신의 미래를 희생하는 헌신적인 엄마라는 이미지로 스스로를 위로할 수도 있다.

여성은 남성보다 회사를 떠나는 선택을 좀 더 쉽게 할 수 있다. 또 결혼한 여성 인재 대부분이 회사 다니면서도 그런 퇴로를 머리 한쪽에 가지고 있을 수 있다. 그리고 힘들면 푸념처럼 그런 말을 내뱉는다. 그래서 오늘도 수많은 고위 간부들이 여성은 남자와 같이 목숨 걸고 일하지 않는다고 깎아내리게 되는 것이다.

그런데 이 문제를 액면부터 다시 한번 생각해보자. 먼저 회사에서 잘리는 것이 참수형과 같다는 느낌은 과연 제대로 된 감정일까? 우리 직장인들이 현대판 노예인가? 절대 아니다. 그런 생각을 요구하기에는 우리 사회가 너무 많이 풍요로워졌고 기회가 많아졌다. 물론 그런 헌신성이 지금까지 우리의 경제 발전에 긍정적인 역할을 해온 것도 사실이지만 이제는 세상이 바뀌어서 부작용이 적지 않다.

이제는 그런 관점으로 직장을 보아서는 안 되고 그런 것을 미화해서도 안 된다. 남성도 그런 관점에서 회사를 볼 때는 이미 지났다. 이제 회사는 자기 자신을 실현하는 장소이지 잘리면 먹고 사는 문제가 꼬이는 그런 곳이 아니다. 그런데도 우리는 지나치게 오래 묵은 잘못된 가치관을 폐기하지 못하고 여성에게까지 강요하고 있는 게 아닐까?

그리고 여성도 그렇다. 한 번뿐인 자신의 인생에서 성공하고 싶다면 도망갈 곳이 있다는 마음가짐은 당장 버려야 한다. 어려움을 당할 때마다 나에게 피할 구석이 있다는 생각을 자꾸 하면 도전의식은 당연히 약해지게 마련이다. 그리고 세상의 어떤 전사가 어려움에 부닥치면 도망갈 가능성이 높은 전우와 전쟁터에 함께 나가고 싶어하겠는가?

한국의 여성 직장인도 '이 직장에서 끝장을 보겠다'는 결심을 확고하게 가져야 한다. 그리고 육아 때문에 집으로 돌아갈 가능성에 대해서는 입 밖에도 내지 말아야 하고 내색도 하지 말아야 한다. 이 부분 또한 '줄탁동기'가 필요한 영역이다.

결국 한국 직장의 문제는 남성도 지나치고 여성도 '지나치다는 점이다. 여성에 대한 대표적인 고정관념 중의 하나는 집안이나 개인적인 일을 우선시하고 회사 업무를 뒤로 미룬다'는 것이다. 그러면 집안이나 개인을 모조리 팽개치고 회사 업무에만 목을 매는 행태가 제대로 된 것일까? 그렇게 회사 업무에만 매달려서 전력질주하고 집으로 돌아와서는 OECD 국가 중에서 가장 짧은 시간만 집안일을 돕는 남자가 정상이고 회사에서 장시간 근무하는 사람이 가치 있는 직원이라고 평가하는 게 아직도 맞는 일일까?

그럼에도 여성이 직장 내에서 집안이나 개인을 지나치게 우선시한다는 이미지를 주는 것은 치명적일 수도 있다. 여성이 그러한 고정관념에 사로잡혀 불편부당한 처우를 받지 않으려면 '저 여성은 프로'라는 이미지를 만들어내야만 한다. 이것은 어쩔 수 없이 본인이 지고 가야 할 몫이다. 최소한 지킬 것은 지켜야 한다는 말이다.

기업에서 임원까지 올라간 사람의 면면을 보면 정말 대단하다. 자신의 일에 대한 자신감, 뛰어난 전문성, 강력한 추진력 등 프로의식이 있다. 수많은 경쟁에서 이기고 그 자리까지 올라간 사람은 그만한 이유가 있는 것이다. 여성 인력 또한 회사에 성공하기 위해서는 프로의 이미지를 쌓기 위해 최선을 다해야 한다. 역사를 돌아봐도 도망갈 곳이 있다고 생각하는 병사들로 구성된 군대가 전쟁에서 승리한 전례를 찾아볼 수 없다.

왜 여성 우대가
필요한가

앞으로 당분간은 조직은 눈에 확실히 보이는 증거를 통해 여성 인재에게 동기를 부여할 필요가 있다. 지금까지 우리 기업 조직 대부분이 여성을 속여왔기 때문이다. 지금까지는 여성이 아무리 뛰어난 역량을 보여주고 리더십을 발휘하더라도 조직 내에서 승승장구하기란 정말 쉽지 않았다. 그 때문에 남자보다 기회와 성과에 대한 보상에서 은연중에 차별을 받는다는 인식이 여성들의 머릿속 깊숙이 박혀 있다. 지금까지 속아온 여성 인재에게 신뢰를 얻기 위해서는 말로만 여성 인재의 우대를 외칠 것이 아니라 분명하고 눈에 띄는 증거를 보여주어야 한다.

여성이 남성과 같은 사회적 성취를 이뤄내면 '홍일점'이니 하면서 호들갑을 떠는 행동 자체가 없어져야 한다. 그런 자세 자체가 여성이 사회에서 두각을 드러내는 것이 예외적이고 특이한 현상, 달리 말하면 정상적이지 않은 현상으로 생각하는 현실을 고착화할 수 있다. 어찌 되었든 우리 사회에 심리적인 '유리천장'이 아직 굳건하게 존재하는 것을 부인할 수 없고 여성 인재도 그렇다고 생각하고 있다. 그런 믿음은 어찌 보면 그들이 지금까지의 조직 생활을 통해서 강화되어온 면이 있다. 그걸 깨기 위해서라도 여성을 같게 처우한다는 눈에 보이는 증거를 보여주어야 한다. 말이 아니라 행동으로……. 그래야 잘못된 믿음이 깨질 수 있다.

우리는 극히 최근까지 여성이란 지금 잘해봐야 앞으로 결혼하면 전투력의 50퍼센트가 사라지고 출산하고 나면 나머지 전투력의 절반이 사라진다는 고정관념 때문에 비중 있는 업무나 성장할 수 있는 프로젝트를 주지도 않았고 승진에서도 암묵적인 차별을 했다. 같은 동기생이지만 군대를 갔다 온 오빠가 나이 많으니 먼저 승진하는 것이 마땅하지 않으냐는 이상한 가치관을 고수해온 것이다.

모든 여직원이 그런 식의 이해되지 않는 관행을 지켜보며 좌절해왔다. 그런 여직원들에게 조직에 대한 충성심이나 미래의 경력에 대한 몰입을 기대하는 사람이 오히려 과욕을 부리는 것이 아닐까? 그렇게 차별받는 모습을 두 눈으로 지켜봐온 여직원들이 이 조직에서 미래를 찾으려고 애를 쓸까? 월급을 받을 때까지 받고 떠날 때가 되면 떠나자는 심리만 남는 게 온당한 게 아닌가?

이런 상황이라면 충성심이 부족하고 업무에 대해 목숨을 걸지 않는다는 점이 여직원들의 본성일까 아니면 남성 위주의 기업이 등 떠밀어서 그렇게 만든 것일까? 그리고 여직원들의 묵은 오해를 깨기 위해서 자각을 요구하는 것이 먼저일까, 아니면 조직이 바뀌었다는 사실을 일정 기간 보여주면서 신뢰를 회복하도록 하는 것이 먼저일까?

그래서 제록스와 같은 글로벌 컴퍼니는 인력 운영과정에서 여성 인재 목표비율을 정하고 공개적으로 공표할 만큼 노력을 기울이고 있다. 저자들이 근무하는 롯데그룹 역시 여성 인재 활용을 더 적극적으로 독려하기 위해 정기 승진 시 여성 인재를 반드시 일정비율 포함하는 제도를 운영하고 있다. 롯데는 잠정적으로 여성 대상자의 승진율이 남성 대상자의 승진율보다 더 높아야 한다는 기준을 수년째 확고하게 지키고 있다.

일부 남직원은 그런 조치에 대해 자신들이 역차별을 받고 있다고 볼멘소리를 하기도 한다. 그런 사람들에게 해주고 싶은 말이 있다. 그렇게 오랫동안 일하겠다는 의지를 가진 여성 인재들에게 제대로 된 대우를 해주지 않고 그 반대급부로 남성들이 많은 혜택을 부당하게 누려왔으면 이제 여직원들이 회사가 변화했다는 사실을 받아들일 때까지는 수용할 것은 수용하고 내려놓을 것은 내려놓을 필요가 있다는 것이다. 이런 것이 바로 비정상의 정상화다.

저자는 이런 정책을 '마중물' 정책이라고 부른다. 옛날 시골에서는 상수도가 없어서 수동 펌프로 지하수를 퍼 올려서 사용했다. 그런데 가끔 그 펌프의 물이 지하로 꼬르륵 내려가버릴 때가 있다. 이럴 때에는 한 바가지의 물을 떠서 수도에 붓고 헛 펌프질을 몇 번 하면 진공작용으로 지하에서 물이 올라온다. 그런데 그 한 바가지의 물이 아까워서 수도에 붓지 못하는 사람이 있다면 평생이 가도록 지하에서 올라온 시원한 물을 맛 볼 수 없을 것이다. 지금의 롯데가 쓰고 있는 여성 우대정책은 바로 그 한 바가지의 물일 따름이다.

사실 이미 정치권과 공공기관에서 여성 인력을 적극적으로 유지하기 위한 제도적 장치로 의무할당제를 도입하고 있다. 우리나라는 비례대표 후보 중 여성을 50퍼센트 할당할 것을 의무화하고 있다. 국회의원 정원 299명(19대는 300명) 중 비례대표가 54석이고 그중 절반인 27석을 여성으로 채운다면 최소한 9퍼센트까지 보장되는 셈이다.

박근혜 대통령은 선거 공약 중 하나로 여성 일자리 정책에 대해서 다음과 같은 내용을 제시한 바 있다. 공공과 민간 부문에서 여성 인재 10만 명 양성, 공공기관 여성 관리자 목표제 도입, 여성 관리자를 확대한 민간기업에 인센티브 제공, 여성 인재 아카데미 설립을 통해 여성 리더 육성. 그런데 그러한 정책들에 대해 남성들이 역차별이라고 비판하는 목소리 또한 만만치 않다. 그러나 이것 또한 '마중물'로 보며 적극적으로 수용해야 한다.

1996년에 우리 정부는 '여성채용목표제'라는 이름으로 여성고용할당제를 처음으로 도입했다. 공무원 임용에서 여성 비율을 일정 수준으로 유지하도록 의무화한 제도이다. 이런 식의 여성할당제는 기존 남성 중심의 사회구조와 정치구조에서 실력만으로 여성의 사회진출이 어렵기 때문에 그 부분을 교정하기 위한 장치로 북유럽을 비롯해 많은 나라에서 이미 실시하고 있던 것이다. 이 제도의 도입이 발표된 직후에 수많은 남자 고시 준비생들이 역차별이라면서 반발했다.

사실 그런 반발은 이 제도가 처음 시행되다 보니 제도의 내용을 정확히 이해하지 못해서 생긴 것이다. 여성 합격자의 비율을 채우기 위해서 그만큼의 남성 지원자를 불합격시키고 그만큼 여성 수험생을 합격시키는 방식이 아니라 일정비율을 맞출 때까지 정원 외로 여성 수험생의 합격 수를 늘리겠다는 정책이다.

나중에 이 제도의 내용이 정확히 알려지면서 불만은 일시적인 헤프닝이 되었다. 그래도 많은 사람이 굳이 그럴 필요까지 있는가라는 의문을 가진 적이 있다. 단단히 화가 난 일부 남성 고시생들은 헌법소원까지 냈다. 이 재판에서 헌법재판소는 지난 1999년 12월 23일 다음과 같이 판결을 내린 바 있다.

"여성고용할당제는 잠정적 우대조치의 하나로써 종래에 사회로부터 차별받아온 일정집단에 대해 그동안의 불이익을 보상하여 주려는 조치이고 이것은 차별이라고 볼 수 없다."

헌법재판소조차 그런 제도를 '마중물'로 본 것이다. 그런 조치와 인내가 없으면 우리 경제의 미래는 없다. 유엔의 여성차별철폐협약에서도 그동안 여성들에 대한 차별로 여성 진출이 현저히 뒤떨어져 있는 분야에서 시행되는 여성고용할당제는 역차별이나 차별이 아니라고 천명한 바 있다.

정부에서 그런 마중물을 쓰고 나서 어떻게 되었을까? 최근에는 행정고시에서 여성의 합격률이 기존에 설정해두었던 목표수준을 넘어서는 정도가 아니다. 2008년부터 여성합격자가 50퍼센트를

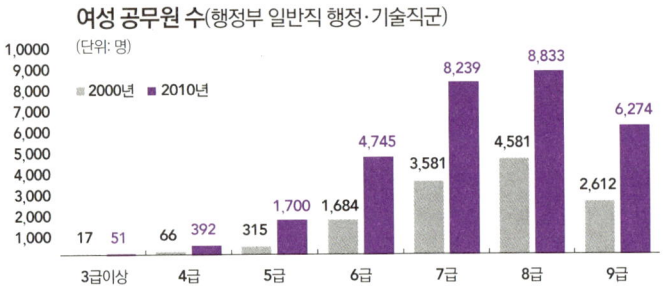

넘어서는 등 일부 공무원 채용시험에서는 여초 현상이 두드러지고 있다. 이제 이쯤 되면 할당제는 의미가 없어졌다. 시간이 흐르면서 마중물이 확실한 효과를 발휘한 것이다.

할당제는 비정상이 정상의 수준에 도달할 때까지 운영되는 한시적인 시스템이다. 2012년에 행정안전부 발표에 따르면 5급 이상 고위직 공무원 중 여성의 수가 지난 10년 동안 5배 이상 늘어난 것으로 나타났다. 최근 각종 고시에서 여성 합격자 수가 늘어났고 그에 따라 자연스럽게 고위 공무원에 여성 비율이 늘어난 결과다. 이에 따라 정부는 국가정책을 입안 추진하는 과정에서 여성의 역할이 커지고 있다고 설명하고 있다.

기업에서도 여성 인재를 육성하기 위해 목표할당제 등을 도입하면 일부 남성 인재가 역차별을 받는 것이 아닌가 하는 불만을 가지게 마련이다. 당연히 기존에 당연하다고 착각하고 누리던 것을 한 번에 내려놓는다는 것이 쉽지만은 않다. 그리고 여성의 인재풀이 작고 아직 적절하게 양성된 상태가 아닌데 할당량을 맞추기 위해 실력이 모자란 사람까지 끌어올리는 것이 아니냐고 할 수도 있다.

그러나 섣불리 역차별의 문제점을 얘기하기엔 우리는 지금까지 여성의 성장을 가로막는 장벽이 너무 높았고 그 결과 회사 내 임원과 팀장 등의 관리자 직책에 여성 인재의 비율이 지나치게 낮았다. 그런 점을 종합 고려하면 목표할당제야말로 '비정상의 정상화'를 달성하기 위한 가장 효과적인 방법이라는 생각을 지울 수 없다.

지금 왜 정부 부문에서만 여성 비율이 남성들보다 더 넘치는 것일까? 우리나라에서 가장 많은 고용을 창출하는 기업 부문에는 입사부터 암묵적인 여성차별이 있고 입사를 한다고 해도 유리천장이 워낙 두껍게 자리 잡고 있어서 깨기 어렵다는 인식이 만연하기 때문이다. 그래서 한정된 여성 인재 중에서 실력이 있고 우수한 자원들이 공정한 기회를 찾아서 정부 영역으로 몰리기 때문이다.

그리고 정부가 그동안의 노력으로 여성들이 장애 없이 일하고 성장하도록 배려하는 시스템을 완비해놓으니까 이제는 여성할당제의 도움 없이도 남성들을 정정당당하게 꺾고 입성하는 것이다. 이제는 기업 영역에도 채용뿐만 아니라 교육, 배치, 승진에서도 마중물 정책을 펼칠 때가 되었다.

그리고 기업 내부적으로도 아직 팽배해 있는 여성 인재에 대한 편견을 걷어내려는 지속적인 노력이 필요하다. 여성은 여전히 기업 내에서 소수자의 지위를 가지고 있다. 조직 내에서 비주류였고 여러 가지 장애를 극복하면서 근무하고 있기 때문에 주류보다 더 좋은 환경을 만들어주어야 한다.

여성 인재의 확보는 단순히 소수자에 대한 혜택의 관점이 아니라는 것을 또 한 번 강조하고 싶다. 회사의 생존과 발전을 위한 다양성 관리 차원에서 접근하고 이해해야 한다. 여러 고객 요구에 대응하고 다양한 사고와 배경을 가진 여성 인재들이 창의적인 상품과 서비스를 창출한다는 차원에서 접근해야 한다.

왜 여성이 성장하기 어려운가

기업에서는 여성이 조직 내 생활에 잘 적응하거나 네트워크를 확장하고 주변 사람들과 잘 어울리지 못한다고 오해하고 있다. 지금도 많은 회사 내에서 그러한 얘기가 나오고 있다.

그런 부분에 대해 기존 남성 관리자들이나 남성 동료는 '여성은 남성보다 원래 개인적이고 자기중심적으로 행동하는 경향이 있으며 조직 전체를 위해 희생하려는 생각이 적기 때문'이라고 생각한다. 특히 단체 회식이나 워크숍 때 그런 불만이 표면적으로 드러나는 경우가 많다고 한다. 그럼 왜 여성은 요즘과 같은 청년실업의 시기에 그렇게 어렵게 회사에 들어와서 적응하고 자체 네트워크를 만들어가는 데 적극적이지 않을까? 정말 여성이 '자기밖에 모르는 식'의 개인주의적 성향이 강해서 조직문화에 적응하지 못하는 것일까?

이 문제에 대해서는 좀 뒤집어서 생각을 해볼 필요가 있다. 그게 여성 자체의 문제가 아니라 여성을 제외한 회사의 나머지가 조성한 문제일 수 있기 때문이다. 저자들이 보기에는 여성이 조직 내에서 관계를 확장하고 넓은 네트워크를 가지지 못하는 이유는 무엇보다도 남성이 네트워킹에서 여성을 의식적으로 또는 무의식적으로 소외시키고 있다는 가능성이 높다.

어떻게 보면 남성은 멧돼지 사냥꾼들의 네트워크 방식에 여성들이 자발적으로 참석하도록 기대하는 것 같다. 그리고 그런 멧돼지 사냥꾼의 네트워크 방식에 익숙하지 못해서 못 들어오는 여성에게 "왜 관계를 확장하지 못하냐?"고 하면서 조금씩 배제하는 것일지도 모른다. 그러면서 쟤들은 원래부터 안 된다고 생각하는 것이다.

왜 이런 현상이 벌어지는 걸까? 사실 세상의 모든 사람이 자신과 유사한 태도, 가치, 경험을 가진 사람과 상호작용하려는 욕구를 가지고 있다. 왜? 그게 편하니까! 그래서인지 조직의 기득권자이자 중심적인 위치에 있는 남성은 비공식적인 상호작용 과정에서 자기와 유사한 남성을 선호하게 되고 자신과 다른 점이 있는 여성을 배제함으로써 지배적인 위치를 강화하려는 경향이 있다(Vinnicombe, 1998).

유유상종이라는 말이 있듯이 남성이든 여성이든 조직이나 단체에서 자신과 동성인 구성원과의 관계를 더 편안하게 생각하고 선호하는 경향이 있게 마련이다. 따라서 남성은 비공식적인 상호작용 과정에서 남성을 선호하게 마련이고 여성을 배제하게 마련이다. 한마디로 조직 내에 힘이 있는 남성 관리자들이 서로 다른 성향의 여성 부하를 만나면 소통과 협력을 위해 내가 바꾸려고 노력하기보다 약자가 바꾸기를 원하는 것이다. 이걸 좀 바꿔야 한다.

그런데 그게 말처럼 쉽게 잘 안 되는 이유가 조직 내 상호작용이란 게 상당 수준 개인들에 의해서 주도되는 비공식적 관계에 기반을 두고 있기 때문이다. 회의, 미팅, 프로젝트와 같이 공식적인 상호작용 과정이라면 시스템, 원칙, 기준의 변경을 통해서 회사가 어느 정도 바꿀 수가 있다. 하지만 개인에 의해서 주도되는 비공식적 상호작용이라면 회사가 나서서 문제를 풀기가 그렇게 쉽지 않다.

회사와 같은 조직생활에서 비공식적 네트워크, 비공식적 상호작용이 얼마나 중요한지는 굳이 말하지 않아도 누구나 다 아는 것이다. 그런데 남성이 회사 내에서 소수인 여성을 비공식적 관계에서 비의도적으로 소외를 시키고 있는 것이다. 아마 이 말에 대해서 많은 남성은 선뜻 공감을 안 할 것이다. 최소한 본인은 안 그렇다고 강변할 것이다. 정말 그럴까?

회사에서 비공식적 관계가 이루어지는 장소나 시간을 한번 살펴보라. 가장 대표적인 사례는 회사 내 다수인 남직원들이 담배 피우는 장소에 모여서 회사와 관련한 이야기나 정보를 주고받는 것이다. 그 장소에 여성들은 사실 거의 끼지를 못한다.

아직 회사 내에서 주류인 남성끼리 그 장소에 모여서 여성들을 배제한 채 많은 정보를 교환하며 관계를 돈독하게 강화하고 있다. 그리고 요즘은 금연빌딩이 일반적이라 하루에도 몇 번씩 그 장소에서 회합한다. 쇼핑을 갈 때 혼자 가는 여성이 없듯이 담배 피우러 갈 때 혼자 가는 남성 또한 없다. 꼭 누군가와 같이 나간다.

또 흔히 회사 업무의 연장이라고 하는 회식장소에서 벌어지고 있는 일들을 한번 보자. 아직도 우리나라의 회식문화는 부어라 마셔라 하는 문화가 지배적이다. 또 그 회식이 1차에서 잘 끝나지 않는다. 2차, 3차까지 이어지는 경우가 많다. 그건 도저히 여성 인재들이 소화하기 어려운 과정이다. 소주에 폭탄주를 돌리면서 술을 마시고 다시 술이 사람을 마시면서 뭔가 수많은 이야기를 주고받는다.

그렇게 몇 번의 회합을 통해서 형님 동생이 되고 가끔 과도하게 마셔서 다음날 오전까지 정신을 못 차리는 지경까지 간다. 그리고 오전에 게슴츠레하게 풀린 눈으로 서로 마주 보면서 동병상련을 느끼며 강한 동지애를 쌓는다. 당연히 점심으로 해장국을 같이하면서 어제의 멧돼지 사냥 추억을 곱씹는다. 물론 술에 과도하게 취해서 맺은 도원결의가 아침에 일어나서 생각하면 낯깎이는 치기로 생각될 수 있지만 그것이 몇 번씩 반복되면 이야기가 달라진다.

그런 문화에 여성이 들어가서 자리하기는 쉽지 않다. 남성은 그런 회합을 반복하면서 자신들의 네트워크를 자연스럽게 확장해 나간다. 그렇게 옛날부터 내려오는 전통적인 네트워크 확장방식이 있으니 별도의 방식을 만들지 않는다. 당연히 선임이 되고 고위직이 되면서 주말에 골프를 같이 나가는 새로운 네트워크 확장 방식이 추가된다. 이 골프 하는 방식도 여성에게는 어느 정도 어려움이 있는 방식이다. 그게 기본적으로 멧돼지 추격 방식을 모방한 스포츠이고 주말마저 아이와 가족을 놔두고 필드로 나가기에는 여성에게 부담스러운 것이 많다.

혹시 여러분은 가장 맛있는 짜장면이 어디서 먹는 것이라고 생각하는가? 롯데호텔 중식당? 나는 하지 않아서 모르겠지만 많은 남성들은 당구장에서 먹는 게 제일 맛있다고 했다. 지금은 그런 관행이 완전히 없어졌지만 얼마 전까지만 해도 남자 동료끼리 점심시간에 짬을 내서 당구장에 가서 팀을 나누고 내기 당구를 한 게임 치면서 짜장면을 시켜먹고 오는 경우도 많았다. 그게 네트워크 확장과 단단한 동지애의 구축에는 상당한 효과가 있다고들 했다. 요즘에 그런 짓 하면 혼나지만 그런 방식이 아직 남아 있다고 해도 여성 인재들이 끼기는 참 어려웠다. 그럼에도 지금도 남성들로 구성된 리그에 여성들이 끼어들기는 참 어려운 게 현실이다.

그럼에도 남성 팀장이나 동료는 여성인재들에게 회사란 원래 그런 곳이고 그런 것에 익숙해져야 한다고 은연중에 강요하고 있다. 그러면 여직원들도 남직원들의 넥타이를 빼앗아 머리에 묶고 노래방의 쇼파 위에 올라가 춤이라도 추면서 오빠 동생 할까? 아니면 막대사탕이라도 한 묶음 사다 놓고 남성 동료가 몰려나가서 담배 피우러 갈 때 하나씩 들고 나가 먹으면서 같이 수다를 떨까? 점심시간에 남성 동료를 꾀어서 당구장에라도 한번 갈까? 그럼 이제 남성들이 고유한 네트워크 방식을 폐기하고 여성에게 친화적인 방식으로 전면 전환할까? 그런데 그것도 역시 아닌 것 같다.

회사 내 여성의 비율이 늘어가다 보니 회식도 여직원들의 의견을 반영해서 가자고 과감하게 결정한 적이 있다. 그래서 회식을 패밀리 레스토랑에서 했다. 지금도 그날의 회식 분위기가 생생하

3장 미래는 여성과 함께

게 기억난다. 남자들은 시무룩하게 도저히 적응되지 않는 듯한 표정으로 앉아 있다. 반면 여직원들은 웃고 떠들면서 아주 신 나는 시간을 보내고 있었다. 그뿐만 아니라 여자들은 서로 이야기를 나누면서 자신들끼리만 아는 패밀리레스토랑에서만 쓰는 단어를 사용하며 대화를 하는 것이 아닌가?

결국 그날의 회식은 패밀리 레스토랑에서의 식사 후 남직원들만 따로 모여 포장마차에서 조촐한 뒤풀이를 하고 끝이 났다. 여전히 남성들의 머릿속에는 그런 것이 익숙하지 못한 것이다. 아직은 평행선인 것 같다. 그래서 기업과 남성 상사들이 여성 인재들에게 필요한 별도의 네트워크 기회를 의도적으로 만들어주려고 시도해야 한다.

그리고 분명한 것은 우리 모두를 위해서 기존의 방식을 좀 완화해야 한다는 점이다. 세계보건기구의 조사에 의하면 한국인들은 평균적으로 1인당 연간 14.8리터의 알코올을 마시는데 술 많이 마시기로 유명한 영국인이나 아일랜드인보다 많은 수준이다. 비유럽인 중에는 단연 세계 1위이다. 안 좋은 쪽으로 왜 이렇게 세계 1위를 많이 하는지 모르겠다.

한국인이 술을 잘 마시기로 유명한 것은 어제오늘의 일은 아니다. 서양 선원들이 한국에 막 도착하기 시작한 19세기에 있었던 일이다. 한국인들은 술자리에서 서양의 무식하고 체력 좋은 선원들과 대작해서 번번이 박살냈다고 한다. 그런 내용이 서양인들의 기록 속에도 남아 있다. 그래도 우리의 선조에게는 절제란 것이 있었다. 물론 당시에 우리 선조에게 절제가 없었다 하더라도 그렇게 가난한 환경에서 죽도록 마실 술을 살 돈도 없었겠지만.

우리 한국의 직장인들이 정신 나갈 때까지 퍼마시는 문화가 일반화된 것은 1960~1970년대 산업화 이후부터라는 것이 정설이다. 길고 고된 하루를 보낸 직원들에게 동료와의 회식은 한 팀으로서의 소속감을 강화하려고 일부러 도입된 측면도 있다. 당시에는 지나치게 긴 노동시간을 일했고 매일 밤늦게 퇴근을 하니 겨우 숨 쉴 방법이 퇴근 후 한잔이었다. 조금씩 경제적으로 숨 쉴 만해졌지만 삶의 즐거움이란 게 없던 그 시절 동료와 소주 한잔이 유익한 낙일 수도 있었다.

그러나 이제 그 회식은 종종 도를 넘어선다. 통계청 자료에 의하면 1983년에 사망자 10만 명당 494명이 간질환으로 인한 것이었다. 그런데 2009년에는 그 비율이 4,417명으로 늘어났다고 한다. 10년간 무려 10배나 늘어난 것이다. 경제적 여력이 되어 끝장 볼 때까지 마실 돈이 생기니 이런 사단이 난 것이다.

또 그런 점은 독특한 회식문화 외에도 동료와 함께 고주망태가 되는 것을 끈끈한 관계로 미화하는 분위기와도 강력한 연관이 있다.[49] 직장인의 음주문화가 간질환을 불러오는 문제만 있는 게 아니다. 그 와중에 상당한 파편을 남긴다는 게 문제다. 내가 직장생활을 하면서 만취한 상태에서 실수로 성희롱에 연루되어 망신을 당한 사람을 숱하게 많이 봐왔다. 다음날 오전의 근무집중도 저하는 말할 것도 없다.

앞으로 점점 여성 인재들이 많아지는데 제발 그런 짓 좀 안 하면 안 될까? 물론 지금까지는 한국인들의 끈끈한 관계에서 술자리가 접착제 역할을 해온 것이 사실이다. 그래서 혹자는 한국사회에서 가끔 하는 술자리 없이 어떻게 조직원 간의 팀워크가 강하게 구축될 수 있느냐고 묻는다. 아니 그렇다면 조직 구성원들과 좀처럼 술자리를 같이하지 않는 선진국의 대기업들은 거의 콩가루 수준의 팀워크를 유지하는 건가?

물론 우리가 부서원 간의 술자리를 완전히 없애자는 주장을 하는 것은 결코 아니다. 한국인의 특성상 아직은 술이 부서원 간의 관계에 아직도 상당한 역할을 하는 건 사실이다. 다만 '오늘 먹고 죽자'는 수준에서는 좀 벗어나자는 말이다. 그리고 여직원도 아직은 절대 술자리를 피해 다녀서는 안 된다. 남성과 여성 양쪽 다 한 걸음씩만 바꿔나가자는 말이다. 남성은 지나친 음주를 하지 말고 여성은 무조건 빠지려는 태도 버리기! 어떤가? 좋지 않은가?

우리는 지금까지 회사에서 여성에게 남성만의 문화와 묘한 네트워크에 알아서 들어오고 알아서 적응하기만을 요구하였고 그 속에서 살아남기를 강요하였다. 한마디로 지나치게 무식했고 이기적이었다. 그래서 여성 인재에게 정말 미안하다.

그러나 여성도 좀 바뀌어야 할 부분이 있기는 하다. 2009년에 글로벌 HR 컨설팅 회사인 머서가 미국과 유럽 등 47개 다국적 기업 여성 임직원을 대상으로 '직장 내에서 여성이 성장하기 어려운 이유'를 물어본 적이 있다. 응답자의 63퍼센트가 각종 정보 네트워크에서 소외되는 것이라고 답했다. 이 결과에서도 알 수 있듯이 여성이 남성만의 문화와 네트워크에 들어가기가 쉽지 않다는 것은 비단 한국의 문제인 것은 아니다. 선진국의 글로벌 기업들도 똑같은 고민을 하고 있다.

　사실 여성은 본성상 남성보다 훨씬 관계 지향적이다. 그리고 일반적으로 상당수의 남성 관리자도 여성이 더 관계 지향적이라고 생각한다. 그래서 여성 인재가 조직 내에서 관계 맺기를 어려워하지 않을 거라는 생각을 강화한다. 속설에 여성이 많은 곳에 남성 한 명이 들어가면 그 남성은 살아남지 못하지만 남성이 많은 곳에 여자 한 명이 들어가면 잘 적응해서 살아남는다는 말이 있다. 그런데 내 밑에 있는 저 녀석들은 안 그렇다. 그것참 이상하지 않나?

　국적을 막론하고 관리자들 대부분은 회사에 들어온 여성은 자기가 알아서 인간관계를 잘할 것이고 혹시라도 잘 적응하지 못하면 개인의 성격 탓으로 치부해버린다. 하지만 여성이 태생적으로 관계지향성이 높다 해도 남성처럼 성별이 다른 사람과의 관계에서 심리적인 거리감은 존재하게 마련이다. 조직의 주류인 남성이 여성을 비공식적 네트워크에 자연스럽게 들어올 수 있도록 환경을 마련해주려고 적극 노력하지 않는 이상 여성이 쉽게 네트워크 안으로 들어올 수 없다.

　그런데도 우리 기업의 남성이 지금까지 자신들만의 비공식적 네트워크로 들어오는 문을 열어주려고 적극적으로 나서지 않았다. 한마디로 귀찮기도 했지만 모르기도 했다. 그런 상황에서 여성은 조직에서 살아남기 위해서라도 여성끼리만의 비공식적 네트워크를 만드는 방법을 선택했다. 그러나 안타깝게도 그렇게 만든 여성만의 비공식적 네트워크 형성이 오히려 남성과의 관계에서 더욱 배제하는 문제를 만들게 된다.

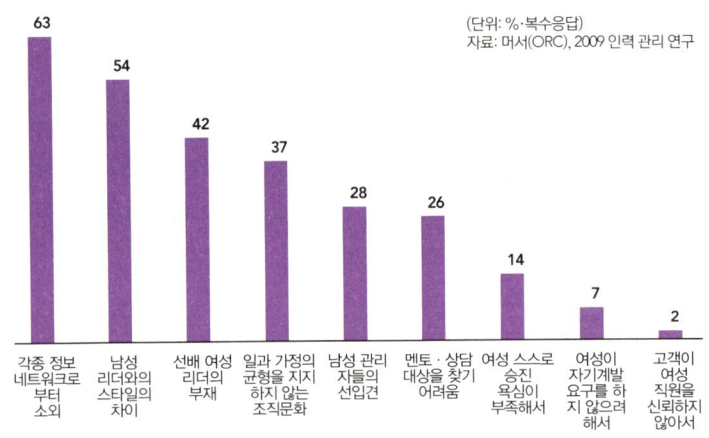

※ 미국·유럽의 47개 글로벌기업 중간 관리직급 이상 여성 임직원 대상 조사

　남성들의 눈에는 그런 네트워크 방식이 여성 동료끼리 몰려다니면서 카페에서 수다를 떠는 모습으로 보인다. 그걸 좋게 볼 남성 동료나 상사는 없다. 그리고 여성 직원은 아직 실무진에 많고 상위 직급에는 드물다. 여성끼리 어울리다 보면 한정된 여성 간부들 외에 실무진들끼리의 네트워크밖에 형성할 수밖에 없고 풍부한 조직 내 고급정보를 얻을 수 없다. 결국 고급 정보에 둔감해진 여성은 업무추진에서도 또 승진에서도 계속 남성보다 불리한 위치에 있을 수밖에 없게 된다.

　여성 인재에게는 유리천장뿐만 아니라 '유리벽'도 문제다. 유리벽은 주류 남성들의 비공식적 네트워크에 진입하지 못하도록 막는 투명한 벽을 말한다. 이것마저 깨야 한다. 회사가 아무리 여성 인재의 필요성을 강조하고 여성 관리자 육성제도를 만들고 시행한다고 하더라도 이 유리벽 문제를 적극 해결하지 못한다면 여성들은 조직의 핵심으로 들어오지 못하고 한정된 공간에 갇혀 있는 꼴이 되는 것이다. 바로 이것이 위쪽으로 막혀 있는 유리천장 외에 별도로 존재하는 남성과 여성 간의 '유리벽'이라는 장애의 정체다.

이 문제에 대해서도 여성들 스스로 나서야 한다. 특정한 목적 없이 단지 친목을 도모하는 바로 그 자리에서 한 팀이라는 유대감이 생겨나고 정보가 공유되며 새로운 아이디어가 흐른다. 바로 그 공간이 비공식적인 커뮤니케이션이다. 고객과 점심을 같이하거나, 회의가 끝난 뒤 소주를 한잔하거나, 내기당구를 치거나, 골프 회동을 하는 것이 모두 비공식적인 커뮤니케이션에 해당된다.

그런데 앞에서 늘어놓은 비공식적 커뮤니케이션의 방법은 모두 남성들 전용이다. 고위급 남성 간부 입장은 그렇다. 우리가 비공식적인 커뮤니케이션을 하면서 일부러 여성을 따돌리는 것이 아니라 보스의 보스의 보스 시절부터 있었던 행사와 관행을 계속하는 것뿐이라는 것이다.

그런데 이런 비공식적인 커뮤니케이션 방식은 육아 책임을 전적으로 병행해야 하는 한국의 커리어우먼에게는 대단히 난감한 일이 아닐 수 없다. 2014년 3월 8일에 OECD가 주요 29개국 남성의 가사 분담시간을 조사한 결과를 발표했다. 한국 남성은 육아와 집안일에 쏟는 시간이 하루에 45분밖에 되지 않는다고 한다. 당연히 꼴찌였다.

이것은 OECD 평균인 141분의 3분의 1에도 못 미친다. 중국

(91분), 일본(62분), 심지어 인도(52분)보다 적다고 한다.[50] 가족에게 필요한 가사노동시간이라는 게 정해져 있게 마련이다. 한국 남성이 그렇게 도와주지 않는다면 자연스럽게 여성이 맡아야 할 분량은 늘어난다. 그렇게 무겁게 다가오는 가사와 육아의 부담을 떨쳐버리고 과감하게 비공식적 커뮤니케이션의 장으로 뛰어들수 있는 여성이 얼마나 될까? 그런 부분을 이해하고 남성이 적극적으로 관행을 바꾸어야 한다. 이제 여성 인재가 조직과 직무에 몰입해서 장기적인 성과를 창출기를 원하는가? 그렇다면 유리벽도 깨버리려는 시도를 해야 한다.

여성 인재의 성장과 관련하여 또 하나의 문제점이 있다면 멘토가 부족하다는 점이다. 조직 내에서 성장하는데 멘토는 매우 중요한 요소 중 하나다. 조직에서 공식적으로 제공하는 학습과 성장기회 이상으로 중요한 것이 선배나 보스와의 개인적인 관계를 통해서 배우는 것들이다. 여성 신입사원이 많아지면서 조직 내에 여성 인력의 숫자는 점점 많아지지만 보고 배울 여성 보스들의 숫자는 아직 턱없이 적다. 멘토가 될 수 있는 간부사원이라는 것이 하루아침에 만들어지는 것이 아니기 때문이다.

간혹 있는 여성 간부들도 제대로 된 멘토 역할을 할 수 없다. 그들은 남성화된 조직 내에서 살아남기 위해서 남성보다 더 남성화된 존재로 조금씩 바뀌어갔기 때문이다. 그리고 그들이 엄한 시어머니처럼 구는 것도 문제가 된다. 자신이 그렇게 어려운 과정과 역경을 뚫고 왔는데 후배 여직원들이 고충을 말하는 것에 대해 한 마디로 '군기가 빠졌다'는 시각으로 보는 경향이 있다.

니네들이 어려운 건 나도 이해하지만 나처럼 당당하게 뚫고 올라오라고 기대하는 것이다. 시어머니에게 호되게 당한 며느리가 더 독한 시어머니가 되듯이 상당수의 여성 간부들은 무섭기만 한 상사가 되어버리는 것이다. 그래서 여성의 적은 여성이라는 말이 여직원들 사이에서 나오는지도 모르겠다.

사실 남성 상사들은 여러 가지 이유로 여성에게 멘토링을 하는 게 불편하다. 불편한 이유는 크게 두 가지가 있다. 첫 번째는 남성 상사들도 여성 부하가 익숙하지 않다는 점이다. 멘토링은 그 자체가 상당히 자발적인 동기를 필요로 한다. 어느 정도는 이야기하기에 편안하고 자신의 과거 모습을 떠올리는 그런 사람에게 멘토링을 하고 싶은 것이 인지상정이다. 남성 상사들을 생각해보라. 그들은 초등학교 이후에 남자 중학교, 남자 고등학교, 그리고 공대를 나올 경우처럼 인생 대부분을 남자뿐인 과정에서 성장한다. 그리고 여성이라고는 눈 씻고 찾아봐도 없는 군대생활을 마치고 입사를 했다. 그들이 입사한 후 함께 일하는 상사 중에는 여성이라곤 없었다. 그리고 동기 중에도 여성이 거의 없었다. 결국은 여성이라는 존재가 익숙하지 않은 남성 상사가 되는 것이다.

그래서 그들은 여전히 여성 앞에서는 쑥스럽고 어색하다. 자신의 어떤 행동 또는 부주의한 말 한마디가 여성을 화나게 하고 원하지 않는 감정적인 반응을 일으킬까봐 걱정하게 된다. 왜? 여성에 대해서 잘 모르니까. 이런 식으로 남성 상사가 여성 동료를 불편하게 느끼고 어떻게 대해야 할지 모르는 모호한 상태라면 일단 상호작용을 최대한 줄이려고 노력할 것이다. 자발적으로 다가서려는 시도 자체를 피하니 멘토링이고 뭐고 될 리가 없다.

두 번째 이유는 성희롱에 대한 두려움 때문이다. 우리 기업들은 법적으로 1년에 한 번씩 성희롱 예방교육을 받게 되어 있다. 그 내용인즉 직장 상사씩이나 되어서 성희롱하면 패가망신할 수 있으니 절대 조심하라는 무서운 이야기로 일관된다. 내가 무의식적으로 한 말이나 행동 또는 눈빛으로 인해 여직원이 성적인 불편함을 느끼게 되면 성희롱이다. 이 대목이 남성들에게는 본성상 잘 이해가 안 된다. 남자들끼리만 어울려 다니면서 음담패설을 즐기는 일상으로 살아온 중년의 남성에게 '성적인 불편함'이란 게 다소 생소하다.

그러니 내용 하나하나가 두려운 교육이 아닐 수 없다. 남성의 시각에서는 성희롱의 기준도 모호하고 상대방이 성적 불편함을 느끼는 상황이 구체적으로 어떤 것인지 멧돼지 사냥에 정신이 팔려 있던 세월 때문에 알 수가 없다. 그러니 차라리 아예 피하자는 쪽으로 결론을 맺는 경우가 많다.

그런 차원에서 보면 우리 기업의 성희롱 교육도 한 단계 성장해야 할 때가 되었다고 생각한다. 지금의 교육수준은 여성에게 성적 수치심을 줄 수 있는 행동을 하지 말라는 것이다. 이제는 직장상사 대부분이 그 정도는 안다. 알기는 아는데 사냥꾼 남성으로서는 여성이 성적 수치심을 느끼는 그 원리를 쉽게 이해할 수는 없다. 남성들의 눈에는 이것도 안 되고 저것도 안 되고 모든 게 안 된다는 식으로 받아들여진다. 그러니 이도저도 싫고 아예 피하고 말자는 쪽으로 기울어지기가 쉽다.

나는 이것이 우리 성희롱 교육이 가지고 있는 딜레마라고 생각한다. 강하게 밀어붙여 절대 못하게 하려다 보니 오히려 보이지 않는 공포심 때문에 멘토링과 비공식적 네트워크에서 여성들을 배제하게 되는 뜻하지 않은 결과를 가져왔다. 성희롱이나 추문이 걱정되니 아예 피하고 말자는 심리는 우리만의 문제가 아니라 서구의 남성 관리자들도 같은 것 같다.

그리고 여성들도 회사 내에서 남성 멘토를 구하고 남성 멘토에게 조언을 구하는 것을 주저하는 경우가 많다. 주위의 시선 때문이다. 우리나라 소위 말하는 막장드라마에 자주 등장하는 소재에 직장 내에서 어떤 여성이 성공하기 위해서 남성 임원이나 사장을 이용하는 장면이 간혹 나온다. 그러한 비현실적인 스토리 라인의 영향으로 여성은 남성 멘토에게 자주 찾아가서 조언을 구하다가 혹시라도 남들이 이상하게 볼까봐 부담스럽게 여기는 경우가 많다.

특히 멘토는 굳이 업무와 관련되지 않더라도 사회생활이나 직장생활과 관련한 조언을 구할 수 있는 관계임에도 주위의 눈과 귀가 무서워서 그 관계가 매우 제한적일 수밖에 없게 된다. 이런저런 이유로 여성이 멘토링을 통해서 인맥을 넓혀가고 필요한 조언을 구할 기회는 많지 않은 것 같다. 이런 문제는 우리만의 문제가 아닌 것 같다. 미국 로펌 변호사들을 대상으로 조사한 사례를 한 번 살펴보자.

• 여성 변호사의 53퍼센트는 여성에 대한 멘토링 기회가 없다고 답했다. 반면 남성 변호사의 21퍼센트가 여성에 대한 멘토링 기회

가 없다고 답했다.

• 여성 변호사의 52퍼센트는 여성이 비공식 인맥에서 배제되어 있다고 답했다. 반면 남성 변호사의 23퍼센트가 여성이 비공식 인맥에서 배제되어 있다고 답했다.[51]

이 데이터를 보면 미국 기업도 우리와 크게 다르지 않는다는 사실을 알 수 있다. 여성이 조직 내에서 멘토링 기회가 없다는 것은 특정한 문화적인 차이가 아니라 성 차이로부터 오는 것 같다.

혹시 면담이나 평가과정에서 여직원이 우는 상황에 봉착해본 적이 있는가? 나는 맨 처음에 그런 일을 당한 후에 한 마디로 혼비백산했다. 업무를 잘못한 게 있어서 다시는 그러지 말라고 눈에 불이 번쩍 나도록 혼내고 있는데 눈에 불이 번쩍하는 게 아니라 눈물을 주르륵 흘리는 것이었다.

너무 당황해서 진정하라고 말하고 잠시 쉬었다가 이야기하자고 달래고 내보냈다. 그런데 그런 식의 대응이 잘못된 것이라는 점을 시간이 한참 흐르고 나서 알게 되었다. 그런 경우 여성 인재들의 눈물은 분노나 두려움에서 오는 것이 아니라는 점을 한참 후에야 알았다. 여성 인재들이 그런 모습을 보이는 것은 대체로 맡은 일에 대한 열정에서 나오는 것이다. 자신이 기대하는 것만큼 못했다는 자괴심을 보여주고 더 열심히 하겠다는 시그널을 보스에게 주는 것이다.

그때 보스는 절대 당황할 필요가 없다. 휴지를 권해서 눈물을 닦게 하고 혼내는 이유는 화가 나서가 아니라 파트너인 너의 역량을 더 발휘할 수 있도록 하려는 것이고, 더 잘할 수 있도록 도우려는 것이라는 점을 강조하면서 격려하면 된다. 그러면 여직원은 그 말에 대한 대답으로 또다시 한바탕 눈물을 흘리게 된다. 그리고 눈물을 흘리면서 카타르시스를 느끼면서 나가서 더 열심히 한다. 남자들은 누구 앞에서 눈물을 보인다는 것은 패배이고 죽음과 맞먹는 치욕이지만 여성들은 커뮤니케이션의 방편일 때도 많다.

그런데 그런 부분을 이해하지 못한 채 한번 당하고 보면 진짜 황당해진다. 그리고 나중에라도 그 이유를 깊이 있게 생각하지 못한 관리자들은 여성 인재들을 혼내서 한 단계 더 성숙하게 만드는 노력 자체를 포기하게 된다. 여직원이나 울리는 한심한 상사라는 소리를 듣겠다는 두려움도 생기고 멘토링이고 뭐고 혼비백산해서 다시는 여성 후배에게는 코치조차 안 하려 한다. 물론 나도 내 여성 파트너들이 눈물을 흘리는 일이 없으면 좋겠지만 눈물 흘리지 않고 매일 그 자리에 머물도록 하는 것보다 매일 울리고 매일 성큼성큼 성장하게 하는 것이 더 좋은 일이라고 생각한다.

여성은 감정적이다. 그리고 그것을 부담 없이 표현한다. 그런데 남성은 안 그렇다. 여성이 보기에 남성은 지나칠 정도로 감정을 드러내지 않는다. 사실 남성도 여성만큼 감정적임에도 드러내지 않고 숨기는 것이 체질화되어 있다. 그리고 자신과 가장 가깝고 내밀한 사람에게만 털어놓는다. 반면 여성들은 감정을 숨김없이 표현하고 친구든 가족이든 똑같이 솔직하게 털어놓고 이야기한다. 여성이 바라는 것은 기쁨을 같이하거나 스트레스를 풀 수 있는 잠깐의 시간이다. 하지만 남성의 눈에는 그런 여성의 행동이 무슨 커다란 문제를 안고 있는 것처럼 보인다. 그리고 남성은 여성의 감정을 잘못 해석하고 "걱정하지 마."라고 말하며 즉시 해결책을 찾아주기 위해서 뛰어든다. 여성은 해결책 따위에는 전혀 관심이 없는데도 말이다.

남성은 감정을 폭발시키거나 드러내는 것이 자제력 있는 행동이라고 보지 않는다. 책과 영화에 등장하는 영웅적인 남성에 대한 이미지를 통해 매일매일 그런 성향을 강화시켜 왔기 때문이다. 두려움도 없고, 문제를 척척 해결하고, 어려운 상황에 봉착해도 불평하지 않고, 당당하게 역경을 마주하고 극복하는 소설 속의 영웅들이 오늘날의 조직 내 남성들의 롤모델이 되어온 것이다. 당연하게 남성과 여성의 뇌구조의 차이나 호르몬에 의한 화학반응 같은 생리적인 차이도 그런 것에 이바지한다. 그리고 오랜 초원생활을 거쳐 인류의 무의식에 잠재되어온 경험 등에 의해서 차이가 강화된다.

여성은 차분하게 여러 변수를 살펴보는 재능이 있다. 반면 남성은 미래를 내다보며 하나의 목표를 세우고 앞으로 질주하려는 본성이 있다. 어떻게 해서든 해결책을 찾으려고 애를 쓰는 것이 남성이다. 눈앞의 멧돼지를 그냥 놓쳐서는 안 되기 때문이다. 여성은 삶을 살면서 많은 역할을 담당하고 동시에 많은 일을 해내는 경향이 있다. 마주치는 각각의 상황에 대해서 적응력이 뛰어나다.

초원지대에 살 때부터 그랬다. 채집활동을 통해서 우리 가족들의 일용할 양식을 구해야 하고 가죽을 가공하여 의복을 만들고 아이를 양육하고 남성들이 가끔 사냥해오는 것들을 요리해야 한다.

그래서 다른 사람들을 이끌거나 팀원이 되어 일하거나 고객에게 설명하거나 아이를 키우고 시한폭탄과 같은 10대의 아이를 지도해야 하는 다양한 상황에 봉착해도 즉시 그 순간에 몰입하여 상대방의 감정에 동조하고 보조를 맞출 수 있다.

반면 남성은 하나의 역할만 하고 하나의 역할로만 살아가려는 경향이 있다. 남성으로만 살아가는 것이다. 가정이나 사회에서 언제나 침착하고 감정을 드러내지 말아야 믿음직스럽다는 이미지를 줄 수 있다고 생각한다. 그리고 필요할 때는 과감하게 뛰어들어 해결책을 내놓는 용기가 넘치는 강한 사람이 되어야 한다고 생각한다. 그런 유형이 진짜 남자라고 생각하기 때문이다. 그래서 성향이 다른 여성들과의 교류에서 한계를 느끼고 함부로 멘토링을 하겠다는 생각을 하기 어렵다.

그래서 회사는 여성들이 그 보이지 않는 유리벽을 열고 들어올 수 있도록 공식적인 멘토링 제도와 같은 문을 만들어주어야 한다. 여성이 기존 조직문화에 적응하도록 내부의 영향력 있는 멘토를 통해서 자연스럽게 기회를 만들어주어야 한다. 공식적인 멘토링 제도는 우리나라 기업에서는 신입사원이나 경력사원의 조직적응을 위해 주로 활용하는 제도이다. 하지만 신입사원뿐만 아니라 여성 등 다양한 대상으로 확대해서 운영할 필요가 있는 제도이다.

특히 여성들에게 멘토링을 운영하여 지원해주는 것을 공식적인 제도로 적극적으로 검토해야 한다. 앞에서 이야기한 바와 같이 남성들의 비공식적 네트워크에서 소외되는 여성들이 회사 내에서 영향력 있는 위치에 있는 사람들과 자연스러운 관계를 만들어가는 것은 매우 어려운 일이기 때문이다.

최근 국내의 많은 기업 현장에서 여성 간부 대상으로 사내 임원 또는 팀장과 매칭시켜주는 멘토링 제도를 시행하고 있다. 롯데그룹은 여성 간부들을 대상으로 하는 WOW**Way Of Women** 포럼을 통해서 자연스럽게 비공식적 네트워크가 형성될 기회를 제공하고 있다. WOW 포럼에 참가한 여성 간부들은 상호 간 필요한 정보를 공유할 뿐만 아니라 선후배 간 자연스러운 비공식적 멘토링이 이루어지기도 한다.

롯데는 2012년부터 매년 말 과장급 이상 여성 간부들을 대상으로 WOW 포럼을 실시하고 있다. 2013년에는 12월 8일에 잠실롯데호텔에 과장급 이상 여성 간부사원 600명이 모여서 여성 인재의 중요성과 경력개발에 대해 정보를 나누는 기회를 가졌다.

이 행사에는 매년 신동빈 회장과 현직 여성부 장관이 참석해서 여성 간부들을 격려한다. 물론 하루짜리 행사를 통해 대단한 노하우를 전수받을 수야 없다. 그러나 정부의 여성문제 최고책임자와 그룹 최고경영자가 그 자리에 참석하고 격려했다는 사실 자체만으로 여성 인재에게 강한 자신감을 주고 할 수 있다는 파이팅을 불러올 수는 있다.

아직 소수이면서 중요 정보에서 소외되기 쉬운 여성들이 누군가의 도움 없이 스스로 필요한 역량을 갖추기란 정말 어렵다. 여성도 회사의 제도적인 개입만 기대할 것이 아니라 멘토를 찾는 문제와 관련하여 좀 더 적극적으로 나서야 한다. 여성은 무엇보다 조직에서 자신을 도와줄 수 있는 후원자와 멘토를 찾을 수 있어야 한다.

신동빈 롯데그룹 회장이 2013년 12월 8일 잠실롯데호텔에서 열린 2013년 WOW 포럼에서 조윤선 여성부 장관과 '여성이 일하기 좋은 직장 만들기 MOU'를 체결한 후 참석자 대표들과 파이팅을 외치고 있다.

실제로 성공한 많은 여성의 이야기를 들어보면 한결같이 '멘토의 도움이 있었기에 오늘날의 내가 있는 것'이라고 강조한다. 한 예로 어떤 여성 관리자는 다음과 같이 멘토의 중요성에 대해 말했다.

"나의 멘토는 주요 인사들과 함께 모임을 할 때 나에 대해 좋은 말을 해주거나 그런 모임에 함께 참석할 수 있도록 초대받게 해주었다. 이런 과정을 통해 나는 회사에서 중요한 존재로 더 쉽게 자리매김할 수 있었다."

물론 조직 내에서 멘토를 찾는 게 쉬운 일은 아니다. 멘토와 멘티의 관계는 기계적인 것이 아니라 인간적인 것이기 때문에 더 그렇다. 즉 서로 간의 가치관이나 성격이 잘 맞아야 진정한 멘토와 멘티의 관계가 형성될 수 있다. 그래서 직장에서 중요한 역할을 하면서 인맥이 넓은 사람 중 자신의 성향과 잘 맞는 사람을 만난다는 것은 여성 인재 문제를 떠나 남성에게도 쉽지 않다. 그것이 어렵기 때문에 더 많은 노력을 기울이라는 것이다.

"누구든 의식적으로 멘토를 찾아야 합니다. 그 관계는 언제 이루어질지 모르니까요."

매킨지 컨설팅의 파트너를 지낸 낸시 카치는 계속 노력을 통해 자신과 잘 맞는 멘토를 찾으라고 강조한 바 있다. 나도 20년이 넘는 직장생활을 되돌아보면 몇 분의 정신적인 멘토가 없었더라면 지금까지 버티기가 쉽지 않았을 것 같다. 남자도 그런데 상대적으로 소수인 여성인 경우는 당연히 더 어려울 수밖에 없다.

여성 인재를 채용하기는 쉽다. 그러나 그들이 성장해가는 데 가장 중요한 자양분이 될 수 있는 것이 좋은 멘토링인데 지금과 같은 풍토에서는 정말 어려운 문제이다. 이런 상황에서는 회사는 제도적으로 멘토링을 제공해주어야 하고 동시에 성공한 남성 리더들이 여성 인재들의 멘토가 되도록 비공식적인 노력을 함께해주어야 한다.

그리고 여성 인재들은 어떻게 해서든지 자신을 도울 수 있는 멘토를 찾고 적극 '관계맺기' 노력을 기울여야 한다. 남성이든 여성이든 '우는 아이가 떡 하나 더 먹는' 법칙은 똑같이 적용되는 법이다. 가까이 오려는 노력을 기울이는 친구에게 마음을 열고 싶은 것은 누구에게나 똑같은 인지상정이다.

여성 멘토가 필요하다

여성 인재 육성에서 극복해야 할 장애물은 바로 여성 상사라는 말이 있다. 일부 여직원들 사이에서는 남성보다 여성 상사를 모시는 게 더 힘들다고 하소연하기도 한다. 여성 관리자들이 여성 부하직원들을 더 힘들게 한다는 이야기다. 흔히 여성의 적은 여성이라고 말하기도 한다. 혹자는 그러한 현상을 '여왕벌 신드롬'이라는 단어로 표현하기도 했다. 여왕벌은 벌집 안에서 유일한 절대 권력을 가진다. 절대권력을 가진 여왕벌은 자기의 왕국을 지켜줄 일벌과 번식을 위한 약간의 수펄만을 허용한다. 종족 번식을 위해 로열젤리를 먹여 여왕벌을 키우기도 하지만 이 여왕벌이 성장하게 되면 기존의 여왕벌과 새 여왕벌 둘 중 하나는 그 왕국을 떠나 독립을 한다. 한 왕국에 여왕벌 둘이 양립할 수 없는 것이 벌들이 살아가는 세상이다. 여왕벌 신드롬은 조직 안에서 인정받는 여성은 자기 하나만으로 충분하다고 생각하는 것을 말한다.

여성 리더는 그동안 자신이 독점해온 권력과 조직 내의 관심이나 선망을 다른 여성과 나누고 싶어하지 않는다. 그래서 새롭게 성장하는 여성 인재에게 까칠하게 대하고 훼방을 놓는다는 논리다. 여왕벌 신드롬이라는 용어는 1970년대 미시간대학 연구진이 실시한 '직장 내에서 여성의 승진율과 승진이 미치는 영향'을 연구한 논문에서 나오는 말이다.

1974년 『사이콜로지 투데이』에 실린 이 논문에서 연구진은 남성 중심 조직에서 성공한 여성들은 자기 외에 다른 여성이 조직 내에서 성장하는 것을 원치 않는 것 같다는 연구결과를 발표했다. 고위직으로 승진한 소수의 여성은 남성 중심의 문화 속에서 성장하고 나름 성공했기 때문에 남성처럼 권위를 유지하는 데 집착하게 되기 때문이라는 것이다.

그래서인지 오늘날 많은 여성 인재들이 여성 상사의 지원을 지레 포기하고 만다. 하지만 정말 그럴까? 그런 현상이 여성들 사이에서만 발생하고 남성 상사와 부하 사이에는 발생하지 않는 특이한 현상일까? 과거의 정치역사를 둘러봐도 그렇고 내가 조직에서 생활하면서 느낀 것도 그렇지만 자신의 위치를 위협할 정도의 강한 역량을 가진 2인자를 받아들여주고 더 나아가 키워주는 1인자는 절대 존재하지 않는다. 그런 2인자 신드롬이 여성에게 더 강한 걸까? 그것은 아닌 것 같다.

이 문제에 대해서는 이렇게 생각해볼 수도 있다. 지금까지 우리가 회사에서 일하면서 여성 관리자들을 경험해본 적이 얼마나 될까? 단언컨대 절대 많지는 않을 것이다. 조직생활 대부분을 남성 관리자들과 함께 일했을 것이다. 그러면 한번 되돌아보자. 지금까지 남성 관리자들과 일하면서 정말 나를 배려해주고 잘 코치해주어서 함께 일하는 것이 즐거웠던 상사는 몇 명이었을까? 아마 그런 경험은 많지 않을 것이다. 회사 내에는 많은 수의 임원과 팀장들이 있다. 그중에는 나에게 잘 맞아서 근무하기 편한 사람이 있는 반면 나에게는 정말 지옥과 같은 사람도 있다. 그러나 전자의 경우는 극히 소수다. 원래 직장상사란 존재가 그럴 수밖에 없다.

직장생활을 하다 보면 모시게 되는 상사가 이러저러한 이유로 바뀌게 되는데 그중 나에게 편한 사람을 만날 확률은 얼마나 될까? 확률은 매우 낮은 것이다. 직장 상사란 게 기본적으로 피곤하고 어느 정도는 나를 부당하게 대한다는 느낌을 주는 존재이다. 그야말로 가뭄에 콩 나듯이 괜찮은 상사가 있다.

남성 상사들은 워낙 숫자가 많으니까 그런 상사가 회사 내에 한둘씩 있게 되고 그 사람이 조직에 근무하는 대부분의 후배들에게 롤모델이 되는 것이다. 그런데 지금까지 회사 내 여성 관리자는 매우 드문 존재였다. 팀장급이라면 잘해야 한둘. 그리고 바로 팀장 그 여성들은 남성 중심의 조직문화 속에서 편견과 힘든 경쟁을 이겨내고 그 자리까지 올라간 사람들이다. 그들은 누구보다도 힘든 과정을 거치면서도 리더로 성장했다. 그 사람들은 기본적으로 제대로 코치를 받거나 교육을 받지 못한 경우가 많았다.

쉽게 말해 '좋은 관리자'로 육성될 기회가 많지 않은 상황에서 관리자가 되었기에 독한 여성 상사가 되었을 가능성이 높다. 또한 여성 관리자의 수가 매우 적어서 정말 존경받는 여성 상사를 발견할 확률은 남성에 비해서 엄청나게 떨어진다.

어쩌면 여왕벌 신드롬이 당연한 것처럼 받아들여지는 것은 회사 내에서 존경받을 수 있는 모범적인 여성 리더를 제시해줄 수 있을 만큼 충분한 수의 여성 리더가 부족했기 때문일 수도 있다.

앞으로 여성 관리자 수가 충분히 늘어나서 홍일점이라는 이야기가 과거의 유물이 되고 어떤 기업에서 여성임원이 나왔다고 언론에서 더는 주목하지 않는 상황이 되면 진정으로 존경받을 수 있는 여성 상사들이 상당수 생겨날 것이고 이 여왕벌 신드롬이라는 단어는 자연스럽게 사라질 것이다.

많은 사람들이 여성 간부는 리더십이 부족하다는 말을 자주 한다. 워낙 그런 말을 자주 듣다 보니 여성조차 자신이 리더십에 대해서만큼은 남성보다 다소 부족하다고 인정하는 경향도 있다.

"여자라서 마음이 여리고 독하게 굴 수 있는 부분이 부족하니까 남자보다 카리스마가 부족할 것이다. 또는 남자는 군대를 다녀왔으니까 아무래도 리더십이 더 뛰어나지 않을까."

그러나 이런 생각이 맞다고 인정하기에는 뭔가 찜찜한 면이 있지 않은가? 여자는 정말 부드럽기만 하고 지독한 근성이 부족할까? 그리고 정말 남자들은 군대를 다녀와서 리더십이 여자보다 뛰어날까? 만약에 그렇다면 우리나라처럼 군대를 의무적으로 가지 않는 나라의 남자는 우리나라 남자보다 리더십이 부족하다고 보아야 하는가? 진짜 그렇다면 미국 기업의 리더들은 모두 군대 안 가니까 우리나라 리더에 비해서 리더십이 부족해야 하는 것 아닌가?

또 리더십에는 수많은 유형이 있다. 꼭 강한 카리스마를 발휘하는 리더십이 있어야 성과를 발휘할 수 있는 것인가? 우리가 여성이 남성보다 리더십이 부족하다고 말할 때 남성 관리자보다 여성 관리자가 카리스마가 부족해 보인다는 말과 비슷한 의미로 사용한다. 우리가 남성보다 여성의 리더십이 부족하다고 생각하는 것은 회사와 같은 조직에서 필요한 리더십의 유형을 지나치게 제한적으로 생각하기 때문이다.

그런데 우리는 다른 한편으로는 모순적인 행동을 한다. 어떤 여성 관리자가 목표달성을 위해 강력히 업무를 추진할 때는 오히려 "지나치게 공격적이다. 너무 남성적이다." 또는 "여자가 너무 나댄다."라며 부정적으로 평가한다. 쉽게 말하면 회사에서 그 여성 인재가 성공하기 위해서 지나치게 집착하고 독하게 한다고 보고 좋지 않게 생각하는 것이다.

또 그러면서 반대로 여성 인재가 섬세하고 여성스럽게 일에 접근하면 뭔가 부족하고 강단이 없어서 중요한 일을 맡기기 어렵다고 평가한다. 도대체 어느 장단에 춤을 추란 말인가. 이런 식으로 여성 관리자의 리더십에 대해서 남성 관리자와 비교해서 일관되지 않고 이중적인 잣대를 들이밀고 있는 게 여성 간부에 대한 우리의 딜레마이다.

그런 복잡한 딜레마 속에서 많은 여성 인재는 카리스마 리더십을 발휘하려고 한다. 여기서 카리스마란 쉽게 말하면 남성 관리자들 못지않게 터프하게 행동하고 목소리도 시원시원하고 부하직원들을 강하게 질책도 할 수 있는 그러한 모습을 말한다고 볼 수 있다.

아마 지금까지 남성 위주의 조직에서 남성 관리자들을 롤모델로 삼아 벤치마킹을 하기 때문에 그런 심리가 생기는 것 같다. 또 여성들은 조직에서 살아남고 더 높은 곳으로 성장하기 위해 남성들보다 더 잘해야 하고 남성들보다 더 높은 성과를 내야 한다는 강박감을 가지기 때문일 수도 있다. 아마 여성들이 가장 듣기 싫어하는 말이 "여자가……." 또는 "여자라서……."라는 말일 것이다. 그래서 자꾸만 자신의 여성성을 부정하고 남성처럼 행동하는 것이다.

그래서 실력이나 직급으로 상대방을 억누르고 싶어하는 심리도 생겨나고 남성이 다수인 조직에서 그 다수인 남성과 같아져야 리더십 발휘가 쉽다고 생각하는 경향도 생겨났을 것이다. 실제로 현장에서 남성을 능가할 정도로 터프한 여성 관리자를 자주 볼 수 있다. 어떨 때는 여성이 정말 대단하다고 혀를 내두르게 할 만큼 강한 '카리스마'를 발산하기도 한다.

그런데 이런 관리자 아래에서 일하는 직원들은 남녀 불문하고 불만 수준이 높다. 그런 방식으로는 정작 부하직원으로부터 신망을 얻지 못한다. 세월이 아무리 흘러도 당연한 사실이 하나 있다. 아무리 능력이 뛰어나도 부하직원으로부터 신망을 얻지 못하면서 조직 내에서 장수하거나 최고경영자의 위치에까지 오를 가능성은 없다는 사실이다.

무작정 카리스마가 중요하다고 생각하는 것은 극히 위험한 발상이다. 오늘날에는 서번트 리더십이나 진정성 리더십의 필요성이 강조되기도 한다. 강하게 밀어붙이는 리더십은 이제는 남성에 있어서도 대세가 아니다. 그래서 본성에 걸맞지 않게 카리스마적인 리더십을 발휘하는 여성은 오히려 더 많은 거부감이나 부작용을 일으킬 수 있다. 그래서인지 오늘날 수많은 학자가 여성 리더가 명령적이고 권위적인 남성적 리더십 스타일을 취할 때 더욱 평가절하되는 경향이 있다는 사실을 지적하고 있다.

우리는 탁월한 리더나 영웅을 상상할 때 늘 전쟁에서 이긴 장군이나 위기에 처한 국가나 기업을 극적으로 회생시킨 리더를 생각한다. 극적이고 예외적이며 스토리가 재미있기 때문일 것이다. 얼마나 멋있는가? 적들을 한 방에 보내버린 장군이나 망하기 직전에 엄청난 결단과 묘수를 동원해서 조직을 살려냈으니…….

그런데 세상의 수많은 리더 중 그런 예외적인 상황에 부닥친 사람이 몇이나 될까? 세상에 모든 리더가 죽고 죽이는 전쟁에 임한 장군과 같은 처지에 있는 사람들일까? 특이한 비상시기에서 효과를 발휘한 그들의 리더십을 평시에 흉내 내면 어떻게 될까? 제2차 세계대전을 승리로 이끈 처칠이 전쟁 후에 똑같은 리더십을 발휘하다가 어떻게 되었는지는 여러분도 잘 알 것이다.

리더십이란 구성원들이 목표 달성에 몰입하도록 영향력을 행사하는 과정으로 흔히 정의된다. 카리스마로 하든 채찍으로 하든 돈으로 하든 그것도 아니면 설득으로 하든…… 전시의 목표, 비상시의 목표, 평상시의 목표는 다 다르고 통할 수 있는 리더십 스타일도 다 다르다. 그런데도 불구하고 수많은 영웅의 이야기를 들으면서 성장한 우리는 카리스마적 리더십을 가장 탁월한 방법으로 생각하는 우를 범하고 있다. 아무리 생각해도 그 방식은 아닌 것 같다.

그리고 많은 사람이 한국 남성은 아무래도 군대를 다녀왔으니 리더십이 다를 것이라는 생각을 한다. 어려서부터 영웅전을 읽으며 성장한 그들의 머릿속에 있는 탁월한 리더의 전형이 아무래도 군인이나 장군이기 때문에 그럴 수도 있다.

나는 그런 말을 들을 때마다 기분이 멍하다. 그래! 대한민국 군대가 특별하기는 하다. 아직도 국민개병제를 채택하는 국가는 이스라엘과 한국 수준이다. 그래서 지금껏 군 복무할 때 야전에서 빡빡 기면서 짬밥을 채우고 병장으로 전역하고 나오면 "리더십이 좀 생기는가?" 이 질문을 수도 없이 했지만 그렇다고 대답하는 직원들을 한 번도 못 봤다. 나도 군대를 당연히 다녀왔다. 더구나 빡세다고 소문 난 기갑부대에서 장교로 근무했다. 그래서 리더십이 좀 생겼냐고? 리더십? '인내심'은 좀 생겼을지 모르겠지만 리더십은 아니라고 본다.

우리나라 역대 대통령들을 좀 보라. 군사정권 시절을 빼고 군대 제대로 다녀온 사람들이 있나? 이승만, 장면, 최규하, 김영삼, 김대중, 이명박 그리고 현재의 박근혜 대통령은 여자니 어쩔 수 없고 군사정권 시절을 빼고 나면 유일하게 노무현 대통령만 군대를 다녀왔다. 그래서 그들이 군대를 다녀온 사람들보다 리더십이 부족하던가?

흔히들 가지는 오해 중에 이런 게 있다. 군대를 다녀온 친구들이 조직 적응력이 강해서 영업을 잘 할 거라고 말하는 것이다. 그게 정말 그럴까? 가장 힘들고 어려워서 영업의 꽃이라고 하는 보험 영업을 한번 생각해보자. 삼성생명을 포함하여 영업회사에서 매년 선정해서 포상하는 '판매왕'은 대부분 왕이 아니라 '여왕'이라는 사실에 대해서는 어떻게 생각하는가?

보험회사 대부분이 상황이 똑같다고 한다. 바로 이런 것이 가장 객관적인 증거다. 그런데도 판매와 영업은 군대를 무사히 다녀온 인내력이 필요한 남자만의 영역이라고 생각하는가? 나는 아직도 이해가 안 되는 부분이 자동차 영업이다. 거긴 왜 또 아직도 남자들만 모여서 그러고 있는지 이해가 안 된다.

사실 우리가 생각하는 '조직 적응력'이란 게 억울하고 서러운 일을 당해도 참아내는 '인내심'에서 한 걸음도 못 나가고 있는 것 같다. 이제는 우리도 상당한 경제성장이 이뤄진 선진국의 반열에 들어섰다. 그런데도 아직 고도성장기의 상황처럼 조직 내에서 발생하는 억울하고 서러운 일들을 꼭꼭 덮어놓고 '전진 앞으로'만 외치는 문화를 가지고는 더는 성장하기 어렵다.

군대생활을 이겨낸 인내심. 그런 건 우리가 과거 개발도상국에 머물고 있을 때의 사고이다. 오랜 시간의 격무에 시달리면서도 여기가 아니면 죽는다는 각오? 물론 그런 각오와 회사와 업무에 올인하는 태도가 이 자리까지 오도록 해주었다. 그런데 아직도 그게 유효할까? 그리고 정말 앞으로도 계속 그렇게 해야 할까?

남자처럼 일할
필요는 없다

한국인들은 엄청나게 오래 일하기로 유명하다. 최근 언론에서도 그런 부분에 주목하고 있고 이제는 바꾸어야 한다고 주장한다. 그러나 어이없게도 그렇게 오래 일하는데 인당 생산성은 선진국보다 상당 수준 떨어져서 문제라고 한다.

다음의 표를 보면 역시 한국의 직장인들이 정말 오랜 시간 동안 일을 한다. 2011년 기준으로 OECD 국가 중에서 가장 오랜 시간 일을 한다. 그래서 좀 억울한가? 그런데 그 오른쪽 칸까지 시야를 넓혀서 좀 보시라. 2000년 대비 노동시간의 증감 말이다. 무려 12.7퍼센트가 줄어들었다. 아래에 있는 다른 국가들의 감소율과 한번 비교해보라. 화끈한 한국인답게 줄여야 한다고 생각하면 노동시간도 화끈하게 줄이고 있다.

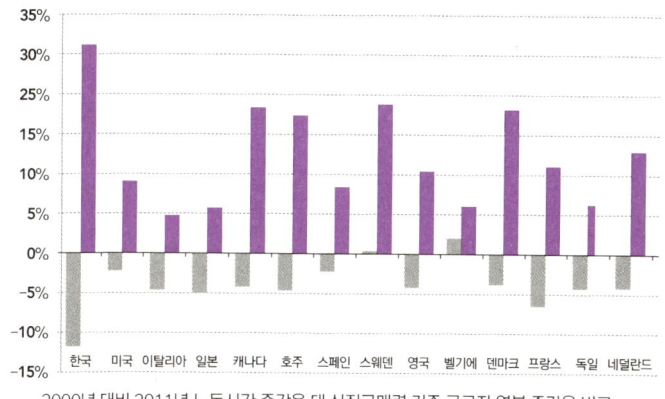

2000년 대비 2011년 노동시간 증감율 대 실질구매력 기준 근로자 연봉 증감율 비교

그리고 실질 구매력 기준 근로자의 연봉수준을 한번 보시라. 우리가 이탈리아나 스페인보다 훨씬 높다. 심지어 일본보다 높다. 그리고 또 하나 더 2000년 대비 연봉의 증가율을 보시라. 31.8퍼센트로 가장 가파른 속도로 증가하고 있다. 우리는 실질 구매력을 기준으로 근로자 연봉을 보면 이미 선진국의 반열에 들어와 있다. 노동시간은 가장 빠른 속도로 줄이면서 반면 월급은 가장 빠른 속도로 올리고 있다. 얼마나 좋은 국면인가!

"큰 회사보다 앞으로 커질 회사를 선택하라."

내가 취업을 고민하는 후배들에게 늘 하는 말이다. 지금 당장 어떤가가 아니라 앞으로 어떻게 될 것인가에 초점을 맞추어서 미래를 생각하라는 것이다. 현재 근로시간의 상태가 중요한 것이 아니라 변화의 추세가 중요하다는 것이다. 이런 속도로 노동시간이 줄어들고 실질 연봉이 올라간다면? 이렇게 10년 지나면 어떻게 될까? 우리의 삶은 당연히 좋아진다.

물론 내가 이런 이야기를 한다고 지금 우리의 근로시간이 적정하다는 것은 결코 아니다. 더 줄여야 한다. 그것도 많이 줄여야 한다. 대신 근로시간 내의 긴장 강도는 높여야 한다. 그리고 우리 사회는 이렇게 긴 노동시간 때문에 막대한 사회적 비용을 내고 있다는 사실을 기억해야 한다. 한국 노동자 중에 74.4퍼센트가 직업으로 말미암은 우울증을 앓고 있다고 한다. 엄청난 수준이다.

그래서 그렇게 긴 시간을 일하면서 생산성이 높은가? 역설적이게도 2010년도에 삼성경제연구소가 조사한 바로는 노동생산성(단위 시간당 업무성과)의 경우 한국이 OECD 30개 국가 중에 28위라고 한다. 한국보다 단위시간 생산성이 떨어지는 국가는 멕시코와 폴란드뿐이다. 이건 또 무슨 섭섭한 소리일까? 그래도 IQ 높기로는 이스라엘과 막상막하로 세계 1위를 다투고 있다. 또 하면 된다는 직무 전투력에서는 세계에서 따라올 국가가 없는데 노동생산성이 왜 이렇다는 말인가.

결국 문제는 양적으로 경쟁하려는 자세인 것 같다. 우리는 필요도 없는 보고서, 필요도 없는 일들을 계속 만들어내서 한다. 엄청 일 많이 하고 있다는 것을 상사에게 보여주고 싶은 욕구에 쫓기는 것이다. 아직도 많은 회사에서 일찍 퇴근하는 부하직원들에게 눈총을 주고 있다. 아니 퇴근시간이 훌쩍 지났고 일이 끝났는데도 부장이나 팀장의 눈치를 보면서 쭈뼛거리면서 퇴근 못하고 뭉그적거리고 있어야 하는 문화가 남아 있다. 이건 진짜 아닌 것 같다.

우리는 근로시간은 줄이고 근무시간 중의 집중도는 올리려는 노력을 경주해야 한다. 그게 정상이다. 그런데 이런 와중에 여성 인재들은 야근을 안 한다고 탓하는 게 맞는 걸까? 아니면 쓸데없이 낮에 딴짓하다가 저녁이 다가오면 본격적으로 전투준비에 들어가고 어두워지면 맹렬하게 일하는 일상이 정상인가? 당연히 낮에 맹렬하게 일하게 만들고 퇴근 시간이 되면 빨리 회사 밖으로 내몰아 버리는 노력을 하는 쪽이 맞다.

롯데는 2013년 12월에 있었던 WOW 포럼 때 여성가족부와 MOU를 체결하고 2014년부터 매주 수요일마다 그룹 전체가 '가족 사랑의 날'을 시행하기로 했다. 매주 수요일 6시만 되면 롯데그룹의 소속 전 사무실과 사업장에서 임직원들은 일제히 자리에서 일어난다. 바로 퇴근이다.

인사부서에서는 행여나 퇴근하지 않는 직원들이 있는지 순찰을 한다. 임원인 나도 눈치가 보여서 벌떡 일어나서 나와야 한다. 몇 번의 '가족의 날'이 계속되고 나서는 수요일 오후의 일상이 바빠졌다. 어차피 6시에 나가야 한다. 그래서 그전에 일을 끝내기 위해서 오후 시간대가 바빠지는 것이다.

상황이 그렇게 바뀌는데도 아직 더 오랜 시간 더 강한 인내심을 가지고 사무실에 머무는 사람을 우대해야 할까? 계속 우리 후배들에게 더 많은 인내심을 요구해야 할까? 롯데만 바뀌는 것이 아니다. 앞으로 습관성 야근과 필요도 없고 의미도 없는 일을 하는 조직에서 인재를 붙잡아둘 수 있을까? 우수한 인재들이 그런 조직에 입사하고 싶어할까?

이 이야기를 들으면서도 아직 여성은 야근을 안 한다는 생각을

한국경제   A 16 2013년 12월 19일 목요일 기업 & CEO

신동빈 "여성인력 육성 롯데가 앞장설 것"
〈롯데 회장〉

여성가족부와 업무협약
워킹맘 지원 제도 강화

롯데그룹이 여성 채용을 늘리고 '워킹맘'을 위한 제도적 지원도 강화, '여성들이 일하기 좋은 일터'를 만들기에 적극 나서기로 했다.

신동빈 롯데그룹 회장(오른쪽)과 조윤선 여성가족부 장관은 18일 서울 잠실 롯데호텔에서 열린 롯데 WOW(Way of Women) 포럼에서 '여성 일자리 창출과 여성이 일하기 좋은 직장을 만들기 위한 업무협약'을 맺었다. WOW 포럼은 롯데 여직원들의 리더십 포럼으로, 이날 행사에는 과장급 이상 여성간부 600여명이 참석했다.

신 회장은 "기업이 미래 경쟁력을 확보하려면 여성 인력 육성이 반드시 필요하다"며 "우수한 여성 인재들이 걱정 없이 일할 수 있는 근무 환경을 조성하는 데 롯데가 앞장서겠다"고 말했다. 조 장관은 "여성을 배려하는 롯데그룹의 정책이 확산된다면 여성 고용률을 높이는 데 가시적 성과가 있을 것"이라고 기대를 표했다.

롯데그룹은 매주 수요일을 '가족사랑의 날'로 정해 일과 가정이 양립 가능한 기업문화 조성에 나서기로 했다.

유승호기자 usho@hankyung.com

하는가? 아직도 그런 생각을 하는가? 야근을 피하는 여성 인재가 문제가 아니라 지나친 야근을 하는 우리 문화가 문제다. 우리가 이제는 개발도상국도 아니고 선진국 반열에 들어섰다. 이제는 진짜 스마트하게 일하는 방식을 도입해야 한다.

　미래학자인 존 나이스비트는 저서 『메가트렌드』에서 21세기 기업경쟁력은 3F에서 나온다고 주장한다. 그가 말한 3F는 여성 **Female**, 감성**Feeling**, 상상**Fiction**이다. 이 3F는 기본적으로 여성과 직접 관계가 있다. 그는 또 기업경영에서 리더십의 유형이 수직적·카리스마형에서 수평적과 통합형으로 변화하고 있다고 설명한다. 미래학의 영역에서 존 나이스비트와 양대 산맥이라고 할 수 있는 앨빈 토플러도 다음과 같이 전망했다.

"21세기 경제를 이끌어가는 것은 지식과 두뇌 그리고 정보의 힘이다. 그래서 고도 산업분야로 가속화되어 갈수록 점점 여성의 지위가 향상되고 여성의 리더십이 더욱 주목받는 시대가 될 것이다."

양대 미래학자뿐 아니라 학자들 대다수가 디지털 시대에는 여성의 섬세하고 소프트한 감성이 잘 어울리기 때문에 빛을 발할 수 있을 것으로 전망하고 있다. 세상은 그들의 전망대로 바뀌어가고 있다. 그런데 우리는 아직 "군대를 안 갔다 와서." 또는 "여성은 어려운 것을 못 참고 야근을 싫어해서."라는 이야기를 한다.

잭 웰치와 같은 냉철하고 카리스마 넘치는 경영자는 몇 사단에서 근무했을까? 통찰력과 카리스마가 넘친다고 평가받은 스티브 잡스는 병장까지 근무는 했을까? 미국의 대통령 버락 오바마는 어떤가? 군대는 안녕히 다녀왔을까? 분명한 것은 두 가지인 것 같다. 군대를 다녀오지 않았다고 해서 카리스마적 리더십이 없다는 건 말도 안 되는 억측이다. 다른 하나는 카리스마적 리더십의 효용이 점점 사라지고 있다는 점이다. 그리고 현장에서 여성들이 목표달성을 위해 강력히 업무를 추진할 때는 "지나치게 공격적이다. 너무 남성적이다."라며 부정적으로 평가하고 섬세하고 여성스럽게 접근하면 "일을 하기에는 너무 연약하다."라고 평가하는 틀 자체를 버려야 한다. 이런 딜레마가 결과적으로 조직에서 여성들의 자유로운 사고와 행동을 제한함으로써 보다 효과적으로 업무를 수행하고 성장해 나가는 것을 어렵게 만든다.

그리고 조직에 들어와 있는 많은 여성 간부 또한 카리스마 리더십을 갈망하는 문제를 타파해야 한다. 여기서 카리스마란 강력한 리더십, 똑 부러지는 언변, 남성 못지않은 터프함을 말한다.

'같은 조건이면 남자가 유리하겠지.' 하는 생각과 '남자들보다 몇 배는 더 잘해야 한다'는 압박감이 '강해져야 한다'는 생각으로 이어지는 것으로도 볼 수 있다. 그래서 실력이나 직급으로 상대방을 억누르고 싶어하는 심리도 생긴다. 그리고 남성이 다수인 조직에서 다수와 같아져야 리더십 발휘가 쉽다고 생각했을 것이다. 그런 걸 버려야 한다. 이제 여성 인재는 본성에 따른 리더십을 발휘해야 한다. 미래사회에는 그런 리더십이 통한다.

이화여대 강혜련 교수는 『여성과 조직 리더십』에서 "남성들은 '위협적인 여성'을 무의식적으로 배제한다."라고 지적한다. 다른 학자들도 여성 리더가 명령적이고 권위적인 남성적 리더십 스타일을 취할 때 더욱 평가절하되는 경향이 있다는 사실을 지적한다. 몇 년 전에 휴렛패커드HP의 CEO에서 물러난 칼리 피오리나의 표면적인 사임 이유는 실적 부진이었다. 하지만 실질적으로는 사임이 아니라 해임이고 해임의 사유는 지나치게 강한 리더십 스타일로 말미암은 이사회와의 갈등과 HP 기업문화와의 충돌로 보는 견해가 지배적이다.

『뉴스위크』는 2013년 3월 피오리나 HP 회장의 실책이 "딱딱한 회의와 강력한 사업계획을 선호했기 때문"이라고 보도했다. 재임 기간 '피오리나 스타일'은 경영진과 종업원 간의 격의 없는 대화를 중시하는 HP의 조직문화와 충돌을 일으켰고 직원들의 불만은 인터넷과 e메일 등을 통해 빠르게 퍼져 나갔다.

피오리나가 남성화된 조직문화에서 남성에게 효과적인 것으로 드러난 행동을 여성이 취할 때 그 여성은 오히려 불리한 상황에 놓일 수 있다는 것을 현실세계에서 제대로 입증해준 것이다.

여자 악동 신드롬 - 칼리 피오리나가 실패한 이유

지난 2005년에 칼리 피오리나가 휴렛패커드HP의 CEO에서 물러났다. 이사회의 강한 압박으로 불명예 퇴진을 한 것이다. 이사회는 피오리나가 주가 견인 실패 등의 책임을 물어 전격 사임시켰다고 언론에 밝혔다. 피오리나는 1999년 HP 역사상 최초의 외부 출신 CEO로 화려한 스포트라이트를 받으며 HP에 입성한 지 5년 6개월 만에 타의에 의해서 물러나게 되었다. 피오리나가 물러난다는 소식에 HP의 주가는 10퍼센트나 급등했다.

피오리나는 지난 1999년에 무려 800 대 1의 경쟁을 뚫고 HP의 CEO로 취임했다. 취임이 발표되는 순간 HP의 주가는 급등했고 언론은 HP의 CEO에 외부인사, 특히 여성이 취임했다는 사실에 엄청난 호들갑을 떨었다. 우리는 잘 이해하지 못하겠지만 미국인들이 HP에 대해서 가지고 있는 호감과 애착심은 말도 못한다. HP가 실리콘밸리 1호 벤처기업이기 때문이다. 한마디로 미국인에게

HP는 국민기업이다.

실리콘밸리의 한 차고에서 빌 휴렛과 데이브 패커드가 만든 계측기 벤처회사가 바로 HP다. 이 회사는 빈손으로 시작해도 아이디어와 열정만 있으면 얼마든지 성공할 수 있다는 '아메리칸드림'의 가장 강력한 증거가 되었다. 그런 국민 회사에 여성 CEO가 취임했다는 사실이 미국이 다양성을 존중하려고 노력하는 문화와 정책에 성공했다는 증거가 되기 때문에 당시 미국인들은 열광한 것이다.

사실 피오리나는 엄청나게 잘했다. 점차 관료화되고 보수화되고 있는 HP에 혁신을 주문하고 83개나 되는 사업부를 단순한 구조로 정리했다. 당연히 매출도 급증했다. 그녀가 사임하기 전해인 2004년도에도 순이익은 전년보다 38퍼센트나 상승한 35억 달러에 달했고 매출도 전년대비 9퍼센트나 상승한 800억 달러에 달했다. 그러나 그녀는 주가의 견인에는 실패했다. 그녀가 부임한 이래 HP의 주가는 정확히 반토막이 났다.

그리고 그녀는 조직 내에 적들이 많았다. 그리고 마지막 순간까지 피오리나가 HP의 조직문화에 적응하지 못했다는 점도 실패의 원인이었다. HP는 창업 때부터 민주적 경영, 임직원들에 대한 배려 등이 골간이 되는 HP Way라는 신념을 지니고 있었다. 한때 HP 이사회의 멤버들이 HP Way가 이제는 기업 성장에 장애가 된다는 생각으로 외부인사인 피오리나를 영입해서 구조조정을 꾀한 것이다.

그러나 그녀는 지나치게 멀리 가버렸다. 그녀의 독단적인 운영

방식과 지나치게 카리스마적인 경영 스타일은 이사회의 반감을 사서 결국 낙마까지 연결된 것이다. 한 마디로 그녀는 남자보다 더 터프했다는 것이다. 그런데 여성인 칼리 피오리나가 왜 남자보다 더 터프해졌을까?

1960년대에 미국은 평등과 관련된 변화의 도가니에 빠져 있었다. 흑백 간의 평등은 물론이고 소수자에 대한 평등, 성별 평등에 대한 논의가 수면 위로 올라와 수많은 시위와 주장이 연일 계속되었다. 그런 환경에서 1970년부터 대학을 졸업하고 사회로 진출하는 여성들이 폭발적으로 늘어났다.

당시에 성 평등에 관련한 이야기의 논점은 그런 것이었다. 남성과 여성은 똑같다. 똑같은 일을 할 수 있고 똑같은 사고과정을 통해 똑같은 행동을 하고 똑같은 결과를 이뤄낼 수 있다는 잘못된 믿음과 주장이 팽배했다. 그런 상황에서 여성은 자신도 모르게 본성에 맞지 않는 가식적인 행동의 길로 가게 되었다. 남성보다 더 남성같이 말이다.

극히 최근까지 여성들에게 제공된 모든 교육 프로그램이 남성 리더의 행동 모델을 기반으로 했다. 사실 여성은 남성과 다르다고 보고 여성에게 적합한 리더십 모형이나 행동 모형에 대해서 연구하거나 주장하는 행동은 그야말로 남성보다 더 터프한 페미니스트의 집중공격 대상이 되었기 때문에 학문적인 접근 자체가 어려웠다. 여성 간부들은 감정을 배제하고 차례로 문제를 해결하라. 신속하고 자신 있게 일방적으로 결정하라. 과업 중심의 목적 지향적인 사람이 되라는 유형의 교육을 반복해서 받았다.

결국 소수에 불과한 여성 리더들은 자신의 본성을 억누른 채 남성들이 하는 것처럼 터프하고 단호하고 끈질긴 리더로 바뀌어갔다. 적극성은 공격성으로 바뀌었고 소수의 여성 리더들 가운데 '여자 악당'이 생겨나기 시작한 것이다. 퉁명스러움, 비판적, 위협적, 신경질적, 통제 성향이 높은 사람들로 바뀌어 갔다. 그렇게 하는 것이 조직 내에서 훌륭한 사람이 되는 것으로 믿었다. 또 고위층에서는 사실 그렇게 바뀐 사람들을 발탁해서 더 높은 역할을 맡기면서 추세는 계속 강화된 것이다. 그리고 그 끝에 칼리 피오리나가 서 있는 것이다. 피오리나는 자신의 경력을 처음 시작했을 때부터 초지일관했다. 늘 최선을 다했다. 그러나 그걸 놓쳤다. 세상이 이미 바뀌었다는 사실…….

네트워크 능력도
실력이다

남성 직원은 여성 직원에 대해서 잘 이해하지 못하고 많은 오해를 하고 있다. 마찬가지로 여성 직원도 남성 직원에 대해서 상당한 오해를 하고 있다. 앞에서도 계속 언급했지만 여성은 남성 네트워크로부터 소외되는 경우가 많다. 그러나 알고 보면 많은 경우에 남성들이 작심하고 의도적으로 소외시키는 것이 결코 아니다.

남성들도 조직 내에 새롭게 들어온 여성 인재들이 많이 어색하다. 그들은 여성들에게 어떻게 접근해야 하는지도 모르고 어떻게 대해야 하는지도 잘 모른다. 그러니 주변을 쭈뼛거리며 배회하는 것이다. 그래서 여성 인재들이 자연스럽게 소외가 되는 것이다.

여성들도 친구를 사귈 때 당연히 편하고 마음이 맞는 사람들을 우선 고려한다. 그리고 마음이 맞고 편안한 친구일수록 자주 만나고 마음을 털어놓고 이야기한다. 그리고 나에게 편하게 해주고 나를 좋아하는 사람들을 먼저 고려하는 것은 인지상정이다. 이런 논리는 직장 내의 비공식적인 네트워크에도 그대로 영향을 미친다.

그래서 여성들은 자기를 네트워크에 끼워주지 않는 남성 동료가 먼저 다가오기를 마냥 기다리면 안 된다. 사실 남성들이 자기들끼리의 네트워크를 만드는 것은 일부러 그런다기보다는 여성들과 함께 있는 것이 익숙하지 않고 불편하기 때문인 경우가 많다. 같은 남성들끼리는 허물없이 하는 이야기도 여성 동료가 앞에 앉아 있으면 '이런 이야기를 해도 되는 걸까? 무슨 이야기를 해야 하지?'라는 복잡한 생각으로 두뇌 회로가 타들어간다.

당연히 남성 직원들 사이에 들어간 여성 직원들도 그렇지 않나? 의무적으로 임해야 하는 공식적 네트워크도 아니고 비공식적이고 사적인 네트워크에서 '그런 이야기 해도 되는 걸까?'라는 생각이 드는 친구와 자주 만나고 싶지는 않을 것이다. 상황이 이렇다면 당연히 여성들이 남성들에게 먼저 다가가야 한다. 목마른 사람이 우물을 파야 한다. 조직이나 회사가 그런 점을 고려해서 시스템적 개선을 취하기를 기다리다가는 목말라서 죽을 수 있다. 먼저 접근하라.

편안하게 어울리려면 무엇보다 공통의 화제를 찾아낼 수 있어야 한다. 어색한 침묵이 흐르지 않도록 다양하고 재미있는 이야깃거리와 정보를 제공해야 한다. 여성 인재들이 그런 노력을 통해 그 친구 정말 재미있는 사람, 유익한 사람이라는 평판을 얻을 수 있도록 노력해야 한다.

왜 그렇게 힘든 길을 가야 하느냐고? 그런 것 좀 회사에서 알아서 해주면 안 되느냐고? 그게 좀 그렇다. 생각처럼 쉽지 않은 게 그 네트워크가 비공식적인 네트워크이기 때문이다. 직장에서는 사람들과의 비공식적인 관계를 잘 형성해야 성공할 수 있다. 그 비공식적인 관계라는 것과 관련하여 재미있는 연구결과가 하나 있어서 소개하겠다.

1983년에 조직 행동론의 석학인 프레드 루선스가 수행한 연구결과이다. 그는 미국의 관리자들을 대상으로 하루 8시간의 근무시간 동안 어떤 업무에 얼마의 시간을 쓰는지를 조사했다. 그리고 일반적인 관리자, 승진이 빠른 관리자, 일은 잘하지만 승진이 더딘 관리자로 나누어서 그 시간 배분을 검토해봤다. 결과는 다음의 표와 같았다.

일반적인 관리자들은 의사 결정하고 계획 세우고 통제하는 전통적인 관리활동에 가장 많은 시간을 사용했다. 그리고 승진이 빠른 관리자들은 다른 사람들과 사회화하고 정치적으로 상호교류하는 네트워크에 절반 가까운 시간을 쓰고 그다음으로 공식적인 커뮤니케이션에 시간을 할애했다. 반면 성과는 잘 내지만 승진이 더딘 관리자들은 공식적인 커뮤니케이션에 시간을 많이 할애하지만 네트워킹에는 최소한의 시간을 할애했다.

그래서 이 연구결과가 시사하는 것이 무엇일까? 조직 내에 직접 관계없는 사람들과도 정치적인 네트워크를 잘 구축해놓은 사람이 빠르게 승진한다? 정치적 감각이 뛰어난 사람이 빨리 출세

(단위: %)

		승진이 더딘 관리자	일반적인 관리자	승진이 빠른 관리자
전통적인 관리 활동	의사결정, 계획, 통제	19	32	13
커뮤니케이션	정보를 교환하고 문서를 처리하는 활동	44	29	28
인적 자원관리	동기부여, 징계, 갈등조정, 배치, 교육훈련	26	20	11
네트워킹	다른사람들과 사회화, 정치적 상호 교류	11	19	48

한다? 아니다. 승진이 빠른 관리자들은 당장 업무관계가 없어도 평상시에 조직 내의 다양한 이해관계자들과 좋은 관계를 유지함으로써 업무에 필요한 다양한 정보를 취득하고 그 정보를 기반으로 회사 전체의 시각으로 자기가 담당하는 업무를 본다는 점이다. 그리고 특정한 이슈가 생겼을 때는 평상시에 잘 구축해놓은 관계를 활용하여 원활하게 업무협조를 구할 수 있다. 그래서 상대적으로 적은 시간을 투입하면서도 아주 높은 효과를 달성하는 것이다. 이 연구는 집단지향성이 높은 한국이 아니라 개인주의적 성향을 가진 미국에서 이뤄진 것이다. 만약에 이런 연구를 한국에서 실시한다면 결과가 어땠을까? 아마도 더 심각한 데이터가 나오지 않을까?

이런 데도 조직 내에서 비공식적 네트워크에 신경을 쓰지 않겠는가? 여성들은 특히 그런 부분에 대한 추가적인 노력이 필요하다. 남성 동료가 자신을 불러주고 끼워주기를 기다리지 마라. 먼저 나서서 다가가 만나라.

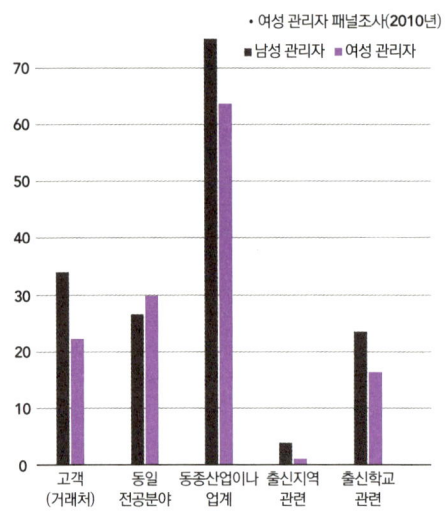

　　업무상의 네트워크도 마찬가지이다. 여성 관리자 패널의 조사결과를 한번 보자. 대외적인 네트워크의 전반에 걸쳐 여성 인재들이 약하다. 물론 한국에서 가사와 육아를 병행해야 하는 처지인 여성이 남성과 같은 네트워크를 형성한다는 것은 불가능에 가까운 일일 것이다. 그러나 고객(거래처)과의 관계나 동종산업이나 업계 사람들과의 관계에서 여성들이 특히 부족하다는 것은 분명한 사실이고 이런 사실이 여성 인재의 경쟁력에 마이너스 요인이 된다는 것도 분명하다.

　　이것은 회사나 정부에서도 어떻게 해줄 수 없는 부분이다. 여성 인재 각 개인의 노력으로 개선해 나가야 할 영역이라고 생각된다. 그런데 그게 참 안 되는 것 같아서 안타깝다. 요즘 대기업의 임원급이나 고급간부들은 대외 네트워크를 확장하는 방법의 하나로 주요대학에서 개설한 최고경영자 AMP 과정에 다니는 경우가 많다.

학교 측에서도 그런 네트워크 효과를 강화해주기 위해서 관계, 대기업 간부, 자영업 사장, 언론계 등에서 다양한 사람이 입학하도록 배려하고 있다고 한다. 기분 좋은 소식이지만 요즘에는 여성 인재도 많이 등록한다고 한다. 그런데 다소 섭섭한 부분은 이런 것이다. 최고경영자 동문회에 자주 참석하는 지인이 한 이야기이다.

"여성 동기들은 학교 다닐 때는 너무 재미있게 하고 서로 친하고 긴밀하게 어울리는데 졸업하고 나면 그걸로 끝이다. 모처럼 하는 동문회에 나타나지 않는다. 반면 남자들은 과정이 끝나고 나면 그때부터 본 게임을 시작한다. 학교 다닐 때보다 더 많이 연락하고 만난다. 이게 차이점인 것 같다. 남성들은 당장 필요가 없더라도 장기적 관계를 염두에 두고 보험을 들어두는 경향이 있다. 그런데 여성 인재들은 특정 네트워크에서 당장 얻을 것이 보이지 않으면 귀찮고 거추장스럽게 생각하는 것 같다."

그 지인의 말이 한국의 여성과 그들의 사회적 네트워크와 관련된 모든 것을 말해준다는 생각이 든다. 흔히 여성은 사내정치를 쓸데없고 피곤한 짓이라고 생각해서 피하려고만 한다. 사내정치를 피하는 것은 비가 오는 날에는 회사에 나가지 않겠다는 것과 같다. 좋든 싫든 지금도 사내정치는 이뤄지고 있다.[52] 사내정치라는 것을 나쁘게만 보면 안 된다. 사내정치는 직장에서 상황을 전개하는 방법의 하나다. 정부나 관계는 물론이고 학계나 심지어 교회에서조차 조직 내 정치적 관계가 형성되고 있다.

사람이 살기 위해 산소를 마시고 이산화탄소를 내뱉는 것과 유사하게 조직에서 정치는 필연일 수밖에 없다. 사내정치는 한마디로 특정한 조직 내의 관계방식이라고 생각하면 된다. 상사이든 동료이든 아니면 부하이든 간에 관계라는 것은 당신이 다른 사람에게 제공해야 하는 그 무엇이고, 당신이 다른 사람에게 원하는 것이 무엇인지를 명확하게 정의하는 데 울타리 같은 역할을 한다.

프레드 루선스 교수의 연구결과는 조직 내에서 탁월한 성과를 창출하고 주목을 받기 위해서는 내 위치를 뛰어넘어 조직 전체의 네트워크 구조를 봐야 한다는 점을 시사한다. 내가 맡은 일이 전체적인 회사의 관점에서 어떤 역할을 하는지 사장의 자리에서 조망하듯 거시적인 관점에서 보려는 자세를 가져야 한다는 말이다. 그런데 여성 인재들은 긴밀하게 흘러가는 사내 정보에 관심을 두는 것이나 인맥을 쌓는 일을 정치라고 판단해서 경시하는 경향이 강하다. 이런 오해를 버려야 한다. 이 점은 반드시 명심하라. 우리 시대의 직장인들에게도 정보와 인맥을 총칭하는 네트워크는 직장생활에서 가장 결정적인 요소라는 사실 말이다.

사라져가는 군대식 기업문화

여성 인재들이 남성 상사에 대해서 가지는 불만 중 하나가 특정 사안에 대해서 친절하게 설명해주거나 세세하게 지시해주지 않는다는 점이다. 남자 상사들은 한 마디로 무뚝뚝함의 극치라는 점이다. 그러면 여성 직원들은 상사가 혹시 자기를 싫어하는 것이 아닌지, 또 차별하는 것이 아닌지에 대해서 고민에 빠지게 된다.

그런데 그건 남성과 여성의 커뮤니케이션의 차이일 뿐이다. 누구의 말대로 남성은 방금 지구에 온 화성인이고 여성은 방금 도착한 금성인이다. 그만큼 차이가 있다. 남성은 화성 말로 여성은 금성 말로 이야기한다. 그만큼 표현과 대화의 방식이 다르다. 대부분의 남성 상사는 여성 상사보다 업무를 친절하게 설명하거나 피드

백을 잘 해주지 않는 특성이 있다. 그런데 이것은 '다름'일 뿐이지 여성 인재들을 무시하거나 차별하는 것이 아니다.

남성은 여성보다 비공식적이고 비언어적인 소통을 선호하고 암묵적 동의를 통해서 업무를 지시하는 경우가 많다. 이것을 나쁘다고만 볼 수 없다. 조직 내 상황에 따라 때로는 비공식적 수단이 더 빠르고 효과적일 수도 있다. 반면에 남성 상사는 여성 상사보다 후배를 신뢰하고 키워주려는 강한 유대감을 가지고 있다. 이것은 여성 상사보다 장점이라고 생각되는 부분이다.

뒤집어서 보면 남성 직원도 여성 직원과의 대화에서 불편한 점을 많이 느낀다. 흔히 남성은 절대 여성의 마음을 알 수 없다고 한다. 여기 여성의 이야기와 속마음을 소개하겠다. 이런 속마음은 남성이 절대 알 수 없다. 왜? 남성은 단순하니까. 남성은 결론을 딱 집어서 이야기하지 않으면 절대 알아듣지 못한다. 당연히 나도 마찬가지인 것 같다.

여성의 이야기 (속마음)
자기, 나 사랑해? (나 사고 싶은 게 생겼어.)
자기, 나 얼마나 사랑해? (나 오늘 사고 쳤어.)
나 화 안 났어. (나 지금 엄청나게 열 받았거든.)
맘대로 해. (하기만 해봐)
우리 이야기 좀 해요. (내 불만이 뭐냐면…….)

농담인 것 같지만 한국 여성이 가장 싫어하는 남성의 대화가 무엇인지 아는가? 아마도 순서대로 말하면 이럴 것이다. 세 번째는 축구 이야기, 두 번째는 군대 이야기, 그리고 첫 번째는 군대에서 축구 한 이야기. 여성은 군대 이야기와 축구 이야기를 그렇게 싫어하는데도 남성이 소주 한잔 마시면 왁자지껄하게 그놈의 군대와 축구 얘기에 빠져드는 이유가 무얼까?

군대 이야기를 가만히 들어보면 한국 남성은 모두가 혹독하기로는 특전사를 능가하는 부대에서 극적으로 생존해서 돌아온 전쟁 영웅들이다. 남성은 그렇게 빤하게 보이는 뻥에 빠져들어서 심취하는데 여성은 왜 그런 이야기를 극도로 싫어할까? 뻔하게 보이는 뻥이라서? 단순히 자신들은 군대를 안 갔다 와서?

군대생활과 축구의 본질을 가만히 생각해보라. 그거 완전히 멧돼지 사냥과 유사하다는 느낌이 들지 않는가? 멧돼지를 잡기 위해서 역할 분담을 하고 지휘계통을 정하고 일사불란하게 움직이고. 여기저기로 도망 다니는 멧돼지를 코너로 몰아가는 과정, 여러 명이 공을 패스해가면서 골대로 몰아가는 과정.

이제 느낌이 오는가? 남자들이 군대와 축구 이야기에 열광하는 이유가 바로 오랜 구석기 시대의 추억과 맞닿아 있기 때문이다. 남성들은 축구와 군대 이야기를 하면서 마치 신 나게 멧돼지를 쫓고 있는 환영과 상상에 빠져드는 것이다. 요즘도 수많은 남자가 조기 축구를 한다. 현대의 갑돌이들은 아침 햇살이 밝아오기 전에 일어나 동료와 공터에 모여 현대판 멧돼지를 경쟁적으로 쫓아다니며 공을 골대로 몰고 간다. 그리고 원시의 에너지를 발산하는 것이다. 한 골을 넣고 나면 환호성을 지르면서 카타르시스를 느낀다. 그래서 그렇게 골을 넣으면 돈이 생기나 밥이 생기나? 그런데 왜 그렇게 축구를 좋아하는 걸까. 그리고 꼭 보면 조기 축구를 끝내면 돼지고기 삼겹살이나 돼지고기로 만든 감자탕에 소주를 한잔한다.

물론 요즘에는 여성들도 축구와 야구 응원에 열광한다. 그러면 여성도 남성처럼 변해서 이제 멧돼지 쫓는 추억이라도 즐기게 된 걸까? 2002년 월드컵 당시에 발칙한 패션 차림으로 응원에 몰입하는 여성들이 많았다. 미친 듯이 응원에 몰입하다가 골이라도 들어가면 옆에 있는 모르는 사람들을 껴안고 발을 동동 구르는 여성들을 자주 볼 수 있었다. 그때 어떤 기자가 한 여성에게 그런 질문을 했다.

"축구 좋아하세요?"

"네 그럼요!"

"혹시 오프사이드라는 룰은 아세요?"

"아! 그런 거 몰라요. 비키세요. 화면 안 보여요!"

바로 여기에 진실이 있다. 그들은 게임의 상황에 몰입하는 것이 아니라 그 열광하는 분위기에 같이 몰입하며 '우리는 하나다'를 느끼는 과정을 즐기는 것이다. 다 같이 어울려서 노래 부르고 응원하는 그 분위기와 관계에 열광하는 것이다. 달리 말하면 경기에 몰입하는 것이 아니라 응원에 몰입하는 것이다.

반면 남자는 경쟁을 즐긴다. 남자들에게 회사일은 하루하루 새로운 판을 벌이는 스포츠 경기와 같고 점심시간은 하프타임이다. 축구도 그렇고 집단사냥도 그렇다. 결국 2 대 1로 우리 팀이 축구에서 이겼다. 혹은 오늘은 운 좋게 멧돼지를 한 마리 잡았다는 식으로 팀의 최종 성적이 나오지만 그 성과에 누가 결정적인 공헌을 했는가 하는 점도 드러난다. 골을 넣은 득점자나 골을 넣을 수 있도록 도움을 준 어시스트는 주목받게 마련이다. 마찬가지로 멧돼지 등에 돌창을 꽂은 사람, 멧돼지를 최초로 발견한 사람도 주목받게 마련이다. 그렇다 보니 팀을 이루어 승리를 위해 서로가 적극적인 협력을 하지만 주목받기 위한 내부 경쟁도 한다. 남성은 그런 것을 당연하게 생각한다.

회의할 때도 남자들은 서로의 말을 가로채는 데 익숙하다. 남자들은 경쟁할 것이 하나도 없을 때조차 경쟁하기 위해서 협력한다. 자신의 의견을 주장하기 위해서, 또는 다른 사람의 의견에 더 나은 아이디어를 덧붙이기 위해서도 끼어든다. 선수들이 골을 넣기 위해서 공을 앞뒤로 패스하며 필드를 내달리는 것과 비슷하다. 결국 남자들에게 회의실은 운동장이고 안건은 전술이며 각각의 결정은 득점이다.

그런데 채집생활은 확연히 다르다. 자두나 사과는 멧돼지처럼 도망가지 않는다. 협력하면서 공동으로 채집해도 전혀 문제가 없다. 오늘의 채집활동에 결정적으로 공헌하는 사람도 없다. 그러니 서로가 협력하고 도움을 준다. 그들이 두려운 점은 오직 하나다. 내가 채집집단에서 '왕따'를 당하는 것이다. 산모퉁이 지나서 새로운 자두나무가 있는데 다음 주가 되면 완전히 익을 것 같다. 그런데 내가 집단으로부터 왕따를 당하는 처지라서 동네 아줌마들이 몰래 자기들끼리 자두를 따러 가버렸다. 그러면 우리 가족의 그날 저녁식사는 부실해진다. 그런 차원에서 보면 왕따는 여성의 세계에서는 엄청나게 두려운 상황이다. 그래서 당시의 여성들은 집단으로부터 왕따를 당하지 않기 위해서 전력을 다할 수밖에 없다.

그런 본성이 이어져서 오늘날의 여성들은 어떻게 해서든 집단에서 따돌림당하지 않으려고 애를 쓰게 되고 자신이 왕따당하지 않는다는 사실을 확인하기 위해서 쉴 새 없이 '관계맺기'와 '수다떨기'에 나서는 것이다. 그래서 여성들에게는 당면한 성과도 중요하지만, 그 성과를 도출하기 위한 팀의 협력, 단결, 관계도 상당히 중요한 것이다. 오늘 비록 실패한다고 하더라도 내가 집단에서 외톨이가 되지만 않는다면 다음 기회가 또 있는 것이다. 사실 채집이라는 것이 그렇다. 앞에서 말한 것처럼 자두나 사과는 도망가지 않으니 오늘이 아니라도 내일 채집할 수 있다. 우리 집단의 팀워크만 깨지지 않으면, 내가 집단으로부터 왕따를 당하지만 않으면 큰 문제가 없다. 그래서 상대방에 대한 배려, 존중, 따뜻함이라는 장기적 관점에서 행동하고 접근한다. 그리고 하필이면 그런 본성이 오늘날의 기업에 꼭 필요한 자질이다.

반면에 남자들은 '머리로 넣든 발로 넣든 하다못해 엉덩이에 맞아서 빽사리로 넣든 골만 넣었으면 되지 과정에 대해 뭘 그렇게 고민하나?'라는 생각을 한다. 사냥터에 나선 남성들에게 오늘 발견한 멧돼지를 오늘 잡지 못하면 내일은 기회에서 멀어진다. 그러니 남성들에게 장기적인 팀워크고 뭐고 일단 멧돼지를 잡느냐 못 잡느냐가 가장 큰 문제가 된다. 그래서 오늘날의 남성 인재들에게는 당면한 최종 목표를 달성하느냐 아니냐에 모든 것을 거는 것이다.

이런 성향은 신석기 시대 이후에 본격화된 새로운 사냥인 '전쟁'

에 의해서 남성들의 머릿속에 굳어진다. 군대가 그렇다. 이번 전투에서 대충 져도 내일 열심히 싸워서 이기면 된다는 논리는 통하지 않는다. 오늘 이기지 못하면 내일도 없다. 그러니 오늘의 전투목표는 반드시 이기는 것에 맞춰지게 마련이다.

오늘날의 남성들은 역할을 분담하고 자기가 맡은 일에 집중할 때 제일 좋은 성과를 낼 수 있다고 생각한다. 그런데 우리 팀의 여성들은 질문이 너무 많아서 자꾸만 빠른 일 처리를 늦어지게 한다고 생각한다. 반면 여성들은 "문제가 있을 때 난 좀 더 이야기해서 사안을 침착하게 따져보고 상의하기를 바라는데 남성들은 나에게 관심을 주지 않고 얼른 결정을 내리려고 한다. 내가 이야기를 하고 있는데도 남성들은 컴퓨터에서 눈을 떼지 않는다"고 말한다.[53]

유사 이래로 10만 명이 넘는 조직을 일사불란하게 움직이며 특정한 목적에 몰입하게 한 조직은 군대가 유일하다. 어떻게 보면 현대에 접어들기 전까지 조직에 대한 이론과 지혜는 군대와 병법을 통해 발전해온 것이다. 요즘도 『손자병법』『오자병법』『삼도육략』과 같은 병법서를 보면서 거대 조직을 움직이는 방법에 대한 지혜를 얻으려는 사람들이 많다. 병법서에는 나름 비법도 들어 있다. 수천 년간 누적된 천재들의 지혜가 녹아들어 있기 때문이다.

그리고 300년 전부터 갑자기 대기업이란 것이 지구 상에 생겨나기 시작했다. 전작인 『어떻게 일하며 성장할 것인가』에서 이야기한 바 있지만 현대 대기업의 시작은 네덜란드의 서인도회사이다. 그런데 그 서인도회사는 동양의 향료를 포함한 상품 무역을 목적으로 설립됐다.

처음으로 서인도회사를 만들었을 때는 그 조직이 그렇게 폭발적인 속도로 성장할지 아무도 몰랐다. 결국 급격하게 커지는 조직을 관리하고 경영하기 위해서 전통적인 군대조직에서 아이디어를 얻을 수밖에 없었다. 심지어 서인도회사는 회사의 목적을 달성하기 위해서 회사 내에 군대도 보유하고 있었다. 이런 과정에서 당연히 전통적인 군대조직의 특성을 그대로 회사로 도입했다.

서인도회사의 성공을 본 서구의 국가들은 앞다투어 대기업을 설립한다. 그리고 그 회사들은 서인도회사의 조직구조와 운영구조를 그대로 베낀다. 그 이후에도 대기업들은 폭발적으로 거대해지는 조직을 효율적으로 움직이기 위해서 군대로부터 많은 노하우를 가져왔다. 사실 당시 갑자기 생겨난 대기업을 효과적으로 운영할 수 있는 노하우를 얻을 수 있는 곳은 군대밖에 없었다. 그 군대의 본질은 초원지대에서 매일 벌어지는 '멧돼지 사냥' 방식과 연결되어 있다. 결국 수많은 남성에 의해서 멧돼지 사냥 방법이 회사 조직 내에서 일 잘하는 방식으로 굳어진다.

더구나 우리나라는 이제 세상에서 흔치 않은 국민개병제를 운용하며 대부분 남성을 일정 기간 군대에 불러들여 효과적으로 멧돼지 잡는 방식과 문화를 전수한다. 그러니 한국 기업에서 여성들이 쉽게 적응하고 자신들의 방식으로 업무를 수행하면서 꿈을 이루기에는 얼마나 어려움이 많겠는가.

이제 현대기업에는 수많은 여직원이 입사한다. 그러나 그들이 몸담은 직장세계는 앞에서 이야기한 대로 멧돼지 잡는 남성들에 의해서 설계되어왔다. 그리고 주류인 남성들은 자신들에게 체질적으로 맞는 직장환경에 대해 변화의 필요성을 느끼지 못하고 있다. 회사란 것이 원래 생겨날 당시에 거의 모든 자리를 남성들이 차지하고 있었으니 전혀 이상할 것이 없다. 기업의 구조와 기능은 애초에 군대식 지휘통제 모델에 따라 만들어진 것이다. 결과적으로 의사결정, 개인 실적, 목표달성 등 모든 면에서 빠른 속도를 내야 보상이 주어지는 매우 경쟁적인 작업환경이 형성될 수밖에 없다.

군대 모델에서 기업 모델의 아이디어를 찾으려는 노력은 최근까지도 이어졌다. 1938년에 『경영자의 역할』이라는 책을 저술한 경영학의 모태라고 할 수 있는 체스터 바너드는 군대 용어인 전략Strategy을 기업 경영에 최초로 도입한 사람이다. 오늘날 경영전략의 아버지라고 불리는 이고르 앤소프도 미국 육군 산하의 랜드 연구소에서 6년 넘게 근무하면서 군대조직에서 통찰력을 키운 바 있다.

현대기업의 경영전략과 경영관리에 대한 이론도 군대라는 조직에 많은 빚을 졌다. 조직 내 인간심리를 연구하는 과정도 마찬가지이다. 가장 대표적인 영역인 '리더십'도 사실은 군대에서 장교나 장군을 선발(승진)하는 과정을 어떻게 운영할 것인가라는 측면에서 발전한 학문이다.

지금은 많이 주춤해졌지만 1990년대 중반까지만 하더라도 국내 모든 기업이 전역하는 장교들에 한정하여 인재를 모집하는 공채를 별도로 운영하고 있었다. 당시의 기업문화에는 방금 군에서 전역한 싱싱한 젊은 장교들의 자질이 필요했을 수도 있다. 그러나 전역장교에 대한 기업의 열광이 식어가고 장교에 한정하여 채용하는 프로세스가 사라졌듯이 현대기업 내에서 그런 자질의 필요성이 줄어들고 있다. 기업환경이 바뀐 것이다.

서인도회사가 세상에서 사라진 지도 오래이지만 그 이후에도 오랜 세월에 걸쳐서 남성들은 팀을 이끄는 리더십의 방안, 회의방법, 업무수행 원칙, 골프를 통한 사교 방법, 저녁 접대방법까지 자신들에게 맞도록 규칙을 발전시켜왔다. 그리고 우리는 그런 회사에서 최근까지 '남성과 여성은 똑같다.'라는 강요된 믿음에 기반을 두고 여성에게도 똑같이 기회를 주면 문제가 해결될 것이라는 잘못된 처방을 지켜왔다.

그동안 여성 인재는 남성에게 최적화된 위계조직에 적응하고 성장하기 위해서 남자같이 행동하는 방법을 택해야 했다. 사실 현대의 여성 인재가 느끼는 일과 삶의 스트레스와 불만족은 서로의 다름을 억누르고 똑같이 행동하려고 노력하는 데서 생겨난다. 그래서 여성은 회사에서 보내는 일상이 편안하지가 않은 것이다. 이미 적절성이 떨어진 과거 지향적 환경에서도 남성은 취업하면 빠르고 자연스럽게 기업에 적응한다. 반면 여성은 자신들의 타고난 성향과 어울리지 않는 매우 부자연스러운 세상에 들어서는 것이다.

평등한 기회와 보상은 매우 중요한 문제이다. 하지만 더 중요한 것은 여성 인재가 자신의 진짜 모습을 표현할 수 있는 것, 그리고 남녀가 똑같음을 강요하는 것이 아니라 아이디어, 결정, 리더십에 나타나는 남녀 간의 차이를 똑같이 가치 있게 여기는 것을 진정한 남녀 평등이라고 봐야 한다.

우리가 가진 가장 큰 장점은 서로 다르다는 것이다. 그 다름을 이해하고 받아들이는 것이 필요하다. 그럼에도 우리는 지금까지 남성과 여성이 다르다는 사실을 외면해왔다. 모르기도 했지만 서로에 대해 알려고 하는 노력 자체가 한 마디로 귀찮았던 것 같다. 그래도 그런대로 버틸 만했다. 남성들은 회사에 나가 자기들끼리 멧돼지를 잡는 방식으로 일하든 말든 여성은 가정에서 가사와 육아에 전념해도 살림살이에 문제가 없었기 때문이다.

문제는 오늘날의 환경이 급격히 바뀌고 있다는 점이다. 지난 30년간 우리의 일터와 세상에는 엄청난 변화가 일어났다. 소비자로서 여성의 선택권뿐만 아니라 정치 사회적인 힘도 세졌다. ICT 기술의 발전으로 변화와 경쟁의 속도로 광속이라 할 만큼 빨라졌다. 더구나 시장 자체도 국내에 한정되는 것이 아니라 세계화되었다.

지금과 같이 복잡한 비즈니스 세계에서는 산업시대에 효과적이었던 중앙 집중적인 계획이나 의사결정 모델의 유효성이 급격히 떨어지게 마련이다. 300년간 기업세계를 주름 잡았던 남성 우월주의적이고 카리스마적인 공격성과 일사불란함이 효과를 내기 어렵게 된 것이다. 더구나 젊은 세대는 평생직장이라는 개념 자체가 없고 조직에 대한 충성심도 없다. 군대식 위계질서 속에 "먹고 살아야 하니까." 또는 "돈 받고 일한다는 게 다 그런 거지."라며 꾹 참으면서 버텨주지 않는다. 수 틀리면 미련 없이 다른 곳으로 가버린다.

군대식 문화에 젖어 있던 기성세대의 입장에는 도저히 이해가 안 되고 한마디로 소갈머리가 없는 신세대로 보인다. 기성세대에게는 쉽게 회사를 옮기는 젊은 친구들이 군대에서 보스가 조였다고 때려치우고 적군에게 넘어가버리는 것처럼 보인다. 젊은 세대는 그것이 당연하다고 생각하고 기성세대들을 꼰대라고 생각한다.

일방적으로 지시하고 추궁하는 과거의 방식이 이제는 통하지 않는다. 그래서 이제 '협력적인 비즈니스' 관행과 신뢰가 중요해졌다. 이것이 국제화·정보화 시대에 더 적합한 방식이며 여성들이 가진 관계 본능에 더 가까운 개념이다. 최근에 코칭, 멘토링, 힐링이 왜 뜨는 것 같은가? 바로 세상과 시장의 변화 때문이다.

술자리에서
도망가지 마라

남성은 여성이 남성 위주의 산업이나 회사에서 일하고 싶어하지 않을 것이라고 생각한다. 회의를 시작하기 전의 스포츠 이야기나 남자들끼리 농담을 주고받는 것, 퇴근 후에 술 한잔하려고 모이는 것도 다 싫어할 것이라고 생각한다. 그래도 우리 기업문화와 사회도 많이 좋아지고 있다. 내가 처음 직장생활을 시작할 때 가장 무서웠던 것이 바로 저녁시간이었다. 사전 예고도 없이 퇴근시간에 "따라와!" 하는 말이 정말 무서웠다. 내가 하고 있는 일이 끝났는지 아닌지에 대해서 관심도 없고 그냥 "따라와!" 그리고 나는 그냥 끌려간다, 도살장에 끌려가는 소처럼.

내 주량과는 관계없이 마셔야 하는 분위기는 정말 고역이었다. 지금은 은퇴하셨지만 그분은 주특기가 젓가락으로 술잔 밀기였다.

안 마시는 후배들의 소주잔을 젓가락으로 쭈~욱 미는 것이다. 술잔이 테이블에서 떨어지든 말든. 그런 경우 재빨리 그 술잔을 잡아서 원샷으로 마셔야 했다. 그리고 다시 채워지는 술잔, 지루하게 반복되는 선임의 영웅담, 여름철 소나기 내렸을 때 그 장독 뚜껑 자기가 덮었다는 주장들, 그리고 간헐적으로 계속되는 젓가락으로 밀기!

그 다음 날 오전까지 이어지는 두통과 고통스러운 더부룩함. 그리고 또다시 저녁의 "따라와!" 나는 무엇보다 그게 제일 힘들었다. 술이 아주 세고 술자리를 오래 하는 선임과의 약속이라도 생기면 의도적으로 점심을 건너뛴다. 그리고 오후 4시쯤에 근처에 있는 보신탕집에 간다. 보신탕은 이미 끊은 지 오래지만 당시에도 그렇게 좋아하는 편은 아니었다.

하지만 하루하루가 죽을 지경이었던 당시에 그게 내 체질에는 제일 맞았던 것 같다. 어차피 저녁식사 테이블에 마주 앉으면 안주가 나오기도 전에 여러 순배 돌아갈 것이 뻔하다. 그 시간에 배를 든든히 채워두어야 그날 저녁에 생존할 수 있었다. 그리고 세월이 흘러서 이제 나는 임원이 되었다.

나를 술고문 하던 당시의 그 선배들보다 훨씬 높은 자리에 와 있다. 그런데 나는 미리 예고하지 않은 저녁 약속을 함부로 파트너들에게 제의하지 못한다. 내가 제의한다고 해도 파트너들이 전혀 미안해하지 않으며 자연스럽게 사전 약속이 있다고 거절한다. 나도 그런 거절에 섭섭해하지 않는다. 20년 만에 이렇게 좋아진 걸 보면 앞으로는 엄청나게 좋아질 것 같다. 이런 이야기 하면 무슨 강감찬 장군이 오랑캐 때려잡던 시절 이야기하느냐고 생각할 수도 있지만 술자리의 억압과 관련해서는 정말 좋아진 것이고, 앞으로도 더 좋아질 것 같다. 여성 직원들은 술자리가 완전히 없어졌으면 좋겠는가? 그러나 이 조사결과를 한번 보라.

"독일의 『슈피겔』 인터넷판에 따르면 영국 스털링대학 데이비드 벨스 교수팀이 1958년생, 당시 45세인 남자 1만 7,000명을 대상으로 조사한 결과 직장 동료와 '적당한 양을 규칙적으로' 마시는 사람의 수입이 술을 전혀 마시지 않는 사람에 비해 평균 17퍼센트 많았다.

또 술을 평균 이상으로 많이 마시는 사람은 전혀 마시지 않는 사람에 비해 수입이 평균 6퍼센트 많았다. 연구팀은 이 같은 결과에 대해 주점에서 술을 마시는 일이 상호 간의 신뢰감과 동료애를 강화시켜줌으로써 직업적 성공이나 승진을 촉진하기 때문으로 분석했다.[54]"

그런데 이건 어느 나라 이야기인가? 내가 이걸로 강의하면서 물어보면 대부분이 '독일' 이야기라고 하는데 다시 한번 읽어보라. 독일 신문에 나온 영국 이야기이다. 술자리의 문제는 어느 나라나 마찬가지인 것 같다. 영국이나 미국은 상당히 개인주의적인 문화를 가지고 있다고 정평이 난 국가이다.

홉스테드 교수의 비교연구결과에도 세상에서 가장 개인주의 성향이 높은 것으로 나오는 국가다. 그럼에도 저녁 술자리에 참석 여부가 개인적인 성취에 그 정도로 영향을 미친다면 생각해볼 문제가 아닐까? 영국이 개인주의적인 국가임에도 그 정도 수준이라면 집단주의 성향이 매우 강한 우리는 어떨까? 모르긴 해도 훨씬 더 심하지 않을까?

혹시 대학 시절에 '엠티'라고 하는 '멤버십트레이닝'에 참석해본 적이 있는가? 사실 그건 무슨 트레이닝을 받으러 가는 것과는 전혀 관계가 없다는 사실을 여러분도 잘 알 것이다. 밤새워 술을 많이 마시면서 집단적인 유대감을 강화하려는 행동이다. 돈이 없는 학생들은 민박집에서 큰방을 빌려서 라면을 먹고 모두가 뻗어버릴 때까지 맥주와 소주를 마신다. 다음날이 되면 깨질 듯한 머리를 붙잡고 사방에 시체처럼 널브러진 친구들 사이에서 눈을 뜬다. 엠티는 대학생활에서 중요한 부분이라서 관심을 보이지 않고 참가하지 않은 사람은 은연중에 왕따를 당하게 된다.[55]

나는 사실 그런 문화에서 대학생활을 했다. 그래도 이제는 대명천지가 되어서 그런 문화가 사라진 줄 알았다. 그런데 갓 대학에 입학한 아들이 '강촌'으로 엠티를 떠난다고 할 때 '아뿔싸' 했다. 그리고 나는 그다음 날 오후에 멀쩡하던 아들이 거의 좀비가 되어 집으로 돌아왔을 때 긴 한숨을 쉬었다. "아직도 멀었구나……."

세상이 바뀌어도 술자리는 계속될 것이다. 그리고 그 술자리에 자주 참석하는 사람이 사회적으로 유리한 자리에 서는 현상은 계속될 것이다. 여성 인재 여러분, 그렇다고 너무 좌절하지 마라. 앞으로 조금씩 좋아질 것이다. 지금도 엄청나게 좋아진 상태다. 그러나 여성 인재 여러분, 그래도 앞으로 좋아지리라 생각하며 기다리지만 말고 지금 상태에서도 적절한 수준의 적응은 필요하다. 특히 조직 내에서 고급정보는 술자리에서 많이 유통되고 있다는 사실을 늘 기억하라.

　가능하면 참석해야 할 술자리에서 빠지지 마라. 멧돼지를 한 마리 잡고 나서 신이 나서 자기들이 엄청나게 잘한 것처럼 무용담을 쏟아내고 자랑질을 해대는 축제에 매번 빠지면 그들과 한 팀이 아니라는 이미지를 만들 수 있다. 그런 멧돼지를 잡고 나서 벌이는 자랑질에 음주가무를 좋아하는 한국인의 특성을 고려하면 매번 빠지는 건 매우 곤란하다. 주량이 부족하면 칠성 사이다를 마셔라. 그러나 최소한 참석을 해서 자리는 지켜라. 그들이 한편이 아니라는 생각이 들지 않게 하라.

　우리 연구소에 이번에 여성 간부 한 명을 경력사원으로 뽑았다. 안타깝게도 또 미혼이다. 좋은 대학에서 석사까지 한 재원이다. 국내 최고의 기업에서 근무한 경력도 있다. 그럴 때 내가 화가 많이 난다. 우리 기업들이 지난 세월 동안 잘못한 것이다. 미혼이 아니면 남성 위주의 마초적 기업사회에서 부장급으로 승진할 기회를 제공하지 않았던 것이다.

　그래서인지 요즘 여성을 고급간부로 채용하려고 들면 기혼자는 거의 없다. 거칠고 남성 위주의 사회에서 살아남아 고급간부가 되려면 미혼일 수밖에 없는 사실이 가슴 아프다. 우리가 뿌린 대로 거둔다고 하지만 그런 사실을 생각할 때마다 속상하다.

　그 친구 키가 173센티미터라고 한다. 그런데 아무리 봐도 낮춰서 말한 것 같다. 더 큰 것 같다. 늘씬하고 당당한 친구이다. 그런데 그 친구가 면접장에서 나에게 술을 체질적으로 한 잔도 못한다고 고백했다. 다른 조직의 면접장에서는 '자살골'이 될 수 있는 자백이다. 나는 그 친구가 한국 기업문화에서 참 고생이 많았겠다는 생각이 들었다. 그래서 내가 이렇게 대꾸했다.

"롯데주류에서 들으면 섭섭한 이야기겠네요. 저는 전혀 문제없습니다. 다만 이것만은 약속하세요. 저녁시간대에 파트너들과 가끔 소주 하세요. 당신이 체질상 술을 못 마신다는 점에 대해서 양해를 구하고 칠성 사이다 한 병을 시켜서 소주잔에 따라서 건배하세요."

"그리고 보스인 나와도 가끔 하십시다. 당연히 나는 '처음처럼'이고 당신은 '칠성 사이다'입니다. 대신 절대 저녁 술자리에서 도망가지 않겠다고 약속하세요. 그 약속만 하신다면 문제없습니다. 저야 술값이 적게 들어서 좋죠."

이 친구 요즘 술자리에 한 번도 안 빠진다. 술자리에서 칠성 사이다 매출을 열심히 올려주고 있다. 그리고 그런 술자리를 매우 즐긴다. 나로서는 매우 감사하다. 세상이 이렇게 바뀌고 있으니 여성 인재 여러분, 절대 술자리에서 도망가지 마세요.

과정 지향적인 여성 vs.
결과 지향적인 남성

여성은 잘 굴러가고 있는 일에도 조금 더 나아질 수 있는 부분이 있다고 생각한다. 그래서 이것저것 반론과 의문을 던진다. 남성은 그런 모습을 보면서 여성은 늘 매사에 불만이 많고 말만 많다고 생각한다. 남성은 결국 멧돼지를 잡았는가 아닌가에 생각의 초점을 맞춘다. 남성들은 본능적으로 결과 지향적이다.

연애나 결혼생활에서도 마찬가지이다. 여성들은 이야기하는 과정을 즐기면서 그 과정을 통해서 관계를 돈독하게 한다. 그런 과정을 통해서 우리는 '남이 아니다.' 그리고 '나는 왕따를 안 당하고 있다.'라는 점을 확인하고 싶어한다. 반면 남성은 대화과정보다 해결책을 빨리 내놓는 것을 선호한다.

당연하지 않겠는가? 눈앞에 멧돼지가 지나가고 있는데 따따부

따 이야기할 게 뭐가 있는가. 빨리 의사결정해서 때려잡는 게 중요하지 않겠는가. 얼마 전 「응답하라 1994」라는 인기 드라마에 나왔던 남자와 여자의 차이점에 대한 에피소드가 있다. 여자친구가 머리가 아프다는 얼굴로 남자친구에게 이야기한다.

"새집으로 이사를 왔는데 페인트칠을 한 것이 다 안 말랐나 봐. 문을 닫고 있으려니까 머리가 깨질 것 같아. 그래서 창문을 열었는데 이번에는 매연이 들어와서 또 머리가 아픈데 어떻게 해야 해? 지금 머리가 깨질 것 같아."

그 이야기를 들은 남자친구 둘은 '창문을 열어야 한다. 닫아야 한다'를 두고 갑론을박한다. 그 논쟁을 듣고 있던 여자친구 둘은 속이 터진다.

남성인 당신! 그 남자친구들이 무엇을 잘못했는지 아는가? 솔직하게 나도 어쩔 수 없는 수놈이라 처음에는 뭐가 잘못되었는지 몰랐다. 여성이 원하는 정답은 그게 아니다. 문을 열어두는 것 혹은 닫아두는 것이 결론이 아니다. 예쁜 여자친구가 지금 두통으로 고통스러워하는데 병원을 가봐야 하는 것 아닌가? 지금은 덜 아픈가에 관심을 두어야 한다는 점이다. 여성은 남성에게 결론을 원하는 것이 아니라 자신이 소중한 사람이라는 느낌을 원하는 것이다.

남성동지 여러분, 내 이야기를 듣고 나니 머리가 복잡한가? 나도 매우 복잡하다. 이 대목에서 남성동지 여러분께 내가 인생의 작은 팁을 하나 드리겠다. 어지간하면 배우자를 직장으로 내몰아라. 당신의 삶이 편안해지고 싶으면 말이다. 한번 생각해보라. 관계 지향성이 강한 여성이 전업주부로 집에만 계시면 나중에 어떻게 될지. 아침 일찍 일어나서 어제저녁 고주망태로 들어온 밉쌩이 남편 먹일 북엇국 끓이고 수험생인 아이들 억지로 깨워서 한 숟갈 먹여서 학교 보낸다. 그리고 밉쌩이 남편 회사 보내고 나서 설거지를 한다.

그렇게 정신없는 아침시간을 보내고 난 후 커피 한 잔 마시면서 아침 드라마를 본다. 여러분은 요즘 아침 드라마가 어떤지 아는가? 어차피 아침 드라마라는 것이 전업주부들의 시선을 끌어야 시청률이 올라가기 때문에 막장도 그런 막장이 없다. 그런 거 보면서 분노하다가 눈물을 흘리다가…… 집 안 청소를 한바탕한다.

그러고는 친하게 지내는 동네 아줌마들과 모여서 남편 흉 보고 아이 자랑질하면서 수다를 한바탕 떨다가 마트에 가서 장을 보고 맛있는 반찬을 해두고 기다린다. 누구를? 당신을……. 오늘 있었던 소소한 일상들을 당신과 이야기하면서 관계욕구를 충족하기 위해서 말이다. 여성에게는 그 관계욕구라는 것이 삶의 가장 중요한 중심축이라는 것은 이 책에서 누누이 강조했다.

한편 아침 일찍 나와서 담당 임원한테 깨지고 쪼이고 거래처 만나서 아쉬운 소리 하고 부하들에게 잔소리 퍼붓고…… 녹초가 된 상태에서 스트레스라도 좀 풀어보려고 동료와 소주라도 한잔하고 피곤함에 절은 몸으로 집으로 들어온다.

이제 제2라운드가 시작된다. 온종일 팽팽하게 당겨진 활시위처럼 이야기할 상대를 기다리는 아내와 피곤함에 절은 남편의 한판 대결이 시작되는 것이다. 피곤해서 소파 위로 도망가는 남편과 집요하게 붙잡고 말을 거는 아내. 생각만 해도 피곤하지 않은가?

반대로 여성의 처지에서 생각해보자. 종일 기다렸는데 늦게 들어와서 술에 취해서 자꾸만 소파로 도망가는 남편, 나름대로 스트레스에 절어서 매사에 까칠한 사춘기 수험생 자녀, 누구도 내 말을 들어주지 않는 환경. 어느 날 중년 여인은 자신의 가슴이 뻥 뚫려 있다는 사실을 발견한다. 그리고 가을바람이 휑하니 그 구멍 사이로 들락날락하고 있음을 느낀다. 나는 이것을 개인적으로 '중년 여성의 공동화 현상'이라고 표현한다. 가슴에 구멍(공동)이 생겼다는 말이다.

"내가 남편 밥 먹여서 회사 보내려고 태어난 인생인가, 애들 학교 보내려고 태어난 인생인가 하는 억울함과 서러움이 북받쳐온다. 내 인생을 이렇게 만든 남편놈이 전생의 원수보다 더 밉다."

아이를 잘 키우기 위해서 전업주부를 한다? 좋은 말이다. 그러나 이것도 생각해야 한다. "아이의 인생이 소중하다면 엄마의 인생도 소중하다"는 사실 말이다. 그러니 어지간하면 아내를 회사로 내몰아라. 아니 회사가 아니라도 좋다. 뭔가를 하도록 계속 내몰아라. 그것이 아내의 인생을 위해서도 남편을 위해서도 최선의 방책이다. 그리고 한번 생각해보라. 그렇게 모든 사랑을 퍼부어 키운 당신의 딸이 세월이 흘러서 그렇게 남편과 아이를 위해서 자신의 인생을 희생하면서 살아도 좋겠는가. 이젠 제발 좀 세상을 바꾸어야 하지 않겠는가?

연애를 하든지 결혼생활을 하면서 남성이 절대 답을 찾을 수 없는, 그리고 가장 어려운 질문이 하나 있다면 아마 이것일 것이다.

"넌 뭘 잘못했는지 몰라. 뭘 잘못했는지 말해봐."

남자들은 애인이나 아내가 화를 내면서 이런 말을 하면 그 사태의 해결을 위해서 무조건 잘못했고 미안하다는 말을 한다. 결과 지향적인 본성이 나오는 것이다. 돌도끼로 때려잡든 돌창으로 찔러서 잡든 일단 멧돼지를 잡으면 된다는 본능이다. 과정이야 어떻든 일단 잘못을 인정하고 사과를 함으로써 사태를 종결짓겠다는 논리이다.

어떻게 보면 우리 기업에 만연한 '회식'이라는 것이 그런 성격을 강하게 가지고 있다. 어떤 목표를 달성하기 위해 달려오는 과정에서 반드시 생겨나게 마련인 조직 내 갈등을 미주알고주알 따져가면서 그게 아니었다는 식으로 해결하기 귀찮다는 것이다. 그냥 한바탕 때려 마시고 헤롱헤롱하게 만들어서 이성의 날카로움을 제어하고 '으싸으싸' 하는 분위기를 통해 잊어버리고 덮고 가자는 의도가 다분히 숨어 있다.

그런 과정을 통해 가슴 한구석에 남아 있던 동료에 대한 섭섭함이나 오해를 털어버리고 우리는 한편이라는 믿음을 강화하자는 의도이다. 그렇게 덮어버리고 새로운 과제에 도전하고 그러다 또 서로에게 섭섭한 게 생기면 또 한 번 때려 마시고 덮고 가는 것이다.

"수고했어. 고생했어. 내 마음 알지? 내 술 한잔 받아. 늘 고마워하는 거 알지……."

술자리에서 만연한 그런 이야기들이 바로 봉합용 접착제이다. 그런데 여성은 무조건 잘못했다는 결론이나 대충 덮고 가는 것을 원하지 않는다. 대화와 소통과정을 통해 문제를 해결하기를 원한다. 남성이 잘못을 반추하면서 하나씩 잘못한 점을 이야기하는 과정에서 응어리진 것을 풀고 더 단단한 관계로 한 걸음 전진하고 싶은 것이 여성의 마음이다. 그러니 여성 인재들이 갈등의 원인을 따져보지 않고 대충 덮으려고 하는 회식 자체를 싫어하는지도 모르겠다.

남성은 결과만 인정해줘도 충분하지만, 여성은 그것만으로는 충분하지 못하다. 남성의 세계에서 멧돼지를 쫓다가 미끄러져서 엉덩방아를 찧은 것, 돌도끼를 헛스윙한 것은 중요하지 않다. 결국 '잡았는가 못 잡았는가' 하는 점이 결정적으로 중요하다. 그러나 여성은 그런 과정을 하나하나 공유하면서 관계를 돈독하게 하고 싶다.

존 그레이 박사가 주도한 조사에서도 여성의 82퍼센트는 결과를 달성하는 데 들인 '노력'에 대해서 인정받고 싶어한다. 반면 남성의 89퍼센트는 자신이 거둔 '결과'에 대해 인정받고 싶어한다[56]고 한다. 남성들은 결과에 대해 인정받고 싶어한다. 과정이나 투여한 노력 자체가 아니라 자신이 맡은 일을 성공적으로 해냈다는 것이 중요하다. 성과급을 받고 인사고과를 잘 받으면 그걸로 되었다는 논리이다. 남성은 일하는 도중 누군가에게 관리감독을 받기보다 스스로 결정할 수 있는 자유를 원한다. 그래서 일이 망가지기 직전까지 누군가에게 도움을 요청하는 것을 극도로 싫어한다. 자존심의 문제이기 때문이다. 그리고 도움을 요청하지도 않았는데 누군가가 도와주겠다고 나서면 기분 나빠하는 게 남자라는 동물이다.

반면 여성들은 그 결과를 성취하기까지 거쳐왔던 역경 극복과정들을 알아줄 때 가장 인정받는다고 느끼고 흐뭇해한다. 그리고 앞에서도 이야기한 것처럼 관계 지향적인 경향이 강해서 다른 사람들에게 개인적인 관심을 두고 여러 가지를 물어봄으로써 자신의 관심과 배려를 보여준다.

질문하고 생각을 나누고 도움을 주겠다는 자신의 의지를 보여주는 것이 상대방을 인정한다는 표현이다. 그리고 다른 사람들도 자신에게 그렇게 해주기를 기대한다. 한 마디로 나도 너도 '왕따'가 아니라는 믿음을 주려고 노력하는 것이다. 그런데 그런 방식이 남성에게는 기분 나쁜 개입으로 비칠 수도 있다.

남자들은 경쟁적으로 움직인다. 협력과 팀워크를 유지하는 가운데서도 최대한 많은 공을 차지하려 한다. 어쩌면 남자들의 팀워크는 경쟁적인 스포츠와 비슷하다. 끊임없이 서로에게 공을 빼앗아 득점을 올리려 한다. 공을 빼앗아 달리고 점수를 따내 총 득점을 올리는 것이다. 남성들은 팀워크를 팀 스포츠와 비슷하게 생각한다. 경쟁하면서 협력한다는 말이다.

우리 팀은 당연히 이겨야 하고 동시에 골은 동료가 아닌 내가 넣어야 한다는 욕구에 휘둘리는 것이다. 회의 때도 상대방의 아이디어를 인정하고 칭찬해야 할 필요성은 없다. 난상토론을 벌이며 공을 패스해가면서 서로 더 잘해내려고 노력할 뿐이다. 그리고 게임이 끝나고 나면 서로 잘했다면서 등을 두드려줄 뿐이다. 하지만 마음속에는 다음에는 주전 경쟁에서 상대방을 꼭 이기고 말겠다는 투지를 불태운다. 우리 팀이 게임에서 이기는 것은 물론 당연하고 말이다.

여성은 새로운 자두나무 군락이나 사과나무 군락을 찾아내는 사람에게 공이 있다. 그리고 서로에게 그 정보를 나눠주는 사람에게 공이 있다. 결과적으로 누가 바구니에 자두를 가장 많이 채집했는지는 별로 중요하지 않다.

반면 남성들의 심리는 축구경기에 잘 나타나 있다. 최근까지 축구는 누가 공을 많이 가로챘는지를 계산하지 않았다. 누가 안정적으로 패스를 잘하고 드리블을 잘하고 공간 점유를 잘하는지를 계산하지 않았다. 지금까지 중요한 것은 누가 골을 많이 넣었느냐는 사실이다. 그래서 호날두나 메시 같은 공격수들의 연봉이 높은 것이다. 그다음에 그 공을 넣도록 도움을 누가 많이 했는가를 따진다. 누가 최종적으로 돌도끼로 멧돼지를 제압했는지가 중요하고, 그다음에 멧돼지를 저항불능의 상태로 몰아갔는지가 중요하다.

누가 적장의 목을 베었는지가 중요하고, 적의 성벽에 누가 깃발을 꽂았는지가 중요하다고 평가받아온 것이다. 남성은 스마트폰을 쓰며 친환경 하이브리드의 차를 몰며, 몸에 쫙 맞는 최신식의 슈트를 입고 비즈니스를 하는 지금의 환경에서도 여전히 돌도끼와 가죽 팬티를 입고 멧돼지를 쫓아 초원을 질주하는 본능에서 벗어나지 못하고 있는 것이다.

그리고 틈이 나면 저녁마다 모여서 소주잔을 들면서 내가 예전에 멧돼지를 도끼로 내리쳤다는 식의 성공담을 이야기하며 자신이 이바지한 공을 내세우며 하이파이브를 한다. 심한 경우 그런 성공담을 10년 동안 수십 차례 반복한다. 그게 남성들의 무의식 속에 자리 잡은 본성이다. 그리고 들었던 이야기를 또 들으면서도 보스들의 무용담을 처음 들은 것처럼 경탄을 반복하는 인내심 강한 파트너와 좀 더 깊은 관계를 형성해가는 것이다.

  채집 본능이 있는 여성은 팀의 일부가 되고 싶어하는 욕구가 강하다. 서로 협력하고 소통하고 새로운 관계를 맺거나 기존의 관계를 강화시킬 기회가 팀워크라고 생각한다. 내가 다음번 채집활동에서 왕따가 되지 않기 위해서 관계 유지와 확인에 열중하는 것이다.

  반면 남성들은 멧돼지를 잡기 위해서 사전에 분담된 역할에 최선을 다한다. 그 맡겨진 일들은 독립적으로 이뤄지는 것이다. 그들이 생각하는 팀워크라는 것이 그렇다. 성과를 달성하고 멧돼지를 최종적으로 포획하기 위해서 각자가 지켜야 할 행동방침을 분명히 하거나 조정하기 위한 활동이다. 따라서 빠른 속도로 의사결정을 하고 해산해서 각자가 독립적으로 자신에게 맡긴 역할을 충실히 수행하는 것이다. 그런 남성들에게 기존의 관계를 강화하거나 과정상에서 협력하는 것은 거리가 먼 이야기일 수밖에 없다.

절대 그만두지 마라

남성 상사들이 여성 인재에 대해서 가지고 있는 가장 큰 선입견이 그것이다. 사실 그런 선입견을 여러분이 산산이 깨줘야 한다. 여성 인재는 입사할 당시에는 매우 똑똑하고 열정적인데 시간이 흐르면서 서서히 열정이 식기 시작한다. 처음에는 회사 사랑 100점이던 사람이 결혼을 하고 가정이 생기면 회사 사랑은 60점으로 떨어지고 40점은 남편 사랑으로 전환된다. 아이가 태어나고 나면 회사 사랑은 당연히 0점이고 아이 사랑 99점, 남편 사랑 1점이 된다고 한다.

남자 직원들은 대부분 가족을 먹여 살려야 한다는 강박관념이 있다. 사회적으로도 가족을 부양하지 못하는 남자는 설 곳이 없다. 그러니 회사에 목숨을 건다. 어떤 설움이 있어도 그만두지 않는다.

그런데 여성 인재는 그렇지 않다. 일단 경제활동을 꼭 해야 한다는 강박관념이 없고 집에서 육아에 전념해도 사회적으로 문제 삼지 않는다.

그러니 작은 어려움이 있어도 도망갈 생각부터 한다. 그리고 어떻게 될까? 다음에 나온 대로 후회하게 된다. 대한민국을 살아가는 20대 여성의 후회리스트 5위가 '사표 낸 것' 그리고 30대의 후회리스트 4위가 '결혼 후 직장 그만둔 것'이다. 우리나라의 기업구조에서 사직은 쉬워도 다시 재입사하기는 쉽지 않은 것이 현실이다.

- 20대 여성의 후회 리스트
    1. 공부 좀 할걸
    2. 엄마 말 잘 들을걸
    3. 친구랑 싸우지 말걸
    4. 더 화끈하게 놀걸
    5. 사표 낸 것

- 30대 여성의 후회 리스트
    1. 공부 좀 할걸
    2. 이 남자랑 결혼한 것
    3. 전공 선택 잘 못한 것
    4. 결혼 후 직장 그만둔 것
    5. 부모님께 잘할걸

특히 아직 한참 어린 애가 있는 주부를 좋은 조건으로 채용할 의지를 갖춘 회사는 거의 없다고 봐야 한다. 여러분이 그랬든 말았든 문제는 남아 있는 남성 상사들이다. 그들은 여성 인재에 애정을 가지고 업무와 교육을 통해 잘 육성해서 이제 밥값 좀 하겠다 싶으면 회사에 대한 애정지수가 뚝뚝 떨어지고 그러다가 결국에는 그만두고 마는 걸 몇 번 겪었다. 그들의 마음이 어떨까? 몇 번의 배신 끝에 남은 것은 강하게 굳어진 선입견이다. 그리고 여러분의 후배들에게 엄청나게 큰 멍에 하나를 남기는 것이다.

이제 회사와 조직은 여성문제와 관련하여 바뀔 수밖에 없다. 그리고 지금도 매우 빠른 속도로 바뀌고 있다. 그래도 남은 것이 하나 있다. 바로 여성 인재 여러분의 생각이다. 손뼉도 마주쳐야 소리가 난다. 여성 인재들도 기존과는 달라졌다는 모습을 보여주어야 한다.

그러니 여성 인재 여러분! 죽어도 그만두지 마시라!

나오는 글 야근은 당근이 아니다

2013년 3월에 대한상공회의소가 국내 기업 304개사를 대상으로 조사한 결과를 보면 신입사원 업무 역량은 여성과 남성이 비슷하다는 대답이 78.6퍼센트였고, 여성이 우수하다는 대답이 13.9퍼센트로 남성이 우수하다는 대답인 7.5퍼센트보다 높았다.

여성이 남성보다 우수한 역량은 친화력(37.5퍼센트), 성실성과 책임감(35.9퍼센트), 창의성(20.6퍼센트)을 꼽았고 남성보다 부족한 역량으로 리더십(36.2퍼센트), 팀워크(30.9퍼센트), 주인의식(26.6퍼센트)을 차례로 꼽았다. 주목할 부분은 철강과 금속(53.8퍼센트), 기계장비(54.5퍼센트) 업종에서 여직원에게 부족한 것이 리더십이라고 응답한 비율이 높았다는 점이다.

이 조사결과도 우리가 주장하는 초원이론을 지지한다. 멧돼지 사냥에 필요한 과감한 리더십과 일사불란한 팀워크의 측면에서 여성 인력의 부족함이 있다고 믿는 것이다. 우리가 누차 주장하는 바이지만 현대기업은 이제 멧돼지 사냥을 하는 곳이 아니고 앞으로 우리에게 펼쳐질 기업환경에서는 공격적이고 과감한 리더십이나 일사불란한 팀워크보다는 창의성, 관계 지향성, 다양성이 필요하다. 그럼에도 기업에서는 과거의 역량관점에서 사람을 보는 것이다.

김선옥 이화여대 총장은 다음과 같이 이야기한다.

"한국은 2007년에 국민소득 2만 달러에 도달한 이후 7년간 2만 달러의 덫에서 벗어나지 못하고 정체현상을 보이는 만큼 경제성장의 패러다임 전환이 필요하다. 그동안 한국 기업이 고수해온 추격형 전략으로는 선진국 진입을 기대하기 힘든 만큼 이제 사회통합을 통한 선도형 성장으로 전환이 요구된다."[58]

김선옥 총장의 이야기를 빌리지 않더라도 빠른 추격자 전략에 긴요한 것이 과감한 리더십에 따라 일사불란하게 움직이는 팀워크이다. 그리고 한번 지시된 사항을 완성하기 위해서는 며칠밤을 새우더라고 해내려는 주인의식이다. 이제는 그런 역량에 기반을 둔 기업전략과 경제구조에서 탈피해야 '2만 달러의 덫'에서 벗어날 수 있다.[59]

국민소득 3만 달러 이상인 국가들의 평균고용률은 72퍼센트고 여성고용률은 60퍼센트 이상이다. 그리고 경제성장과 여성 인재의 활용은 정비례 관계에 있다. 한국기업에서 앞으로 여성 관리자와 임원의 수가 늘어날 것이라고 대답한 기업이 43.8퍼센트이고 현재와 비슷할 것이라는 대답은 53.9퍼센트, 줄어들 것이라는 대답은 2.3퍼센트 수준에 거쳤다.

특히 여성 인재가 늘어날 것이라고 답변한 빈도는 대기업이

58.1퍼센트로 중견기업의 39.1퍼센트보다 많았다. 그럼에도 앞으로 관리자나 임원 후보의 풀이 부족하다고 판단하는 대기업이 전체의 66.7퍼센트에 달한다. 결국 관리자나 임원 수준에 근접하기 전에 출산과 육아의 문제로 노동시장에서 이탈한다는 이야기이다.

대기업은 여성 관리자와 임원 양성을 위해서 노력하는 방안이 출산 및 육아휴가의 권장(29.7퍼센트), 여성 특화 교육훈련 실시(28.4퍼센트), 유연근무제 실시(25.7퍼센트)를 꼽았다.

여성이 임원으로 성장하기 위해 가장 필요한 것으로 일과 가정을 조화시키려는 여성 스스로의 의지와 노력(50.7퍼센트), 국공립 보육시설의 확충 등 출산과 양육 관련 사회적 지원(24.0퍼센트), 최고경영자의 의지와 지원(17.8퍼센트), 여성할당제 의무화(3.9퍼센트), 모성보호제도 관련 기업의무의 강화(3.6퍼센트)순으로 나왔다.

이 조사에서 시사하는 바는 여성 인재 활용의 걸림돌에서 누차 강조했듯이 한국 여성 인재들의 'M커브 현상'인 것 같다. 출산과 육아가 문제라는 점이다. 이제 인사를 담당하는 실무자들은 여성 인재의 활용 필요성에 대해서 충분히 공감하고 있으니 여성 자신들이 '출산과 육아 이후에 좀 힘들면 그만두고 전업주부를 한다'는 과거의 가치관을 버리고 평생직업인의 자세를 가지는 것이 기본적인 전제가 되어야 한다. 사실 말을 물가까지 끌고 가도 말이 물을 마시지 않으면 모든 것이 끝 아니겠는가?

그다음이 국공립 보육시설의 확충과 사회적 지원이다. 비록 기업이 우리 사회의 큰 축을 담당하고 있지만 보육시설의 확충에는 한계가 뚜렷하다. 혹자들은 대기업들이 사옥에 보육시설을 설치하고 아이를 맡길 수 있도록 하는 모델을 희망하지만 한국 상황에서는 어려움이 많다. 우선 설치 자체가 어렵다.

우리 기업들은 대부분 서울을 비롯한 대도시의 중심가에 집중적으로 있다. 그런 곳에 보육시설을 쉽게 설치할 수 있을까? 그리고 설치한다고 하더라도 출근시간에 아이를 데리고 교통지옥을 뚫고 온다는 것 자체도 어렵다. 결국 주거지 근처에 보육시설이 있는 것이 맞다. 그러면 도시 전역에 흩어져 있는 직원들을 위해서 기업이 보육시설을 수십 개 중복적으로 지을 수 있을까? 그런 부분이야말로 정부와 사회가 나서야 할 문제이다.

그리고 인사담당자나 책임자의 노력으로는 한계가 분명하다. 이런 문제에 대한 고민이 없는 현업의 일반 팀장들의 시각은 아직도 20년 전의 관점에 묶여 있다. 결국 CEO가 강력한 의지를 표명하고 일부 손해를 보더라도 장기적 관점에서 원원을 추구한다는 원칙을 세워야 한다.

1968년 독일 베를린에서 시작된 대규모 학생운동은 마땅히 해야 할 일을 하지 않는 사람들을 자극하려는 의도로 다음과 같은 슬로건을 내세우며 싸웠다.

"만약 당신이 해결의 일부가 아니면 당신은 문제의 일부이다."

그렇다면 이 글을 읽으시는 당신은 해결의 쪽에 서 있는가, 아니면 문제의 쪽에 서 있는가? 지금까지 계속 이야기한 것처럼 여성 인재 활용의 문제는 우리 경제가 다시 비상할 수 있는 유일한 방법이다. 여성 인재의 활용은 시스템이나 제도뿐만 아니라 모든 남성이 바뀌어야 해결될 수 있다. 흑백논리라고 이야기할 수 있겠지만

만약 당신이 이 문제를 해결하려고 노력하지 않고 있다면 당신은 과거의 틀 속에 갇혀서 우리에게 긴요한 변화를 가로막고 있는 문제 자체이다.

우리가 여성 인재 활용과 함께 꼭 잊지 말아야 할 것은 여성 인재를 많이 활용하라고 해서 여성의 채용비율과 조직 내 여성의 비율을 늘리라는 점에 머물러 있자는 것이 아니라는 점이다. 여성이 일할 수 있는 환경을 만들어주자는 것이다. 즉 고통을 분담하자는 것이다. 바로 가사와 육아 부담의 분담을 말하는 것이다.

여성가족부가 최근 추진하는 '가족사랑의 날' 캠페인의 내용을 보면 가족과 함께하는 시간을 늘리고 가족을 소중히 여기자는 것들을 담고 있다. 그 가족사랑의 날 캠페인의 핵심은 결국 여성의 가사와 육아 부담을 덜어주자는 것이라고 말할 수 있다.

사실 여성 인력의 활용은 여성의 가사와 육아 부담을 사회적으로 얼마나 덜어줄 수 있느냐에 달려 있다고 할 것이다. 그리고 그 출발점이 바로 남편, 아버지, 그리고 가족 모두로부터 시작된다는 것이다. 또한 여성이 몸담은 회사, 기관 등 직장에서도 여성능력을 충분히 발휘할 수 있는 환경과 조직문화를 만들어주기 위한 지원을 비용으로 인식해서는 안 될 것이다. 그리고 이제 전 세계에서 노동시간이 가장 길면서도 생산성은 오히려 낮은 나라라는 오명도 이제 벗어버리자. 언제까지 열심히 오래 일하는 것을 미덕으로 볼 것인가? 여성가족부가 캠페인 슬로건을 내세우고 있는 것처럼 우리가 살아갈 미래의 세상에서 '야근은 당근이 아니다.'

각주

1   일본 재건 이니셔티브, 『일본 최악의 시나리오』, 나남출판, 2014
2   최정규, 『이타적 인간의 출현』, 뿌리와 이파리, 2005
3   다니엘 튜터, 노정태 옮김, 『기적을 이룬 나라 기쁨을 잃은 나라』, 문학동네, 2013
4   김영수, 「지금 우리에게 필요한 것들, 사기」, 『인문학 명강』, 21세기북스, 2013
5   김대기, 『덫에 걸린 한국경제』, 김영사, 2013
6   권혁세, 『성공하는 경제』, 프리뷰, 2013
7   호두 깨는 도구라는 의미로 기술을 가진 선진국과 인건비 경쟁력을 가지고 추격하는 국가 사이에 끼어서 경쟁력을 상실할 위기에 처해 있는 상황을 말한다.
8   오형규, 『경제학 인문의 경계를 넘나들다』, 한국문화사, 2013.
9   존 매키. 라젠드라 시소디어, 유지연 옮김, 『돈 착하게 벌 수는 없는가』, 흐름출판, 2014
10 Richard Dobbs, "Stalled Miracle": South Korea's economy isn't nearly as strong as you might think(http://www.foreignpolicy.com. 검색 2013).
11 박종훈, 『세대전쟁』, 21세기북스, 2013
12 배성규, 「통일비용 겁내지만 혜택이 배 크다」(『조선일보』 2014년 1월 6일자)
13 예종석, 「경영은 현재와 미래의 끊임 없는 대화」, 『DDR』, 2013년 12월호
14 유석재, 「사진으로 본 건국 60년, 60대 사건」(『조선일보』 2008년 8월 18일자)

15 최형석·김은정「3차 엔저 공습」(『조선경제』 2014년 1월 3일자)

16 전영수, 『이케아세대 그들의 역습이 시작됐다』, 중앙북스, 2013

17 채명석, 「여성 인재 활용, 기업 관심 필요」, 『아주경제』, 2013. 8. 29

18 김대기, 『덫에 걸린 한국경제』, 김영사, 2013

19 박종훈, 『세대전쟁』, 21세기북스, 2013

20 전영수, 『이케아세대 그들의 역습이 시작됐다』, 중앙북스, 2013

21 오형규, 『경제학 인문의 경계를 넘나들다』, 한국문화사, 2013

22 오형규, 『경제학 인문의 경계를 넘나들다』, 한국문화사, 2013

23 S. C. Gilfillan, "Lead poisoning and the Fall of Rome", *Journal of Occupational Medicine*, 1965

24 박종훈, 『세대전쟁』, 21세기북스, 2013

25 김대기, 『덫에 걸린 한국경제』, 김영사, 2013

26 박종훈, 『세대전쟁』, 21세기북스, 2013

27 제임스 스톡데일James Stockdale은 베트남전쟁 때 해군 폭격기 조종사로 하노이 힐턴 포로수용소에 갇혔던 미군 중 최고위 장교였다. 1965년 9월부터 1973년 2월까지 7년 반을 포로수용소에 갇혀 있으면서 20여 차례의 고문에도 완강히 저항한 인물이었다. 최악의 상황 속에서도 스톡데일은 잘될 것이라는 믿음을 잃지 않은 가운데 어려운 현실을 끝까지 직시하며 대비했기 때문에 견뎌낼 수 있었다. 반면, 곧 나갈 수 있을 거라고 믿었던 낙관주의자들은 대부분 상심을 못 이겨 죽고 말았다.

28 이제는 손자까지 포함해야겠지만.

29 조무현, 『로마가 답이다』, 미래를 소유한 사람들, 2013

30 박명호, 「지표를 활용한 한국의 경제사회발전 연구: OECD회원국과의 비교분석」, 한국경제학회, 2014

31 김연주, 「석박사 기혼여성 31%가 전업주부」(『조선일보』 2014년 1월 3일자)

32 이동휘, 「20대만 직장서 반짝 한국, 여성 잠재력 활용 중국보다 못해」(『조선일보』 2014년 1월 17일자)

33 김명전, 『한국의 경쟁력, 여성이 미래다』, 2011

34 이혜윤, 「여성이 경쟁력, 주요 회의에 반드시 참석시켜라」(『조선일보』 2014년 1월 6일자)

35 클레먼 십먼·케이티 케이, 이정민 옮김, 『핑크파워' 따뜻한손』, 2011

36 클레먼 십먼·케이티 케이, 이정민 옮김, 『핑크파워' 따뜻한손』, 2011

37 오카다 다카시, 황선종 옮김, 『심리를 조작하는 사람들』, 어크로스, 2013

38 송혜진, 「아이를 업고라도 출근하라. 육아서적의 반란」(『조선일보』 2014년 1월 6일자)

39 안준용, 「日, 여성 고용 늘이기 안간힘」(『조선일보』 2014년 1월 15일자)

40 파코 언더힐, 『여자는 언제 지갑을 여는가』, 살림Biz, 2012

41 최은주, 「한국GM, 글로벌 여성 인재 육성 '여성컨퍼런스' 개최」(『일간스포츠』 2013년 11월 15일자)

42 김명전, 『한국경제, 여성이 미래다』, 2011

43 Natasha Josefowitz, 1983

44 강혜련, 『여성과 조직리더십』, 학지사, 2005

45 대법원사법연감 2013년

46 존 그레이·바바라 애니스, 나선숙 옮김, 『함께 일해요』, 더난출판, 2013

47 존 그레이 · 바바라 애니스, 나선숙 옮김, 『함께 일해요』, 더난출판, 2013

48 존 매키 · 라젠드라 사소디어, 유지연 옮김, 『돈 착하게 벌 수는 없는가』, 흐름출판, 2014

49 다니엘 튜터, 노정태 옮김, 『기적을 이룬 나라 기쁨을 잃은 나라』, 문학동네, 2013

50 이준우, 「한국 가장이 집에 가면 제일 빈둥댄다」(『조선일보』 2014년 3월 10일자)

51 존 그레이 · 바바라 애니스, 나선숙 옮김, 『함께 일해요』, 더난출판, 2013

52 김연우, 『승진하는 여자 짤리는 여자』, 비전코리아, 2008.

53 존 그레이 · 바바라 애니스, 나선숙 옮김, 『함께 일해요』, 더난출판, 2013

54 『연합뉴스』(2003년 8월 12일자)

55 다니엘 튜터, 노정태 옮김, 『기적을 이룬 나라 기쁨을 잃은 나라』, 문학동네, 2013

56 존 그레이 · 바바라 애니스, 나선숙 옮김, 『함께 일해요』, 더난출판, 2013

57 존 그레이 · 바바라 애니스, 나선숙 옮김, 『함께 일해요』, 더난출판, 2013

58 김선욱, 「21세기 제주포럼 강연」(2013년 7월 22일자)

59 조윤선, 「KERI 포럼, 창조경제와 여성 인재 강연」(2013년 8월 29일자)

왜 여성 인재인가
- 위기의 한국경제 여성 인재에 길이 있다

초판 1쇄 발행 2014년 4월 28일
초판 2쇄 발행 2014년 5월 7일

지은이 전영민 변영오
펴낸이 안현주

경영총괄 장치혁
편집 김춘길 **디자인** 표지 twoes 본문 darakbang

펴낸곳 클라우드나인　**출판등록** 2013년 12월 12일(제2013-101호)
주소 우) 121-898 서울시 마포구 월드컵북로 4길 82(동교동) 신흥빌딩 6층
전화 02-332-8939　**팩스** 02-6008-8938
이메일 c9book@naver.com

값 15,000원
ISBN 979-11-951801-6-5　03320

* 잘못 만들어진 책은 구입하신 곳에서 교환해드립니다.
* 이 책의 전부 또는 일부 내용을 재사용하려면 사전에 저작권자와 클라우드나인의 동의를 받아야 합니다.
* 클라우드나인에서는 독자여러분의 원고를 기다리고 있습니다.
  출간을 원하는 분은 원고를 bookmuseum@naver.com으로 보내주세요.
* 클라우드나인은 구름 중 가장 높은 구름인 9번 구름을 뜻합니다. 새들이 깃털로 하늘을 나는 것처럼 인간은 깃펜으로 쓴 글자에 의해 천상에 오를 것입니다.